全国高职高专经济管理类"十四五"规划理论与实践结合型系列教材

经济法项目化实用教程

JINGJIFA XIANGMUHUA SHIYONG JIAOCHENG

主 编 黄亦薇 向秋英
副主编 虞爱琴

华中科技大学出版社
http://www.hustp.com
中国·武汉

图书在版编目(CIP)数据

经济法项目化实用教程/黄亦薇,向秋英主编. —武汉:华中科技大学出版社,2021.9(2024.7重印)
ISBN 978-7-5680-7504-6

Ⅰ.①经… Ⅱ.①黄… ②向… Ⅲ.①经济法-中国-教材 Ⅳ.①D922.29

中国版本图书馆 CIP 数据核字(2021)第 179870 号

经济法项目化实用教程
Jingjifa Xiangmuhua Shiyong Jiaocheng

黄亦薇　向秋英　主编

策划编辑：聂亚文
责任编辑：刘姝甜
封面设计：孢　子
责任监印：朱　玢
出版发行：华中科技大学出版社(中国·武汉)　　电话：(027)81321913
　　　　　武汉市东湖新技术开发区华工科技园　　邮编：430223
录　　排：武汉创易图文工作室
印　　刷：武汉市籍缘印刷厂
开　　本：787mm×1092mm　1/16
印　　张：16.75
字　　数：426 千字
版　　次：2024 年 7 月第 1 版第 2 次印刷
定　　价：48.00 元

本书若有印装质量问题,请向出版社营销中心调换
全国免费服务热线：400-6679-118　竭诚为您服务
版权所有　侵权必究

前言
Preface

  2020年11月16日至17日,中央全面依法治国工作会议召开,习近平发表重要讲话,强调推进全面依法治国,围绕建设中国特色社会主义法治体系、建设社会主义法治国家的总目标,坚定不移走中国特色社会主义法治道路,在法治轨道上推进国家治理体系和治理能力现代化,为全面建设社会主义现代化国家、实现中华民族伟大复兴的中国梦提供有力法治保障。在此背景下,高职高专院校培养懂法律、懂经济的高技能型人才,为社会主义法制建设与市场经济建设服务,是时代所需。

  经济法是调整国家在经济管理和协调发展经济活动过程中所发生的经济关系的法律规范的总称,其内容涉及经济法基础理论、市场主体、市场运行的基本规则以及国家对市场的宏观调控和监督等各个方面。鉴于专业的设置和课时的限制,大多数非法律专业的学生不能谙熟所有经济法学理论、掌握整个法律体系,并且,经管学院开设经济法课程主要也是希望学生掌握有关经济活动的法律规定,能够运用现行的法律解决现实中的问题。因此,本书根据我国最新修订的法律法规,结合高职高专教育培养实用型、高素质技能型人才的目标,兼顾经济实务的需求,以项目教学为载体,采用任务驱动的方法,实现"教""学""做"一体化,以增加学生的学习兴趣,培养学生的法治理念和法律意识,树立法律信仰,为学生在以后的工作中遇到具体问题时能够目标明确地寻求解决方法打下基础。

  全书共分十个项目,各项目中安排了引导案例、知识扩展、案例分析、课堂思考、知识检测、技能训练等内容,引导学生了解经济发展的动向,熟悉经济案例,掌握经济法基本知识,学以致用,及时将知识转化为实践能力。主要有以下特点:

  (1)以能力培养为目标。根据经济法课程的特点和高职高专的人才培养目标,编者在每个项目开始时都明确了知识目标和能力目标,为达到这两项目标安排了对应训练项目,使学生在学习之前明确每个项目的知识点和能力要求,在学习过程中能有的放矢。

(2)项目引领,任务驱动。本书中经济法基础内容结合职业岗位能力要求,整合划分为十个项目,每个项目下分若干任务,将"教""学""做"一体化。在每个项目中都有明确的任务,内容全部围绕任务展开,要求学生利用团队学习的模式来完成并展示任务中的活动成果,可以拓展学生学习的时间和空间,达到提升学生的经济法实践能力、增强学生的团队合作能力的目标。另外,每个项目中都配有基础知识检测、案例分析及技能训练,每一项内容都经过精心编排,可操作性强,帮助学生实现学以致用。

(3)理实结合,开拓思维。基本理论是学习法律的基础和"钥匙",本书在坚持实用性的基础上,对必要的法律原理进行了适当的阐释说明,并努力做到理论与实践相结合,所选取的案例内容丰富,贴近实际,涵盖了较多的知识点,可加强学生对重点知识的把握,推动学生掌握基础知识与开拓思维。

本书可供高等职业院校及成人函授院校使用,也可供经济法律和经济管理工作者使用,是普及法律法规及进行法律培训的适用教材。

本书由常州纺织服装职业技术学院黄亦薇和向秋英担任主编,南京诚创科技系统有限公司虞爱琴担任副主编。在本书编写过程中,编者参考了大量文献,得到了华中科技大学出版社和有关高职院校的领导、教师的大力支持,在此表示衷心的感谢!

由于我国经济法律制度不断完善,编者水平有限,对一些新的经济法律制度的理解尚有不足,书中疏漏之处在所难免,恳请广大读者批评指正!

编　者

2021 年 6 月

目录 Contents

项目一　走近经济法　/1
　　任务一　认识经济法　/2
　　任务二　分析经济法律关系　/4
　　任务三　熟悉经济法律制度　/9

项目二　创设并经营企业　/18
　　任务一　创设并经营个人独资企业　/19
　　任务二　创设并经营合伙企业　/26

项目三　创设并管理公司　/45
　　任务一　认识公司与公司法　/46
　　任务二　创设并管理有限责任公司　/54
　　任务三　创设并管理股份有限公司　/62
　　任务四　处理公司合并与分立、增资与减资、解散与清算问题　/68

项目四　正确处理合同事务　/75
　　任务一　认识合同及合同法　/76
　　任务二　订立合同　/80
　　任务三　识别合同的效力　/88
　　任务四　适当履行合同　/95
　　任务五　进行合同担保　/101
　　任务六　变更、转让和终止合同　/107
　　任务七　了解违约责任　/113

项目五　正确处理劳动合同关系　/123
　　任务一　正确订立劳动合同　/124
　　任务二　履行与变更劳动合同　/133
　　任务三　解除与终止劳动合同　/135
　　任务四　了解集体劳动合同和劳务派遣　/143

项目六　合法清偿债务　/152
　　任务一　判断破产界限　/153
　　任务二　熟悉破产程序　/157
　　任务三　了解破产法律责任　/173

项目七　正确填制并使用票据　/177
　　任务一　熟悉票据及其法律制度　/178
　　任务二　填制并使用汇票　/186
　　任务三　填制并使用本票和支票　/194

项目八　保护工业产权　/201
　　任务一　保护商标权　/202
　　任务二　保护专利权　/210

项目九　保护消费者权益　/222
　　任务一　熟悉消费者权益保护法　/223
　　任务二　熟知消费者的权利与经营者的义务　/226
　　任务三　解决消费争议　/235

项目十　解决经济纠纷　/242
　　任务一　提出仲裁　/243
　　任务二　提出民事诉讼　/250

项目一 走近经济法

知识目标

了解经济法的概念和调整对象；
掌握经济法律关系的三个构成要素的相关知识；
掌握法人的设立条件的相关知识；
通晓代理的种类，掌握无权代理与表见代理的相关知识；
掌握财产所有权制度的相关知识。

能力目标

能结合案例分析经济法律关系；
能辨别有效代理与无效代理；
能依法选择合适的所有权保护方式。

引导案例

2020年11月初，中国人民银行、中国银保监会、中国证监会、国家外汇管理局对蚂蚁集团实际控制人马云、董事长井贤栋、总裁胡晓明进行了监管约谈，根据《中华人民共和国银行业监督管理法》和《中华人民共和国保险法》(简称保险法)，要求其就公司的业务活动和风险管理的重大事项做出说明。

约谈内容包括指出蚂蚁集团存在的主要问题：公司治理机制不健全；法律意识淡薄，藐视监管合规要求，存在违规监管套利行为；利用市场优势地位排斥同业经营者；损害消费者合法权益，引发消费者投诉等。

金融管理部门对蚂蚁集团提出了五条重点业务领域的整改要求：

(1) 回归支付本源，提升交易透明度，严禁不正当竞争。
(2) 依法持牌，合法合规经营个人征信业务，保护个人数据隐私。
(3) 依法设立金融控股公司，严格落实监管要求，确保资本充足、关联交易合规。
(4) 完善公司治理，按审慎监管要求严格整改违规信贷、保险、理财等金融活动。
(5) 依法合规开展证券基金业务，强化证券类机构治理，合规开展资产证券化业务。

请问：国家政府机关为何要管理和干预经济组织的运营？其合法依据是什么？

任务一　认识经济法

> 活动内容：收集我国的经济法律，调查身边的经济纠纷案例。
>
> 活动一：收集、播报。学生以小组为单位，查阅资料，了解我国的经济法律立法情况，然后每组选派一名代表，以播报新闻的方式，简要介绍经济法律及其立法背景和颁布意义。
>
> 活动二：查阅、交流。学生以小组为单位，利用互联网或者查阅报纸等，调查近期在我国发生的与经济法律有关的案件，整理本组对案件的看法，组间进行简单交流。

一、什么是法

法是由国家制定或认可的、反映统治阶级的意志、由国家强制力保证实施的行为规则的总和。它属于社会规范之一，但不同于道德、宗教、习惯、政策等社会规范——这些社会规范建立在人们的信仰、观念等基础上。法主要指法律，具有以下特点：

（1）调整人的行为。法律具有明确性、可操作性，需要客观外在的事实作为判断是否适用的基础，法律在适用过程中重点考虑人的行为本身及产生的后果，因此，法是调整人的行为的。

（2）反映和体现国家意志。法律是以国家的名义制定的，由公权机关代表国家创制，反映和体现统治阶级的意志，是统治阶级的根本利益与最大需求的反映。

（3）具有普遍适用性。法律作为一个整体，在一国主权范围内或法所划定的范围内，具有普遍约束力。约束范围包括公民、各种社会组织、国家机关等。

（4）具有国家强制性。法律以国家强制力为后盾保障实施。法律是以国家暴力机关（军队、警察、法庭、监狱等）体现出来的国家强制力保障实施的，不论行为主观意愿如何，违反了法律就会受到相应的制裁。

（5）具有可诉性。法律具有完善的争议解决程序。法需要法定机构运用争议解决程序（诉讼程序）进行运用。

（6）以权利、义务为内容。权利和义务是法律体系的核心内容。法律规范就是要确定权利和义务，分配权利、义务，保障权利、义务的实现。

二、经济法的概念及调整对象

经济法是指国家在调整经济运行过程中所发生的经济关系的法律规范的总称。经济法作为一个独立的法律部门，它要求经济运行过程必须依赖国家的协调、管理和监督。经济法具有确立市场主体地位和资格、规范市场主体行为、维护市场秩序、加强国家宏观调控、确保劳动和社会保障等社会功能。经济法并不调整所有的经济关系，它只调整特定的经济关系，即国家在

调整经济运行过程中所发生的经济关系。具体来讲,经济法调整的经济关系主要包括以下几个方面:

(1)市场主体管理关系。市场主体是市场经济中最基本的要素,市场主体主要是指市场上从事直接或间接交易活动的经济组织,如企业和非企业经济组织。国家为协调经济运行,需要对市场主体的设立、变更、终止,内部机构的设置及职权等进行必要的干预。相关法律有《中华人民共和国公司法》(简称公司法)等。

(2)市场规制关系。国家为了建立社会主义市场经济秩序,维护国家、生产经营者和消费者的合法权益而干预市场所发生的经济关系。相关法律有《中华人民共和国反不正当竞争法》(简称反不正当竞争法)、《中华人民共和国消费者权益保护法》(简称消费者权益保护法)等。

(3)宏观调控关系。市场经济以宏观调控为主,在宏观调控过程中发生的经济关系,为宏观调控关系,如《中华人民共和国会计法》等属于宏观调控法律制度。

(4)社会保障关系。市场经济强调效率公平,同时,市场竞争存在风险,必须建立健全多层次的社会保障体系,使社会成员在遇到风险后基本生活得到保障,如保险法等属于社会保障法律制度。

思考1-1

"经济法是调整经济关系的法律规范的总称",这一说法正确吗?

知识扩展　经济法的产生与发展

经济法的兴起起始于19世纪末20世纪初,典型代表是美国、德国经济法的兴起。美国1890年颁布的《谢尔曼法》、1914年颁布的《克莱顿法》《联邦贸易委员会法》是现代经济法最早的表现形式。德国19世纪末完成产业革命,资本主义经济迅速发展,第一次世界大战期间,由于战前准备、战中调配、战后恢复的需要,国家全面介入经济生活,对经济法在世界范围内的传播和发展产生了十分重要的影响。1929年,世界性的经济危机和二战期间,各国为渡过经济危机、恢复战后经济,加强了对经济的干预,这期间涌现了大量的经济性立法,如美国的《紧急银行法》和《金融改革法案》、德国的《强制卡特尔法》、日本的《外汇管理法》和《禁止私人垄断法》等。经济法在世界范围内迅速发展,至20世纪80年代,经济法立法体系逐渐完善,反垄断和限制竞争法、国家投资法、宏观调控法等经济法的本源得到了发展和完善。

我国经济法概念形成于20世纪70年代末期,我国的经济法经历了有计划的商品经济时期和市场经济形成时期两个阶段。

三、经济法的渊源

经济法的渊源指经济法的各种表现形式,不同类别的规范性法律文件,也可称为经济法的形式。我国法律中法的正式渊源表现为以宪法为核心的各种制定法,具体有:

(1)宪法:全称为《中华人民共和国宪法》,是我国的根本大法,具有最高效力,它规定了国体、政体、公民的基本权利等国家及社会生活中最根本、最重要的方面,由全国人民代表大会制定和修改。

(2)法律:全国人大及其常委会经过立法程序制定的规范性文件。

(3)行政法规:由国务院制定的规范性文件。

(4)地方性法规:地方人大及其常委会在本行政区域内具有法律效力的规范性文件。

(5)部门规章:由国务院部委及其直属机构在本部门的权限范围内制定的规范性文件。

(6)司法解释:最高人民法院对宪法及其他法律法规等具有的法律效力的解释。

(7)国际条约、协定:我国同外国缔结的或者我国批准加入的确定相互间权利和义务关系的协议。国际条约、协定不属于国内法的范畴,但国际条约、协定在我国生效后,对我国国家机关、公民、法人或者其他组织具有法律约束力,因此也是我国经济法的表现形式之一。

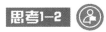

有人认为,经济法就是国家颁布的经济法律,该观点对吗?

任务二　分析经济法律关系

活动内容:寻找社会关系中的法律关系、经济法律关系,确定主体、客体、权利和义务内容。

活动一:学生分组交流,举例说明日常生活中遇到的各种关系。

活动二:学生分组讨论在以上关系中哪些是社会关系、哪些是法律关系、哪些是经济法律关系,并找出法律关系中的主体、客体、权利和义务内容。各组交流分析这几种关系的联系与区别。

一、经济法律关系的概念

要了解经济法律关系,首先要理解什么是法律关系。法律关系是规律规范调整社会关系的过程中形成的人们之间的权利义务关系,也就是说,社会关系经过法律规范调整,即形成了法律关系。作为法律规范与社会关系交融后的结果,法律关系具有以下特征:

第一,法律关系存在的前提是法律规范。没有相应的法律规范就不会形成法律关系,一些部门法律规范所调整的社会关系是不会变为法律关系的,譬如恋爱关系、同学关系等。

第二,法律关系的实质是特定法律关系主体之间的权利义务关系。因为法以权利和义务为内容,法律调整后的社会关系自然也会形成相应的权利关系与义务关系。

第三,法律关系体现了国家意志。法律关系是根据法律规范有目的、有意识地建立的,法的本质体现了国家意志,法律关系必然也会体现国家的意志。

经济法律关系是由经济法律规范所确认和调整的经济法主体在经济运行过程中所形成的

经济权利和经济义务关系。经济法对经济关系进行调整后,即形成经济法律关系。

二、经济法律关系的构成要素

经济法律关系的构成要素是指构成经济法律关系的必要条件。经济法律关系由经济法律关系的主体、内容和客体三个要素构成。这三个要素紧密相连,互相依存,缺少其中的一个要素就不能构成经济法律关系,而改变其中任何一个要素则会产生一个新的经济法律关系。

(一)经济法律关系的主体

经济法律关系的主体,即经济法主体,是指经济法律关系的参加者,即在经济法律关系中依法独立享有经济法律权利、承担经济法律义务的当事人,是经济法律关系的第一构成要素。经济法律关系的主体包括:

(1)国家机关,指行使国家职能的各种机关的统称,包括国家权力机关、国家行政机关、国家司法机关等。作为经济法主体的国家机关主要是指国家行政机关中的经济管理机关。在特殊情况下,如以国家名义对外发行政府债券,国家也可以成为经济法主体。

(2)社会组织,指企业、事业单位、农村经济组织、社会团体等,是经济法主体中最广泛、最基本的一类。

(3)经济组织的内部机构和有关人员。在实行经济责任制、内部承包经营的经济组织中,其内部机构和有关人员参与生产经营管理活动,也会成为经济法主体。

(4)个人,包括公民、个体工商户、农村承包经营户。这些个人参与经济法律关系的活动,即具有经济法律关系主体资格。如在公民承包租赁企业、农户承包集体经济土地等情况下,"公民""农户"等个人都成为经济法律关系的主体。

思考1-3

(多选)下列各项中,可以成为经济法主体的有哪些?(　　)。
A.商场　　　B.市政府　　　C.某公司的生产车间　　　D.财政局的预算科

(二)经济法律关系的主体资格

法律关系主体资格,是指当事人所具有的参加法律关系、享有权利和承担义务的资格与能力,它是法律关系主体参加法律关系的基础和前提。任何组织或个人要想成为法律关系主体,必须具备一定的主体资格,即具备相应的权利能力和行为能力。

权利能力,是指法律关系主体能够参与法律关系,依法享有一定权利和承担一定义务的法律资格。自然人的权利能力始于出生,终于死亡。组织的权利能力始于成立,终于终止。

行为能力,是指法律关系主体能够通过自己的行为实际获取权利和履行义务的能力。自然人是否具有行为能力一般依据两个标准:①能否认识自己行为的性质、意义与后果;②能否控制自己的行为并对自己的行为负责。

我国将自然人的民事行为能力分为三类:

(1)完全民事行为能力人。

18周岁以上的自然人为成年人,具有完全民事行为能力,可以独立进行民事活动,独立承担责任,是完全民事行为能力人。16周岁以上不满18周岁的公民,以自己的劳动收入为主要生活来源的,视为完全民事行为能力人。

(2)限制民事行为能力人。

限制民事行为能力人因智力发育不成熟或者精神存在一定程度的障碍,不能认清自己的行为后果。如果让其实施行为,则可能既不利于行为人自身利益的保护,也会损害他人的利益。因此,这种情况下的民事主体实施行为的范围受到限制,只能亲自实施与自己智力、精神状况相适应的行为,并承担相应的行为后果。超出自己智力、精神状况的行为,应由其法定代理人代理实施。

根据《中华人民共和国民法典》(简称民法典)第十九条至第二十四条的规定,限制民事行为能力人包括以下两种:

①8周岁以上的未成年人为限制民事行为能力人,实施民事法律行为由其法定代理人代理或者经其法定代理人同意、追认;但是,可以独立实施纯获利益的民事法律行为或者与其年龄、智力相适应的民事法律行为。

②不能完全辨认自己行为的成年人为限制民事行为能力人,实施民事法律行为由其法定代理人代理或者经其法定代理人同意、追认;但是,可以独立实施纯获利益的民事法律行为或者与其智力、精神健康状况相适应的民事法律行为。

(3)无民事行为能力人。

不满8周岁的未成年人是无民事行为能力人,由其法定代理人代理民事活动。

不能辨认自己行为的成年人及未成年人为无民事行为能力人,由其法定代理人代理实施民事法律行为。

无民事行为能力人或限制民事行为能力人接受奖励、赠予、报酬时,他人不得以其无民事行为能力、限制民事行为能力为由,主张以上行为无效。

(三)经济法律关系的内容

经济法律关系的内容是指经济法律关系的主体享有的经济权利和承担的经济义务。经济权利义务关系是经济法律关系的核心内容,也是连接经济法主体和客体的纽带和桥梁,因而是经济法律关系中的实质性要素,没有经济权利和经济义务的经济法律关系就等于没有内容,没有内容的经济法律关系是不存在的。

1. 经济权利

经济权利指经济法律关系的主体在经济运行过程中依法具有的自己为一定行为或不为一定行为和要求他人为一定行为或不为一定行为的资格。不同经济法律关系的主体享有的经济权利各不相同。具体来讲,经济权利主要包括经济职权、财产所有权、经营管理权、法人财产权和经济请求权。

2. 经济义务

经济义务指义务主体为了满足特定的权利主体的权利需要,在法律规定的范围内必须实施或不实施某种经济行为的责任。

经济义务主体必须依法或依据合同约定作为或不作为一定行为,以满足权利主体的利益需要;经济义务主体只承担法定范围内的义务,超过法定范围,义务主体不受限制;经济义务主体如不履行或者不适当履行义务,应承担相应的法律责任。

经济权利和经济义务具有密切的关系:没有无义务的权利,也没有无权利的义务;权利与义务同时产生又同时消灭;权利人行使权利依赖于义务人承担义务;权利的行使有一定的界限,不能滥用权利而损害义务人的利益。

(四)经济法律关系的客体

经济法律关系的客体是经济法主体权利和义务所共同指向的对象,它是权利和义务关系形成的载体,没有经济法律关系的客体,权利和义务就失去了目标,经济法律关系也就不能成立。经济法律关系的客体包括物、行为和非物质财富。

1. 物

物是指人们能够控制的并具有使用价值和价值的物质资料。物包括自然存在的物品和人类劳动生产的产品,以及充当一般等价物的货币和有价证券等。

2. 行为

行为是指经济法律关系主体为达到一定的经济目的,实现其权利和义务,所进行的经济活动,包括经济管理行为、完成一定工作行为和提供一定劳务行为等。

3. 非物质财富

非物质财富也可称为精神财富或精神产品,包括智力成果、道德产品和经济信息等。其不一定具备直接的物质形态,但都是可以创造物质财富、提供经济效益的脑力劳动成果,有价值和使用价值,是一种无形资产。

思考1-4

(多选)下列各项中,可以作为经济法律关系客体的有哪些?(　　)。
A. 新型包装设计　　　B. 清新的空气　　　C. 股票　　　D. 房屋

知识扩展　活人身体能否成为法律关系的客体

人的身体(人身)是由各个生理器官组成的生理整体(有机体),它是人的物质形态,也是人的精神利益的体现。在现代社会,随着现代科技和医学的发展,输血、植皮、器官移植、精子提取等现象大量出现,同时也产生了此类交易活动及其契约,带来了一系列法律问题。这样,人身不仅是人作为法律关系主体的承载者,而且在一定范围内成为法律关系的客体,须注意以下几点:

第一,活人的(整个)身体,不得视为法律上的"物",不能作为物权、债权和继承权的客体,禁止任何人(包括本人)将整个身体作为"物"参与有偿的经济法律活动,不得转让或买卖。贩卖或拐卖人口、买卖婚姻,是法律所禁止的违法或犯罪行为,应受法律的制裁。

第二,权利人对自己的人身不得进行违法或有伤风化的活动,不得滥用人身,或自践人身和人格。例如,卖淫、自杀、自残行为属于违法行为或至少是法律所不提倡的行为。

第三,对人身行使权利时必须依法进行,不得超出法律授权的界限,严禁对他人人身非法强行行使权利。例如,有监护权的父母不得虐待未成年子女的人身。

三、经济法律关系的产生、变更和终止

(一)经济法律关系的产生、变更和终止的概念

经济法律关系的产生是指由于一定法律事实的出现而在经济法主体之间形成某种经济权

利和义务关系。

经济法律关系的变更是指一存在的经济法律关系，由于客观情况的变化，发生构成要素的改变。

经济法律关系的终止是指经济法主体之间的经济权利义务关系的消灭。

(二)法律事实

经济法律关系的产生、变更和终止都是由一定的经济法律事实引发的，依照其产生与当事人的意志有无关系，法律事实可以分为事件和行为。

1. 事件

事件是指客观上发生和存在的、不以人的意志为转移的客观情况，它能引发经济法律关系产生、变更和终止。事件可以是自然现象，如台风、地震、洪水等自然灾害，也可以是社会现象，如战争、政府禁令等。

2. 行为

行为是由一定的组织或个人在其主观意志支配下自觉实施的，能引起经济法律关系产生、变更和终止的活动。无论是合法行为还是非法行为，都可以引起经济法律关系的变化。

有些经济法律关系的产生、变更和终止，只需一个经济法律事实出现即可引发；有些经济法律关系的产生、变更或终止则需要两个以上的法律事实同时出现。如保险赔偿关系的产生，需要订立保险合同和发生保险事故两个法律事实出现。引起某一经济法律关系产生、变更或终止的数个法律事实的总和，称为事实构成。

案例分析1-1

越南某出口企业与英国某公司订立了50万立方米木材的出口合同。合同规定于某年11月交货。临近交货时间，越南出口企业出口商品仓库发生雷击火灾，一半以上的木材被烧毁，导致越南出口企业无法按时交货。

试分析：

越南出口企业与英国公司之间是否存在经济法律关系？

经济法律关系的要素是什么？

导致越南出口企业无法按时交货的法律事实是什么？

四、经济法律关系的保护

(一)经济法律关系保护的概念

经济法律关系保护，是指国家严格监督经济法主体正确行使经济权利和切实履行经济义务，并依法对违反经济法律的经济法主体予以惩罚的活动。因为国家对经济运行的协调和干预是通过与其他主体建立各种经济法律关系的形式来实现的，所以，对经济法律关系进行保护，有利于国家实现经济管理职能和促进经济健康、有序发展。

对经济法律关系进行保护，可以通过确认主体的法律地位、合法权益，排除对经济利益的不法侵害和督促主体履行经济义务等方式来实现，这些方式之所以能够产生一定的法律效果，得益于经济法的责任体系的完善和经济法责任的落实，即对违反经济法律的主体的责任进行追究。

(二)承担经济法律责任的形式

经济法律责任具有综合性,它是由不同性质的多种责任形式构成的统一体。承担经济法律责任的形式包括承担民事责任、行政责任和刑事责任。

1. 民事责任

民事责任是指经济法主体违反经济法律法规给对方造成损害时依法应承担的民事法律后果。承担民事责任的方式主要有停止侵害、排除妨碍、消除危险、返还财产、恢复原状、修理、重作和更换、赔偿损失、支付违约金、消除影响、恢复名誉、赔礼道歉等。

以上承担民事责任的方式,可以单独适用,也可以合并适用。人民法院审理民事案件,除适用上述方式外,还可以予以训诫、责令其悔过、收缴进行非法活动的财物和非法所得,并可以依照法律规定处以罚款、拘留。

2. 行政责任

行政责任是指经济法主体违反经济法律法规应承担的行政法律后果,包括行政处罚和罚款、没收违法所得、没收非法财物、责令停产、行政处分等。行政处罚的种类有警告、停业、暂扣或者吊销许可证、暂扣或者吊销执照、行政拘留,以及法律、行政法规规定的其他行政处罚。行政处分的种类有警告、记过、记大过、降职、留用察看、开除等。

3. 刑事责任

刑事责任是指经济法主体违反经济法律法规构成犯罪时依法应承担的刑事法律后果,即刑罚。刑罚分为主刑和附加刑。主刑包括管制、拘役、有期徒刑、无期徒刑和死刑;附加刑包括罚金、没收财产和剥夺政治权利。附加刑可独立适用。单位犯罪的,将对单位判处罚金,并对直接负责的主管人员和其他直接责任人员判处刑罚。

思考1-5

经济法是调整经济关系的法律,因而违反经济法之后,只需承担民事责任,对吗?

任务三　熟悉经济法律制度

活动内容:调研周围的法人组织,调查身边的经济法律关系,拟定委托代理协议。

活动一:分析报告。学生对自己的学校或熟知的单位(如父母工作的单位)进行调查,从法人成立的条件入手分析这些单位是否为法人,并将分析报告以作业形式上交。

活动二:拟定代理协议。学生分小组,其中每两个小组为一个团队,团队中一个小组代表A公司,一个小组代表B公司。每个团队内成员共同起草拟定A公司授权委托B公司为某地区销售总代理的委托代理协议。

知识基础

一、法人制度

（一）法人的概念

社会生活中，除自然人外，还有各种组织以团体的名义进行各种活动，尤其是在社会经济生活中，各种企业等所从事的商品生产经营及服务，构成了社会经济运行最为重要的部分。

民法典第三章第一节第五十七条规定："法人是具有民事权利能力和民事行为能力，依法独立享有民事权利和承担民事义务的组织。"法人是法律赋予社会组织的一种法律上的"人格"，是单位组织的拟人化，是相对于自然人的另一种民事主体。

（二）法人的设立条件

1. 依法设立

这一条件包括两方面要求：一是法人的目的和宗旨必须合法，其组织机构、经营范围、经营方式等必须符合法律规定，这是实质要件；二是法人设立的程序必须合法，这是程序要件。

2. 有必要的财产或经费

法人的必要财产或经费指的是由法人享有的，独立于其他社会组织、发起人及其他法人成员的财产。这是法人享有权利、承担义务的物质基础，也是法人独立承担民事责任的财产保障。

3. 有自己的名称、组织机构和场所

法人必须有自己的名称才能成为特定化的组织；法人的组织机构因其性质、任务和经营范围的不同而各不相同；法人还需有从事生产经营及其他活动的场所。

4. 能够独立承担民事责任

法人是独立的民事主体，必须以其自身意志从事民事活动，享有民事权利、承担民事义务，并以其所有的财产独立承担有限责任，独立起诉或应诉。

 知识扩展　法定代表人

法定代表人是指依照法律或法人组织章程规定，代表法人行使职权的负责人，如总经理、董事长、校长等。

（三）法人的种类

民法典根据当前经济社会的发展，将法人分为营利法人、非营利法人和特别法人。

以取得利润并分配给股东等出资人为目的成立的法人，为营利法人。营利法人包括有限责任公司、股份有限公司和其他企业法人等。

为公益目的或者其他非营利目的成立，不向出资人、设立人或者会员分配所取得利润的法人，为非营利法人。非营利法人包括事业单位、社会团体、基金会、社会服务机构等。

机关法人、农村集体经济组织法人、城镇农村的合作经济组织法人、基层群众性自治组织法人,为特别法人。特别法人就是营利法人与非营利法人无法涵盖的法人类型。

(四)法人的民事权利能力和民事行为能力

法人的民事权利能力,是指法人作为民事权利主体,享有民事权利,承担民事义务的资格。法人的民事行为能力,是指法人以自己的意愿独立进行民事活动,取得权利并承担义务的资格。民法典第五十九条规定:"法人的民事权利能力和民事行为能力,从法人成立时产生,到法人终止时消灭。"

(五)法人的成立、变更和终止

1. 法人的成立

法人的成立是指社会组织依法取得法人资格。我国法人成立主要有两种方式:一是由国家机关命令成立,如国家机关和事业单位法人资格的成立;二是经国家行政主管机关核准登记成立,如企业自领取营业执照之日起取得法人资格,企业法人才能成立。

2. 法人的变更

法人的变更是指法人的组织机构、性质、业务范围、名称、住所、隶属关系等方面的重大改变和变动。如法人出现分立和合并,应当向登记机关办理变更登记手续并公告。

3. 法人的终止

法人的终止是指在法律上消灭法人的资格。企业法人终止的原因有依法被撤销、解散、依法被宣告破产等。企业法人终止,应当成立清算组织进行清算,应当向登记机关办理注销登记并公告。

二、代理制度

(一)代理的概念与特征

代理是指代理人在代理权限内,以被代理人的名义与第三人实施民事法律行为,由此产生的法律后果直接归属被代理人的一种法律制度。代理具有以下几个特征:

(1)代理人必须以被代理人的名义实施法律行为。非以被代理人名义而是以自己的名义代替他人实施的法律行为,不属于代理行为,如寄售等受托处分财产的行为。

(2)代理人在代理权限内独立地向第三人进行意思表示。非独立进行意思表示的行为,不属于代理行为,如传递信息、居间行为等。

(3)代理行为的法律后果由被代理人承担。

代理适用于民事主体之间设立、变更及终止权利与义务的法律行为。依照法律规定或按照双方当事人约定,应当由本人实施的民事法律行为,不得代理,如遗嘱、婚姻登记、收养子女行为等。

(二)代理的种类

(1)委托代理,指根据被代理人授权委托而发生的代理。委托代理可以是书面形式,也可以是口头形式。书面委托代理的授权委托书应当载明代理人的姓名或名称、代理事项、权限和期间,并由委托人签名或盖章。委托书授权不明的,被代理人应当向第三人承担民事责任,代理人负连带责任。

(2)法定代理,指法律根据一定社会关系的存在而设定的代理。法定代理一般适用于被代理人是无行为能力人、限制行为能力人等情况。例如,未成年人的法定监护人即为其法定代理人。

(3)指定代理,指按照人民法院或有关权力机关的指定而产生的代理。在没有法定代理人和委托代理人,或法定代理人互相推诿代理责任的情况下,法院或有关权力机关可以依法为不能亲自处理自己事务的人指定代理人。凡依法被指定为代理人的人,无正当理由,不得拒绝。

(三)代理权的行使

代理人行使代理权必须是为了被代理人的利益,不得与他人恶意串通损害被代理人的利益,也不得利用代理权谋取私利。代理人原则上应当亲自完成代理事务,不得擅自转委托。

1. 禁止滥用代理权

滥用代理权的表现形式有三种:

①自己代理,指代理人以被代理人的名义与自己进行民事活动;

②双方代理,指同一代理人代理双方当事人进行同一项民事活动;

③恶意串通,指代理人与第三人恶意串通损害被代理人的利益。

滥用代理权的行为属于无效法律行为,给被代理人及他人造成损失的,应当由代理人承担相应的赔偿责任。代理人与第三人恶意串通损害被代理人利益的,由代理人和第三人承担连带责任。

思考1-6

(单选)甲委托乙为其购买旧彩电一台,乙代理甲与自己订立了一份旧彩电购销合同,将其所有的一台旧彩电卖给甲。乙的行为属于( )。

A. 全权代理　　　B. 双方代理　　　C. 自己代理　　　D. 再代理

2. 无权代理

无权代理是指没有代理权而以他人名义进行的代理行为,主要有三种表现形式:①没有代理权的代理;②超越代理权的代理;③代理权终止后实施的代理。

在无权代理的情况下,只有经过被代理人追认的,被代理人才承担民事责任。未经追认的行为,由行为人承担民事责任。但是,以下情况除外:

第一,被代理人知道他人以本人名义实施民事行为而不做否认表示的,视为同意,由被代理人承担民事责任。

第二,委托代理人为了维护被代理人的利益,在紧急情况下实施的超越代理权的民事法律行为,但其采取的行为不当给被代理人造成损失的,可以酌情由委托代理人承担适当的责任。

第三,表见代理。表见代理是指由于被代理人的过失,无权代理人的行为在客观上存在使善意相对人相信其有代理权的事实或理由,最后由被代理人承担法律后果的代理行为。法律确定表见代理的意义在于维护人们对代理制度的信赖,保护善意、无过失的当事人,进而保障交易安全。

除上述三种情况外,无权代理行为视同无效民事行为,均不对被代理人产生任何法律效力。第三人知道行为人无权代理还与行为人实施民事行为给他人造成损害的,由第三人和行为人负连带责任。

根据上述表见代理的概念和立法规定,可知表见代理应具备以下构成条件:

(1)须行为人无代理权;

(2)须有使相对人相信行为人具有代理权的事实或理由;

(3)须相对人为善意且无过失;

(4)须行为人与相对人之间的民事行为具备民事行为的有效要件。

表见代理的情形有:①被代理人对第三人表示已将代理权授予他人,而实际并未授权;②被代理人将某种有代理权的证明文件交给他人,他人以该种文件使第三人相信其有代理权并与之进行法律行为,此处证明文件是指盖有公章的空白介绍信、空白合同文本、合同专用章等;③代理授权不明;④代理人违反被代理人的意思或者超越代理权,第三人无过失地相信其有代理权而与之实施法律行为;⑤代理关系终止后未采取必要措施而使第三人仍然相信行为人有代理权,并与之实施法律行为。

案例分析1-2

张某在某公司销售部连任三届经理。2019年10月8日,张某到外地洽谈业务,随身携带盖有本公司合同专用章的空白合同若干和自己的任职证书。10月11日,该公司召开董事会,罢免了张某销售部经理一职,并当即电话通知张某返回,但并未发布公告或通知老客户。张某得知后十分气愤,于10月12日到16日期间以低于成本40%的价格签订了9份产品销售合同。公司得知此事后,以张某无代理权为由拒不接受合同。

试分析:该公司的主张是否有效?

(四)代理关系的终止

委托代理因以下原因而终止:①代理期届满或者代理事务完成;②被代理人取消委托或代理人辞去委托;③代理人死亡;④代理人丧失民事行为能力;⑤作为被代理人或代理人的法人终止。

法定代理、指定代理因以下原因而终止:①被代理人取得或恢复民事行为能力;②被代理人或代理人死亡;③代理人丧失民事行为能力;④指定代理的人被法院或指定单位取消指定;⑤由其他原因引起的被代理人与代理人之间的监护关系消灭。

三、财产所有权制度

(一)财产所有权的概念及特征

财产所有权是指所有人依法对自己的财产享有占有、使用、收益和处分的权利,包括占有权、使用权、收益权和处分权四项权能。所有权意味着人对物最充分、最完全的支配,是最完整的物权形式。财产所有权在本质上是一定社会的所有制形式在法律上的表现。财产所有权的法律特征主要表现在以下几个方面:

(1)财产所有权的独占性。财产所有权是一种独占的支配权,所有者的所有权不允许任何人妨碍或侵害,非所有者不得对所有者的财产享有所有权。

(2)财产所有权的全面性。财产所有权是所有者在法律规定的范围内对所有物全面支配的权利。所有者对所有物享有占有、使用、收益和处分的完整权利,是最完整、全面的一种物权形式。

（3）财产所有权的单一性。财产所有权是一个整体的权利。

（4）财产所有权的存续性。法律不限制各项财产所有权的存续期限。

（5）财产所有权的弹力性。财产所有权的各项权能可以通过法定的方式或合同约定的方式相分离。

（二）财产所有权法律关系

1. 主体

财产所有权法律关系的权利主体是特定的财产所有者，包括国家、集体和个人；义务主体是不特定的。

2. 客体

财产所有权法律关系的客体是财产所有者所拥有的物或财产，包括动产和不动产。

3. 内容

财产所有权法律关系的内容是财产所有者对自己财产享有的占有、使用、收益和处分的四项权能，以及非财产所有者承担的不妨害、不侵犯财产所有权的不作为义务。

占有权是指权利主体对其财产进行实际的占领、控制的权利，是所有权人对自己的财产进行生产性和生活性消费、投入流通的前提条件；使用权是指依照物的性能和用途，并不毁损其物或变更其性质而加以利用的权利；收益权是通过对财产的利用获取经济利益的权利；处分权是所有人在法律规定的范围内对财产进行处置的权利。

（三）共有

一物之上并非只能有一个权利人。民法典规定，不动产或动产可以由两个以上组织、个人共有。共有是所有权的一种特殊形式，分为按份共有和共同共有。

按份共有是依据事先约定的各自份额，分别对共有财产享有权利、分担义务。按份共有人有权在关系存续期间将其份额分出或转让，但不得给其他共有人造成损害。共有人出售其份额，其他共有人在同等条件下有优先购买的权利。

共同共有是两个或两个以上的公民或法人，根据某种共同关系而对某项财产不分份额地共同享有权利并共同承担义务。共同共有人在共同共有关系存续期间不得划分自己对共有财产的份额，只有共同共有关系终止才能确定各共有人的份额，以分割财产。

在共同共有关系存续期间，部分共有人未经其他共有人的同意，擅自处分共有财产的，一般认定无效。但第三人善意、有偿取得该项财产的，应当维护第三人的合法权益；其他共有人的损失，由擅自处分共有财产的人赔偿。

（四）财产所有权的取得和消灭

1. 财产所有权的取得

财产所有权的取得有两种方式，即原始取得和继受取得。

原始取得，是根据法律规定，最初取得财产的所有权或不依赖原所有人的意思而取得财产的所有权，包括劳动生产、收益、添附、没收及无主财产收归国有等。

继受取得，是指通过某种法律行为从原所有者那里取得对财产的所有权，包括买卖、继承、赠予、遗赠和互易等。

2.财产所有权的消灭

所有权(财产所有权)的消灭分为以下两种情形：

①所有权的绝对消灭。这是指所有权的标的因一定的法律事实或自然原因而不复存在。如因生活消费、生产消耗或自然灾害等原因导致财产毁灭。

②所有权的相对消灭。这是指一定的法律行为或法律事实发生而导致原所有权人丧失所有权。

(五)财产所有权的保护

所有权受到法律保护，任何人不得非法侵犯。保护财产所有权的方法包括请求确认所有权、请求返还原物、请求排除妨害、请求停止侵害和请求恢复原状、赔偿损失。

案例分析1-3

出租车司机李某将乘客王某送往火车站，王某下车时不小心将钱包忘在了出租车上，李某发现钱包后，打开一看，内有5000元现金，这时，他正好从收音机里得知某大学生因患白血病而向社会求助，就产生了将这笔钱捐给患病学生的想法，于是李某将这5000元现金寄给了患病学生用以治病。王某下车后发现钱包不见了，经回忆可能在李某出租车上，于是他找到了李某，要求返还5000元现金，李某说钱已经捐给了患病学生，自己没有得到利益，并以汇款存根为凭证，拒绝返还钱款。王某向人民法院提起了诉讼，要求李某返还5000元现金。如果你是法官，你会如何判决？如果你是当事人，你会怎样对待这5000元钱？

项目小结

本项目旨在使学生对法和经济法的基础性内容有基本认识和理解，为后续项目的学习奠定一个良好的基础。主要内容包括法的特征，经济法的概念、调整对象和渊源，经济法律关系的三要素及法律责任，以及法人制度、代理制度和财产所有权制度。

项目知识检测

一、单项选择题

1.经济法的调整对象是(　　)。
A.经济法律关系　　　　　　　　B.经济关系
C.经济权利和经济义务关系　　　D.特定的经济关系

2.经济法律关系的内容是(　　)。
A.经济权利和经济义务　　　　　B.非物质财富
C.物　　　　　　　　　　　　　D.经济组织

3.行政法规是由(　　)制定的。
A.国务院各部委　　　　　　　　B.国务院
C.全国人民代表大会　　　　　　D.地方人民政府

4.罚款属于(　　)。
A.民事责任　　　　　　　　　　B.刑事责任

C. 行政处分　　　　　　　　　　　D. 行政处罚

5. 甲公司未授予王某代理权,王某以甲公司的名义与乙企业实施民事行为,甲公司知道该事项后不做否认表示的,王某所实施的代理行为的法律后果应由(　　)承担。

A. 甲公司　　　　　　　　　　　　B. 王某
C. 乙企业　　　　　　　　　　　　D. 甲公司和王某共同承担

二、多项选择题

1. 下列各项中,属于民事责任的有(　　)。

A. 返还财产　　　　　　　　　　　B. 支付违约金
C. 责令停产停业　　　　　　　　　D. 罚金

2. 下列行为中,不可以进行代理的是(　　)。

A. 遗嘱　　　　　　　　　　　　　B. 婚姻登记
C. 收养子女　　　　　　　　　　　D. 签订买卖合同

3. 下列代理行为中,属于滥用代理权的有(　　)。

A. 超越代理权进行代理
B. 代理人与第三人恶意串通,损害被代理人利益
C. 没有代理权而进行代理
D. 代理他人与自己实施民事行为

4. 下列选项中属于经济法渊源的有(　　)。

A. 宪法　　　　B. 法律　　　　C. 部门规章　　　　D. 司法解释

5. 下列选项中可以作为经济法律关系主体的是(　　)。

A. 某股份有限公司　　　　　　　　B. 中国银行
C. 消费者　　　　　　　　　　　　D. 某律师事务所

6. 下列选项中属于经济法律事实的有(　　)。

A. 某公司因战争无法履行合同　　　B. 某企业因台风推迟供货
C. 某商场大量抛售伪劣商品　　　　D. 某企业严重拖欠农民工工资

项目技能训练

一、案例分析

1. 2020年3月10日,吴某与某房地产开发公司签订了商品房买卖合同。该合同中约定,房地产开发公司将坐落于某地的一套商品房(预测建筑面积为125平方米),以80万元的总价出售给吴某。合同约定,买方吴某于2020年3月10日向卖方支付购房首付款24万元,于2020年3月20日前办妥余款的银行按揭;卖方应当于2020年5月31日前,将已取得的该商品房交付使用通知书及符合合同约定的商品房交付买方。

2020年3月10日,吴某支付了购房首付款24万元。2020年4月5日,吴某与中国工商银行某支行签订了个人购房借款/担保合同,借款人吴某所借款项划入该房地产开发公司账户。2020年5月31日,该房地产开发公司未按合同约定向吴某交付商品房。

试分析:
(1)本案例中的经济法律关系有哪几个?
(2)本案例中的经济法律关系中的主体、客体和内容分别是什么?

2.甲委托乙代其出售甲在原籍的三间房屋。乙接受委托,将上述房屋出卖给丙。丙与乙商谈的房价低于市场房价,丙明知价廉,乙也有意让丙占便宜。丙向乙表示,事成后愿赠乙1万元。乙写信将出售房屋之事告诉了甲。由于甲不知当地售房的价格,又过于相信乙,即复信同意出售,并委托乙代理签订房屋买卖合同。合同签订后,乙将丙所付售房价款汇给甲。丙买得该房屋后,即将房屋拆除,准备翻建新房。房屋拆除后,甲从旁得知了丙与乙相互串通,故意压低房价,双方牟取非法利益的全部事实,便向人民法院提起诉讼,请求法院制裁丙与乙的违法行为。甲表示,房屋既已被拆除就不打算收回,但坚决要丙与乙赔偿损失,又因丙将现金用于筹建房屋,拿不出现款,乙较富裕,故甲要求法院判令乙负责赔偿他的全部损失。

试分析:

(1)乙代理甲出售房屋的行为是否有效?

(2)甲的损失应由谁赔偿?

(3)甲因丙拿不出现款,能否要求乙全部赔偿?

3.甲因出国留学,将自己的一台摄像机交给朋友乙保管。乙因经济紧张,遂将该摄像机卖给丙。丙以为该摄像机归乙所有,故以2000元的价格成交。两年后,甲回国,要求乙返还摄像机,得知乙将该摄像机卖给了丙,遂以乙无权处分为由要求丙返还摄像机。丙拒绝返还,甲遂向法院提起诉讼。

试分析:甲要求丙返还摄像机的诉讼请求是否应予以支持?为什么?

二、技能训练

试拟定一份授权委托书。

项目二　创设并经营企业

· 知识目标 ·

理解个人独资企业、合伙企业的概念、特征；

理解合伙企业的财产性质、事务执行的形式；

掌握个人独资企业的设立条件和程序、事务管理规定及解散后财产清偿顺序；

掌握合伙企业的设立条件和设立程序、财产份额的转让、事务决议办法和损益分配、债务清偿的规定、入伙和退伙的法律规定。

· 能力目标 ·

能辨析个人独资企业与合伙企业的设立过程和企业事务管理是否规范；

能识别合伙企业财产转让效力、事务执行权限、对外代表权以及入伙、退伙责任归属；

能对合伙企业事务进行有效决议，依法进行合伙企业损益分配，正确解决合伙企业与合伙人的债务纠纷。

/ 引导案例 /

李某是某校大三学生，2020年5月在工商行政管理机关注册成立了一家主营信息咨询的个人独资企业，取名"卓越信息咨询有限公司"，注册资本为人民币10元，营业形势看好，收益颇丰，于是张某与李某协议参加该个人独资企业的投资经营，并注入资金20万元人民币。该企业营业过程中共聘用工作人员15名，李某认为自己开办的是私人企业，并不需要为职工办理社会保险，因此没有为职工缴纳社会保险费，也没有与职工签订劳动合同。后来该企业经营不善，负债30万元，李某决定于2021年6月自行解散企业，但因为企业财产不足清偿而被债权人、企业职工诉诸人民法院。法院审理后认为李某与张某形成了事实上的合伙关系，判决责令李某、张某补充办理职工的社会保险并缴纳保险费，由李某与张某对该企业的债务承担无限连带责任。

请问：在该企业的设立和经营管理活动中，存在哪些违法情形？

任务一　创设并经营个人独资企业

活动内容：为本项目"引导案例"中的李某提供法律咨询服务，分析《中华人民共和国个人独资企业法》(简称个人独资企业法)的法律价值。

活动一：设立模拟。学生以小组为单位，准备材料，模拟设立一个个人独资企业。

活动二：分析问题。学生以小组为单位，分析"引导案例"中李某在设立和经营管理个人独资企业时存在哪些问题、如何改正。以小组为单位提交案例分析报告。

 知识基础

一、个人独资企业的概念与特征

个人独资企业，是指依照个人独资企业法在中国境内设立，由一个自然人投资，财产为投资人个人所有，投资人以其个人财产对企业债务承担无限责任的经营实体。

个人独资企业具有以下特征：

(1) 投资人是一个自然人。根据个人独资企业法，设立个人独资企业的只能是一个自然人，此处所指的自然人仅指中国公民。

(2) 投资人以其个人财产对企业债务承担无限责任。当企业资产不足以清偿到期债务时，投资人应以自己的个人全部财产清偿。

(3) 内部机构设置简单，经营管理方式灵活。投资人向企业的投入所形成的各项资产和权益都归于投资人，投资人既是企业所有者，也是经营者。

(4) 不具有法人资格。在权利和义务上，个人独资企业和个人是一体的，企业的责任是投资人的责任，企业的财产是投资人个人的财产，因此，个人独资企业不具有法人资格，无独立承担民事责任的能力，不缴纳企业所得税，但却是独立的民事主体，可以以自己的名义从事民事活动。

 知识扩展　个人独资企业法

个人独资企业法是指国家协调经济运行过程中发生的关于个人独资企业设立、经营、变更、终止等活动的各种经济法律关系的法律规范的总称。

个人独资企业法有狭义和广义之分。狭义的个人独资企业法是指第九届全国人民代表大会常务委员会第十一次会议于1999年8月30日通过，自2000年1月1日起施行的《中华人民共和国个人独资企业法》。广义的个人独资企业法是指国家关于个人独资企业的各种法律规范的总称。涉及个人独资企业的规范性文件还包括《个人独资企业登记管理办法》《中华人民共和国个人所得税法》《企业名称登记管理规定》等。

二、个人独资企业的设立

(一)个人独资企业的设立条件

根据个人独资企业法第八条的规定,设立个人独资企业应当具备以下条件:

(1)投资人为一个自然人。投资人必须是具有中华人民共和国国籍的自然人,且具有完全民事行为能力。法律、行政法规禁止从事营利性活动的人,如政府公务员、党政机关领导干部、警官、法官、检察官、商业银行工作人员,不得作为投资人申请设立个人独资企业。

(2)有合法的企业名称。个人独资企业的名称应当与其责任形式及从事的业务相符合,不得使用"有限""有限责任""公司"等字样,企业名称中可以包含"厂""店""部""中心""工作室"等。

(3)有投资人申报的出资。投资人可以个人财产出资,也可以家庭共有财产出资,可以现金、实物出资,还可以财产权利出资,包括土地使用权、知识产权或其他财产权利,但不能以劳务出资。

(4)有固定的生产经营场所和必要的生产经营条件。个人独资企业以其主要办事机构所在地为住所。

(5)有必要的从业人员。要有与其生产经营规模相适应的从业人员。

知识扩展　一块钱能注册一个企业吗?

个人独资企业的出资是让很多人感到困惑的方面,有些人所谓的"一块钱注册一个企业"是对个人独资企业设立条件的误解。个人独资企业的确没有最低出资额的规定,但是任何企业要正常经营都需要必要的投入,没有足够的与拟开展业务相应的投入,工商部门是不会批准设立申请的。

案例分析2-1

张强(此类姓名均为虚构)出资5万元成立张强食品加工店,性质为个人独资企业,并委托妻弟高某代为经营。由于高某管理不善,经营困难,几个月后,债权人相继找上门来,要求张强归还欠款。该食品加工店财产已所剩无几。张强宣称自己没有能力还债。债权人告上法庭,要求用张强和高某的家庭共有财产抵偿债款。经法院查明,张强在设立登记时并没有明确是以家庭共有财产出资。

试分析:

(1)张强除用货币出资外,能否以自己的劳务作价出资?

(2)对该企业所欠债款,法院应否支持债权人用张强和高某的家庭共有财产抵偿债款的要求?为什么?

(二)个人独资企业的设立程序

1. 申请设立

申请设立个人独资企业,应当由投资人或者其委托的代理人向个人独资企业所在地的登记机关提出设立申请书等文件。投资人申请设立登记,应当向登记机关提交下列文件:

(1)投资人签署的个人独资企业设立申请书。设立申请书应当载明下列事项:①企业的名称和住所;②投资人的姓名和居所;③投资人的出资额和出资方式;④经营范围。个人独资企业投资人以个人财产出资或者以其家庭共有财产作为个人出资的,应当在设立申请书中予以明确。

(2)投资人身份证明。

(3)企业住所证明和生产经营场所使用证明等文件。

(4)委托代理人申请设立登记的,应当提交投资人的委托书和代理人的身份证明或者资格证明。

(5)国家工商行政管理局规定提交的其他文件。

个人独资企业不得从事法律、行政法规禁止经营的业务;从事法律、行政法规规定须报经有关部门审批的业务时,应当在申请设立登记时提交有关部门的批准文件。

2. 核准登记

登记机关应当在收到设立申请文件之日起 15 日内,对符合个人独资企业法规定条件的,予以登记,发给营业执照;对不符合个人独资企业法规定条件的,不予登记,并应当给予书面答复,说明理由。

个人独资企业的营业执照的签发日期,为个人独资企业成立日期。在领取个人独资企业营业执照前,投资人不得以个人独资企业名义从事经营活动。

个人独资企业设立分支机构,应当由投资人或者其委托代理人向分支机构所在地的登记机关申请登记。分支机构经核准登记后,应将登记情况报该分支机构隶属的个人独资企业的登记机关备案。分支机构的民事责任由设立该分支机构的个人独资企业承担。

思考2-1

(单选)下列关于个人独资企业表述正确的是( )。

A. 个人独资企业本质上是自然人
B. 个人独资企业具有法人资格
C. 个人独资企业可以申请破产
D. 个人独资企业必须缴纳企业所得税

三、个人独资企业的投资人的权责与事务管理

(一)个人独资企业的投资人的权责

依据个人独资企业法第十七条的规定,个人独资企业投资人对本企业的财产依法享有所

有权,其有关权利可以依法进行转让或继承。作为独立的市场经济主体,个人独资企业在经济活动中享有依法申请贷款权、拒绝摊派权、依法取得土地使用权以及法律、行政法规规定的其他权利。

个人独资企业投资人的责任有:
(1)应当依法设置会计账簿,进行会计核算;
(2)招用职工的,应依法与其签订劳动合同,保障职工的劳动安全,按时、足额发放职工工资;
(3)应当按国家规定参加社会保险,为职工缴纳社会保险费;
(4)依法纳税;
(5)个人独资企业投资人应以个人财产对企业债务承担无限责任,但个人独资企业法第十八条规定,个人独资企业投资人在申请企业设立登记时,明确以其家庭共有财产作为个人出资的,应当依法以家庭共有财产对企业债务承担无限责任。

知识扩展　家庭共有财产

家庭共有财产是指在家庭中,全部或部分家庭成员共同所有的财产,即家庭成员在家庭共同生活关系存续期间共同创造、共同所得的财产。一个家庭要存在家庭共有财产,要具备两方面条件:一方面是有共同的劳动行为或受赠事实;另一方面是家庭不仅由一对夫妻和未成年子女组成。家庭共有财产具备以下特征:

(1)家庭共有财产的形式以家庭成员间的共同生活关系的存续为前提。没有家庭共同生活关系,家庭共有财产也就无从谈起。
(2)家庭共有财产只能产生于具备某种特殊身份关系的家庭成员间。
(3)家庭共有财产由家庭成员共享所有权。
(4)家庭共有财产主要是家庭成员在共同生活期间的共同劳动收入,家庭成员交给家庭的财产,家庭成员共同接受赠予的财产,以及在此基础上购置和积累的财产。

(二)个人独资企业的事务管理

依据个人独资企业法第十九条的规定,个人独资企业投资人可以自行管理企业事务,也可以委托或者聘用其他具有民事行为能力的人负责企业的事务管理。投资人委托或者聘用他人管理个人独资企业事务,应当与受托人或者被聘用的人签订书面合同,明确委托的具体内容和授予的权利范围,受托人或者被聘用的人应当履行诚信、勤勉义务,按照与投资人签订的合同负责个人独资企业的事务管理。投资人对受托人或者被聘用人员职权的限制,不得对抗善意第三人。

1. 个人独资企业事务管理模式

(1)自行管理模式:由投资人对企业事务直接进行管理。
(2)委托管理模式:由投资人委托其他具有民事行为能力的人对企业事务进行管理。
(3)聘任管理模式:由投资人聘用其他具有民事行为能力的人对企业事务进行管理。

2. 受托或被聘用的管理人员的义务

依据个人独资企业法第二十条的规定,投资人委托或者聘用的管理个人投资企业事务的人员不得有下列行为:

(1)利用职务上的便利,索取或者收受贿赂;

(2)利用职务或者工作上的便利侵占企业财产;

(3)挪用企业资金归个人使用或者借贷给他人;

(4)擅自将企业资金以个人名义或者以他人名义开立储蓄账户;

(5)擅自以企业财产提供担保;

(6)未经投资人同意,从事与本企业相竞争的业务;

(7)未经投资人同意,同本企业签订合同或者进行交易;

(8)未经投资人同意,擅自将企业商标或者其他知识产权转让给他人使用;

(9)泄露本企业的商业秘密;

(10)法律、行政法规禁止的其他行为。

投资人委托或者聘用的人违反上述规定,侵犯个人独资企业财产权益的,责令退还侵占的财产;给企业造成损失的,依法承担赔偿责任;有违法所得的,没收违法所得;构成犯罪的,依法追究刑事责任。

3. 职权限制与善意第三人

投资人对受托人或者被聘用人员职权的限制,只对受托人或者被聘用的人员有效,对善意第三人并无约束力。受托人或被聘用人员超出投资人的限制与善意第三人的有关业务交往应当有效。所谓第三人,是指除受托人或被聘用人员以外与企业发生经济业务关系的人。所谓善意第三人,是指在有关经济业务事项的交往中,没有与受托人或被聘用人员串通、故意损害投资人利益的第三人。

案例分析2-2

2019年8月25日,甲出资10万元设立一个人独资企业,并委托乙代为管理企业事务,同时规定,凡乙对外签订标的额超过2万元以上的合同,须经甲同意。2020年5月20日,乙未经甲同意,以企业名义向善意第三人丙购买价值3万元的货物,丙将货物发至该个人独资企业,但甲以乙购买货物的行为超越其职权限制为由拒绝付款。

试分析:甲拒绝付款的理由是否成立?为什么?

思考2-2

(多选)下列内容中符合个人独资企业法规定的有( )。

A. 公务员、警官、法官不得成为个人独资企业的投资人

B. 个人独资企业为非法人企业,没有注册资本的限额规定

C. 个人独资企业投资人对被聘用人员职权的限制不得对抗善意第三人

D. 个人独资企业不能设立分支机构

四、个人独资企业的解散与清算

(一)个人独资企业的解散

个人独资企业的解散,是指个人独资企业终止活动,使其民事主体资格消灭的行为。根据个人独资企业法中的规定,个人独资企业有下列情形之一时,应当解散:

(1)投资人决定解散;

(2)投资人死亡或者被宣告死亡,无继承人或者继承人决定放弃继承;

(3)被依法吊销营业执照;

(4)法律、行政法规规定的其他情形。

(二)个人独资企业的清算

个人独资企业解散时,应当进行清算。个人独资企业法对个人独资企业的清算做了如下规定。

1. 个人独资企业解散后的清算方式

个人独资企业解散后的清算有两种方式:一种是由投资人自行清算;另一种是由债权人申请法院指定清算人进行清算。投资人自行清算的,应当在清算前15日内书面通知债权人,无法通知的,应当予以公告。接到通知的债权人应当在接到通知之日起30日内,未接到通知的应当在公告之日起60日内,向投资人申报其债权。

2. 财产清偿顺序

个人独资企业解散的,财产应当按照下列顺序清偿:

(1)所欠职工工资和社会保险费用;

(2)所欠税款;

(3)其他债务。

个人独资企业财产不足以清偿债务的,投资人应当以其个人的其他财产予以清偿。

3. 清算期间对投资人的要求

清算期间,个人独资企业不得开展与清算目的无关的经营活动。在按上述财产清偿顺序清偿债务前,投资人不得转移、隐匿财产。个人独资企业及其投资人在清算前或者清算期间隐匿或转移财产,逃避债务的,依法追回其财产,并按照有关规定予以处罚;构成犯罪的,依法追究刑事责任。

4. 投资人的持续偿债责任

个人独资企业解散后,原投资人对个人独资企业存续期间的债务仍应承担偿还责任,但债权人在5年内未向债务人提出偿债请求的,该责任消灭。

5. 注销登记

个人独资企业清算结束后,投资人或者人民法院指定的清算人应当编制清算报告,并于清算结束之日起15日内向原登记机关申请注销登记。登记机关应当在收到按规定提交的全部文件之日起15日内,做出核准登记或者不予登记的决定。经登记机关注销登记,个人独资企业终止。个人独资企业办理注销登记时,应当交回营业执照。

案例分析2-3

李林为在校大学生,经济上独立于其家庭,2019年7月出资3000元人民币成立了一家个人独资企业,先后雇用工作人员几名,但未给员工办理社会保险。后因经营不善,李林决定于2020年6月使该企业自行解散。企业负债10万元。

试分析:

(1)李林设立的个人独资企业的负债,债权人是否可以要求以李林父母的财产清偿?

(2)该个人独资企业的出资额是否合法?

(3)该个人独资企业是否应给员工办理社会保险?

(4)李林使该个人独资企业自行解散的行为是否有效?

五、违反个人独资企业法的法律责任

(1)违反个人独资企业法规定,提交虚假文件或采取其他欺骗手段,取得企业登记的,责令改正,处以五千元以下的罚款;情节严重的,并处吊销营业执照。

(2)违反个人独资企业法规定,个人独资企业使用的名称与其在登记机关登记的名称不相符合的,责令限期改正,处以二千元以下的罚款。

(3)涂改、出租、转让营业执照的,责令改正,没收违法所得,处以三千元以下的罚款;情节严重的,吊销营业执照。伪造营业执照的,责令停业,没收违法所得,处以五千元以下的罚款。构成犯罪的,依法追究刑事责任。

(4)个人独资企业成立后无正当理由超过六个月未开业的,或者开业后自行停业连续六个月以上的,吊销营业执照。

(5)违反个人独资企业法规定,未领取营业执照,以个人独资企业名义从事经营活动的,责令停止经营活动,处以三千元以下的罚款。个人独资企业登记事项发生变更时,未按个人独资企业法规定办理有关变更登记的,责令限期办理变更登记;逾期不办理的,处以二千元以下的罚款。

(6)投资人委托或者聘用的人员管理个人独资企业事务时违反双方订立的合同,给投资人造成损害的,承担民事赔偿责任。

(7)个人独资企业违反个人独资企业法规定,侵犯职工合法权益,未保障职工劳动安全,不缴纳社会保险费用的,按照有关法律、行政法规予以处罚,并追究有关责任人员的责任。

(8)投资人委托或者聘用的人员违反个人独资企业法第二十条规定,侵犯个人独资企业财产权益的,责令退还侵占的财产;给企业造成损失的,依法承担赔偿责任;有违法所得的,没收违法所得;构成犯罪的,依法追究刑事责任。

(9)违反法律、行政法规的规定强制个人独资企业提供财力、物力、人力的,按照有关法律、行政法规予以处罚,并追究有关责任人员的责任。

(10)个人独资企业及其投资人在清算前或清算期间隐匿或转移财产、逃避债务的,依法追回其财产,并按有关规定予以处罚;构成犯罪的,依法追究刑事责任。

(11)投资人违反个人独资企业法规定,应当承担民事赔偿责任和缴纳罚款、罚金,其财产不足以支付的,或者被判处没收财产的,应当先承担民事赔偿责任。

知识扩展　个人独资企业与个体工商户的区别

(1)个人独资企业必须要有固定的生产经营场所和合法的企业名称;个体工商户可以不起名称,也可以没有固定的生产经营场所,它可以进行流动经营。

(2)个体工商户的投资者与经营者必须为同一人;而个人独资企业投资人可以委托或聘用他人管理个人独资企业事务,更符合现代企业的特征。

(3)个人独资企业可以设立分支机构,也可以委派他人作为分支机构的负责人,由个人独资企业承担责任;个体工商户不能设立分支机构。可见,个人独资企业的总规模一般大于个体工商户。

(4)在民事、行政、经济法律制度中,个人独资企业是其他组织或其他经济组织的一种形式,能以企业自身的名义进行法律活动;而个体工商户是否能够作为其他组织或其他经济组织的一种形式,一直是国内有关专家争论的焦点。更多的时候,个体工商户是以公民个人名义开展法律活动的。

(5)在财务制度和税收政策上的要求也不尽相同。个人独资企业必须建立财务制度,进行会计核算;而个体工商户情况复杂,是否建立会计制度争论较多。在税收方面,个体工商户较难被认定为一般纳税人,而符合条件的独资企业可以被认定为一般纳税人。

 ## 任务二　创设并经营合伙企业

活动一:签订合伙协议。学生分为 6 组,每组成员作为投资人成立一合伙企业。根据合伙人的出资情况,共同协商签订合伙协议。

活动二:研究、讨论。学生以小组为单位进行研究,讨论普通合伙企业与有限合伙企业的区别主要有哪些。以小组为单位提交报告。

 知识基础

一、合伙企业法律制度概述

(一)合伙企业的概念与特征

合伙是指两个及以上的人为了共同目标,相互约定共同出资、合伙经营、共享收益、共担风险的自愿联合,是一种以合同关系为基础的企业组织形式。

合伙企业是指自然人、法人和其他组织依照《中华人民共和国合伙企业法》(简称合伙企业法)在中国境内设立的普通合伙企业和有限合伙企业。

合伙企业具有以下特征：

(1)合伙协议是合伙人建立合伙关系、确定合伙人各自的权利和义务、使合伙企业得以设立的前提,合伙协议依法由全体合伙人协商一致,以书面形式订立。

(2)合伙企业必须由全体合伙人共同出资、合伙经营。出资是每个合伙人的法定义务,也是出资人取得合伙人资格的前提。

(3)合伙人共负盈亏、共担风险。普通合伙人对合伙企业债务负无限连带责任,有限合伙人以其认缴的出资额为限对合伙企业债务承担责任。

(4)合伙企业不具有法人资格。

(5)合伙企业的生产经营所得和其他所得,按照国家有关税收规定,由合伙人分别缴纳所得税。合伙企业不缴纳企业所得税。

(二)合伙企业的种类

合伙企业分为普通合伙企业和有限合伙企业。普通合伙企业是指由普通合伙人组成,全体合伙人对企业债务承担无限连带责任。合伙企业法对普通合伙企业责任承担的形式有特别规定的,从其规定。有限合伙企业是指由普通合伙人和有限合伙人组成的合伙企业,其中,普通合伙人执行合伙事务,对外代表企业,对合伙企业债务承担无限连带责任;有限合伙人不执行合伙事务,对外不代表企业,只按其认缴的出资额为限对合伙企业债务承担责任。

(三)合伙企业法的立法概况

合伙企业法有狭义和广义之分。狭义的合伙企业法是指第八届全国人民代表大会常务委员会第二十四次会议于1997年2月23日通过的《中华人民共和国合伙企业法》。2006年8月27日,第十届全国人民代表大会常务委员会第二十三次会议对《中华人民共和国合伙企业法》进行了修订,自2007年6月1日起施行。广义的合伙企业法是指,国家关于合伙企业的各种法律规范的总称。

二、普通合伙企业

普通合伙企业是指由普通合伙人组成,合伙人对合伙企业债务承担无限连带责任的一种合伙企业。

(一)普通合伙企业的特点

(1)由普通合伙人组成。普通合伙人是指在合伙企业中对合伙企业的债务依法承担无限连带责任的自然人、法人和其他组织。国有独资公司、国有企业、上市公司以及公益性的事业单位、社会团体不得成为普通合伙人。

(2)除法律另有规定外,普通合伙人对合伙企业债务依法承担无限连带责任。

无限责任,即所有的合伙人不仅以自己投入合伙企业的资金和合伙企业的其他财产对债权人承担清偿责任,而且在不够清偿时还要以合伙人自己所有的财产对债权人承担清偿责任。

连带责任,即所有合伙人对合伙企业的债务都有责任向债权人偿还,不管自己在合伙协议中所承担的比例如何。一个合伙人不能清偿对外债务的,其他合伙人都有清偿的责任。但是,某一个合伙人偿还合伙企业的债务超过自己所应当承担的数额时,有权向其他合伙人追偿。

(二)普通合伙企业的设立条件

设立普通合伙企业,应当具备下列条件:

(1)有两个及以上合伙人。合伙企业合伙人至少为两人,我国合伙企业法未规定合伙人数的最高限额,由设立人根据所设企业的具体情况决定。对合伙人有以下规定:①合伙人可以是自然人,也可以是法人或者其他组织;②合伙人为自然人的,应当具有完全民事行为能力,无民事行为能力和限制民事行为能力人不得成为合伙企业的合伙人;③国有独资公司、国有企业、上市公司以及公益性的事业单位、社会团体不得成为普通合伙人。

(2)有书面合伙协议。合伙协议由全体合伙人协商一致,以书面形式订立,经全体合伙人签名、盖章后生效。合伙人应当按照合伙协议约定的出资方式、数额和缴付期限,履行出资义务。

合伙协议应载明的事项有:①合伙企业的名称和主要经营场所的地点;②合伙目的和经营范围;③合伙人的姓名或者名称、住所;④合伙人的出资方式、数额和缴付期限;⑤利润分配、亏损分担方式;⑥合伙事务的执行;⑦入伙与退伙;⑧争议解决办法;⑨合伙企业的解散与清算;⑩违约责任。

修改或者补充合伙协议,应当经全体合伙人一致同意;但是,合伙协议另有约定的除外。合伙协议未约定或者约定不明确的事项,由合伙人协商决定;协商不成的,依照法律、行政法规的规定处理。

(3)有合伙人认缴或者实际缴付的出资。合伙人可以用货币、实物、知识产权、土地使用权或者其他财产权利出资,也可以用劳务出资。

合伙人以实物、知识产权、土地使用权或者其他财产权利出资,需要评估作价的,可以由全体合伙人协商确定,也可以由全体合伙人委托法定评估机构评估。合伙人以劳务出资的,其评估办法由全体合伙人协商确定,并在合伙协议中载明。以非货币财产出资的,依照法律、行政法规的规定,需要办理财产权转移手续的,应当依法办理。

(4)有合伙企业的名称和生产经营场所。合伙企业名称中应当标明"普通合伙"字样。

(5)法律、行政法规规定的其他条件。

特殊的普通合伙企业与有限合伙企业,无另行规定的,适用普通合伙企业的合伙企业设立、合伙企业财产、合伙事务执行、合伙企业与第三人关系、入伙和退伙的相关规定。

知识扩展 合伙人与合伙协议

合伙人违反合伙协议的,应当依法承担违约责任。

合伙人履行合伙协议时发生争议的,合伙人可以通过协商或者调解解决。不愿通过协商、调解解决或者协商、调解不成的,可以按照合伙协议约定的仲裁条款或者事后达成的书面仲裁协议,向仲裁机构申请仲裁。合伙协议中未订立仲裁条款,事后又没有达成书面仲裁协议的,可以向人民法院起诉。

(三)合伙企业的设立程序

1. 申请

申请人应当向企业登记机关提交以下文件:

(1)登记申请书,即由全体合伙人签署的设立合伙企业的书面申请。

(2)合伙协议书,即由全体合伙人签署的书面合伙协议。

(3)合伙人的身份证明。合伙人是自然人的,应提交本人依法取得的身份证明。合伙人为法人、组织的,应该提交组织存在的合法证明,如企业法人应提交营业执照,事业单位应提交事业单位法人证书,社会团体法人应提交社会团体法人证书等。

(4)审批文件。并非所有的合伙企业在设立时都必须提交审批文件。如果合伙企业的经营范围中有属于法律、行政法规规定在登记前须经批准的项目,该项经营业务应当依法经过批准,并在登记时提交批准文件。

(5)其他法定的证明文件,例如全体合伙人指定的代表或者共同委托的代理人的委托书、出资权属证明、经营场所证明。合伙协议约定或者全体合伙人决定,委托一个或者数个合伙人执行合伙事务的,还应当提交全体合伙人的委托书。

2. 核准登记

企业登记机关应当自收到申请登记文件之日起 20 日内,做出是否登记的决定。经审核,对符合规定条件的,予以登记,发给营业执照;对不符合规定条件的,不予登记,但应当给予书面答复,说明理由。合伙企业营业执照的签发日期,为合伙企业的成立日期。合伙企业领取营业执照前,合伙人不得以合伙企业名义从事合伙事务。

合伙企业设立分支机构的,应当向分支机构所在地的企业登记机关申请登记,领取营业执照。合伙企业登记事项发生变更的,执行合伙事务的合伙人应当自做出变更决定或者发生变更事由之日起 15 日内,向企业登记机关申请办理变更登记。

(四)合伙企业的财产

1. 合伙企业财产的构成

根据合伙企业法第二十条的规定,合伙人的出资、以合伙企业名义取得的收益和依法取得的其他财产,均为合伙企业的财产。从这一规定可以看出,合伙企业财产由以下三部分构成:

(1)合伙人的出资。

合伙人的出资包括合伙企业成立时合伙人实际缴纳的出资,还包括合伙企业成立后合伙人增加的出资。但是要注意以下问题:①合伙人的出资并不是全部都能成为合伙企业的财产。依照合伙企业法的规定,合伙企业的出资方式可以是货币、实物、知识产权、土地使用权或者其他财产权利以及劳务。其中,劳务虽然可以通过全体合伙人协商确定的办法评估其价值,也可以在合伙企业存续期间创造价值,但因其内在的行为性特征,其不能成为合伙企业的财产。②合伙企业的原始财产是全体合伙人认缴的财产,而不是各合伙人实际缴纳的财产。③原始财产在合伙企业创立初期的价值是确定的,在合伙企业存续期间因市场因素则可能发生价值变化。

(2)以合伙企业名义取得的收益。

以合伙企业名义取得的收益是指合伙企业在经营过程中取得的各种财产,包括合伙企业的公共积累资金、未分配的盈余、合伙企业债券、合伙企业取得的工业产权和非专利技术等财产权利。

（3）依法取得的其他财产。

依法取得的其他财产即根据法律、行政法规的规定合法取得的其他财产，如合法接受的赠予财产等。

2. 合伙企业财产份额的转让

由于合伙企业的财产与全体合伙人的切身利益有关，合伙企业法对合伙人转让其在合伙企业中的财产份额做了限制性的规定。

（1）外部转让。除合伙企业另有约定外，合伙人向合伙企业以外的人转让其在合伙企业中的全部或者部分财产份额时，必须经其他合伙人一致同意。如果其他合伙人不同意接受受让人，则合伙企业无法存续。这项原则在合伙协议中没有相关规定的情况下才有法律效力。如果合伙协议对外部转让另有约定，应执行合伙协议的约定。例如，合伙协议中约定，合伙人向合伙人以外的人转让其在合伙企业中的全部或者部分财产份额时，须经2/3以上合伙人同意或者一定出资比例同意，在此情况下就无须经过其他合伙人一致同意。

合伙人以外的人依法受让合伙人在合伙企业中的财产份额的，经修改合伙协议即成为合伙企业的合伙人，依照合伙企业法和修改后的合伙协议享有权利、履行义务。合伙人以外的人成为合伙人须修改合伙协议，未修改合伙协议的，不属法律所称的"合伙企业的合伙人"。

（2）内部转让。合伙人之间转让在合伙企业中的全部或者部分财产份额时，应当通知其他合伙人。合伙人财产份额的内部转让因不涉及合伙人以外的人，合伙企业存续的基础没有发生实质性变更，因此，不需要经过其他合伙人一致同意，只需要通知其他合伙人即可产生法律效力。

3. 合伙企业财产的出质

合伙人财产份额的出质是指合伙人将其在合伙企业中的财产份额作为质押物来担保债权人债权实现的行为。由于合伙人以其财产份额出质可能导致该财产份额依法发生权利转移，合伙企业法规定，合伙人以其在合伙企业中的财产份额出质的，须经其他合伙人一致同意；未经其他合伙人一致同意，其行为无效，由此给善意第三人造成损失的，由行为人依法承担赔偿责任。

案例分析2—4

某普通合伙企业有5名合伙人，共出资400万元，经营业务为货物运输。其中，合伙人李某的出资包括一辆价值10万元的货车。2019年3月20日，李某的朋友刘某为做生意向银行贷款5万元，期限为1年，刘某请李某为其债务进行担保，李某以其在该合伙企业中作为出资的货车为刘某做了抵押担保，但并未与其他合伙人协商。借款期满，由于生意亏损，刘某不能还贷，银行要求将货车变卖并优先受偿，但合伙企业合伙人不同意，认为该财产是合伙企业财产，没有经过全体合伙人同意，该财产不能为他人抵押，李某自己处分合伙企业财产的行为不具有法律效力。银行因此诉至人民法院，请求人民法院判令就该货车行使抵押权。

试分析：该抵押担保合同是否有效？银行能否行使抵押权？

(五)合伙事务执行

1. 合伙事务执行方式

根据合伙企业法中的规定,合伙人执行合伙企业事务,可以有以下三种形式:

(1)全体合伙人共同执行合伙事务。

全体合伙人共同执行合伙事务是合伙事务执行的基本形式,也是在合伙企业中经常使用的一种形式,尤其是在合伙人较少的情况下更为适宜。按照合伙协议的约定,各合伙人都直接参与经营,处理合伙企业的事务,对外代表合伙企业。

(2)委托一个或者数个合伙人执行合伙事务。

按照合伙协议的约定或者经全体合伙人决定,可以委托一个或者数个合伙人对外代表合伙企业,执行合伙事务,其他合伙人不再执行合伙事务。

(3)聘任合伙人以外的人执行合伙事务。

在合伙企业中,往往由于合伙人经营管理能力不足,需要在合伙人之外聘任非合伙人担任合伙企业的经营管理人员,参与合伙企业的经营管理工作。合伙企业法规定,除合伙协议另有约定外,经全体合伙人一致同意,可以聘任合伙人以外的人担任合伙企业的经营管理人员。其应当在合伙企业授权范围内履行职责,超越合伙企业授权范围履行职责,或者在履行职责过程中因故意或重大过失给合伙企业造成损失的,依法承担赔偿责任。

2. 合伙人在执行合伙事务时的权利和义务

根据合伙企业法中的规定,合伙人在执行合伙事务时的权利主要包括以下内容:

(1)合伙人对执行合伙事务享有同等的权利。各合伙人无论其出资多少,都有权平等享有执行合伙企业事务的权利。

(2)执行合伙事务的合伙人对外代表合伙企业。合伙人不是以个人的名义进行一定的民事行为,而是以合伙企业事务执行人的身份组织实施企业的生产经营活动。

(3)不执行合伙事务的合伙人具有监督权利。不执行合伙事务的合伙人有权监督执行事务的合伙人执行合伙事务的情况。这一规定有利于维护全体合伙人的共同利益,同时也可以促进合伙事务执行人更加认真谨慎地处理合伙企业事务。

(4)合伙人具有查阅合伙企业会计账簿等财务资料的权利。合伙经营是一种以营利为目的的经济活动,每个合伙人都有权利而且有责任关心、了解合伙企业的全部经营活动。因此,查阅合伙企业会计账簿等财务资料,作为了解合伙企业经营状况和财务状况的有效手段,成为合伙人的一项重要权力。

(5)合伙人有提出异议的权利和撤销委托的权利。合伙人分别执行合伙事务的,执行事务的合伙人可以对其他合伙人执行的事务提出异议。提出异议时,应当暂停该项事务的执行。受委托执行合伙事务的合伙人不按照合伙协议或者全体合伙人的决定执行事务的,其他合伙人可以撤销该委托。

根据合伙企业法中的规定,合伙人在执行合伙事务时的义务主要包括以下内容:

①合伙事务执行人向不参加执行事务的合伙人报告企业的经营状况和财务状况。

②合伙人不得自营或者同他人合作经营与本合伙企业相竞争的业务。

③合伙人不得同本合伙企业进行交易。合伙协议另有约定或者经全体合伙人一致同意的

除外。

④合伙人不得从事损害本合伙企业利益的活动。

3. 合伙企业事务执行的决议办法

合伙企业法规定,合伙人对合伙企业有关事项做出决议,按照合伙协议约定的表决办法办理,合伙协议未约定或者约定不明确的,实行合伙人一人一票并经全体合伙人过半数通过的表决办法。合伙企业法对合伙企业的表决办法另有规定的,从其规定。

根据合伙企业法中规定,除合伙协议另有约定外,合伙企业的下列事项应当经全体合伙人一致同意:①改变合伙企业的名称;②改变合伙企业的经营范围、主要经营场所的地点;③处分合伙企业的不动产;④转让或者处分合伙企业的知识产权和其他财产权利;⑤以合伙企业名义为他人提供担保;⑥聘任合伙人以外的人担任合伙企业的经营管理人员。

4. 合伙企业的损益分配

合伙企业的利润分配、亏损分担,按照合伙协议的约定办理;合伙协议未约定或者约定不明确的,由合伙人协商决定;协商不成的,由合伙人按照实缴出资比例分配、分担;无法确定出资比例的,由合伙人平均分配、分担。合伙协议不得约定将全部利润分配给部分合伙人或者由部分合伙人承担全部亏损。

思考2-3

(单选)甲、乙、丙、丁拟设立一个普通合伙企业,其合伙协议约定的下列条款中,不符合合伙企业法律制度规定的是(　　)。

A. 甲、乙、丙、丁的出资比例为4:3:2:1

B. 合伙企业事务委托甲、乙两人执行

C. 乙、丙只以其各自的出资额为限对企业债务承担责任

D. 对合伙企业事项做出决议实行全体合伙人一致通过的表决办法

5. 合伙企业与第三人的关系

(1)合伙企业与善意第三人的关系。

合伙企业法规定,合伙企业对合伙人执行合伙事务以及对外代表合伙企业权利的限制,不得对抗善意第三人,此处"善意第三人"是指本着合法交易的目的,诚实地通过合伙企业的事务执行人,与合伙企业之间建立民事、商事法律关系的法人、非法人团体或自然人。如果第三人与合伙企业事务执行人恶意串通、损害合伙企业利益,则不属于善意的情形。

(2)合伙企业的债务清偿与合伙人的关系。

合伙企业的到期债务应先以合伙企业财产进行清偿;合伙企业不能清偿到期债务时,合伙人承担无限连带责任。合伙人之间的分担比例对债权人没有约束力,债权人可以根据自己的清偿利益,请求全体合伙人中的一人或数人承担清偿责任,也可以按照自己确定的清偿比例向各合伙人分别追索。合伙人由于承担连带责任,所清偿数额超过合伙企业法规定或合伙协议约定其亏损分担比例的,有权向其他合伙人追偿。

(3)合伙人的债务清偿与合伙企业的关系。

由于合伙人在合伙企业中拥有财产权益,合伙人的债权人可能向合伙企业提出清偿请求。为了保护合伙企业和其他合伙人的权益,同时也保护债权人的权益,合伙企业法做了如下规定:①合伙企业中某一个合伙人的债权人,不得以该债权抵销其对合伙企业的债务,即合伙人个人的债务与合伙企业的债权各自独立,不得相互抵销;②合伙人个人负有的债务,其债权人不得代位行使合伙人在合伙企业中的权利(因为这显然是不公平的);③合伙人的自有财产不足清偿其与合伙企业无关的债务的,该合伙人可以以其从合伙企业中分取的收益用于清偿,债权人也可以依法请求人民法院强制执行该合伙人在合伙企业中的财产份额用于清偿。人民法院强制执行合伙人的财产份额时,应当通知全体合伙人,其他合伙人有优先购买权。其他合伙人未购买,又不同意将该财产份额转让给他人的,按照规定为该合伙人办理退伙结算,或者办理削减该合伙人相应财产份额的结算。

思考2-4

杨军为某普通合伙企业合伙人,因个人原因向其朋友张健借款5万元,而张健曾与该合伙企业交易时欠合伙企业货款8万元。当该合伙企业向张健催要货款时,张健提出,因杨军欠其5万元,所以自己只需要再给合伙企业3万元即可。这种主张正确吗?

(六)合伙企业的入伙与退伙

1. 入伙

入伙是指在合伙企业存续期间,合伙人以外的第三人加入合伙,从而取得合伙人资格的行为。

(1)入伙的条件和程序。

合伙企业法规定,新合伙人入伙,除合伙协议另有约定外,应当经全体合伙人一致同意,并依法订立书面入伙协议。订立入伙协议时,原合伙人应当向新合伙人如实告知原合伙企业的经营状况和财务状况。

(2)入伙的法律后果。

一般来讲,入伙的新合伙人与原合伙人享有同等权利,承担同等责任。新合伙人对入伙前合伙企业的债务承担无限连带责任。

2. 退伙

(1)退伙的形式。

退伙是指合伙人退出合伙企业,从而丧失合伙人资格。根据退伙的原因,退伙分为自愿退伙、法定退伙和除名退伙三种。

第一种,自愿退伙。根据规定,合伙协议约定合伙期限的,在合伙企业存续期间,有下列情形之一的,合伙人可以退伙:①合伙协议约定的退伙事由出现;②经全体合伙人一致同意;③发生合伙人难以继续参加合伙的事由;④其他合伙人严重违反合伙协议约定的义务。合伙协议未约定合伙期限的,合伙人在不给合伙企业事务执行造成不利影响的情况下,可以退伙,但应当提前30日通知其他合伙人。

第二种,法定退伙,也称当然退伙。有下列情形之一的,合伙人当然退伙:①作为合伙人的自然人死亡或者被依法宣告死亡;②个人丧失偿债能力;③作为合伙人的法人或者其他组织依法被吊销营业执照,责令关闭、撤销,或者被宣告破产;④法律规定或者合伙协议约定合伙人必须具有相关资格而丧失该资格;⑤合伙人在合伙企业中的全部财产份额被人民法院强制执行。

第三种,除名退伙。有下列情形之一的,经其他合伙人一致同意,可以决议将其除名:①未履行出资义务;②因故意或者重大过失给合伙企业造成损失;③执行合伙事务时有不正当行为;④发生合伙协议约定的事由。除名决议应当书面通知被除名人。被除名人接到通知之日,除名生效。被除名人对此有异议的,可以在接到通知书之日起30日内向人民法院起诉。

思考2-5

(单选)根据合伙企业法律制度的规定,下列各项中,不属于普通合伙人当然退伙情形的是( )。

A. 合伙人丧失偿债能力

B. 合伙人被宣告死亡

C. 合伙人在合伙企业中的全部财产份额被人民法院强制执行

D. 合伙人未履行出资义务

(2)退伙的法律效力。

退伙的结果,分为两类情况:一是财产继承;二是退伙结算。

合伙企业法规定,合伙人死亡或者被依法宣告死亡的,对该合伙人在合伙企业中的财产份额享有合法继承权的继承人,按照合伙协议的约定或者全体合伙人的一致同意,从继承开始之日起,取得该合伙企业的合伙人资格。

有下列情形之一的,合伙企业应当向合伙人的继承人退还被继承合伙人的财产份额:①继承人不愿意成为合伙人;②法律规定或者合伙协议约定合伙人必须具有相关资格,而该继承人未取得该资格;③合伙协议约定不能成为合伙人的其他情形。

合伙人的继承人为无民事行为能力人或者限制民事行为能力人的,经全体合伙人一致同意,可以依法成为有限合伙人,普通合伙企业依法转为有限合伙企业。全体合伙人未能一致同意的,合伙企业应当将被继承合伙人的财产份额退还该继承人。

合伙人退伙,其他合伙人应当与该退伙人按照退伙时的合伙企业财产状况进行结算,退还退伙人的财产份额。退伙人对给合伙企业造成的损失负有赔偿责任的,相应扣减其应当赔偿的数额。退伙时有未了结的合伙企业事务的,待该事务了结后进行结算。

退伙人在合伙企业中财产份额的退还办法,由合伙协议约定或者由全体合伙人决定,可以退还货币,也可以退还实物。

合伙人退伙时,合伙企业财产少于合伙企业债务的,退伙人应当依照法律规定分担亏损。

合伙人退伙以后,退伙人对基于其退伙前的原因发生的合伙企业债务,承担无限连带责任。

案例分析2-5

甲、乙、丙、丁四人于2019年开办了一个合伙企业，约定由甲、乙、丙各出资5万元，丁提供劳务（作价5万元）入伙，四人平均分配盈余和承担亏损，由丁执行合伙事务，但是超过5万元的业务须由全体合伙人共同决定。四人办理了有关手续并租赁了房屋进行经营。后来，丁以合伙企业的名义向某工商银行贷款10万元。半年后，乙想把自己的一部分财产份额转让给戊，甲和丙表示同意，但丁不同意，并表示愿意受让乙转让的那部分财产份额。因多数合伙人同意戊成为新合伙人，丁于是提出退伙，甲、乙、丙同意其退伙并接纳戊成为新合伙人。此时，企业已经对某工商银行负债12万元。此后，企业经营开始恶化，半年后散伙，又负债6万元，由此导致了一系列的纠纷。

试分析：

(1) 丁的入伙是否合法？

(2) 甲、乙、丙以丁向银行贷款超过合伙企业对合伙人执行事务的限制，未经其一致同意为由拒绝向银行偿债的主张能否成立？

(3) 乙转让财产份额的行为是否有效？

(4) 丁退伙的行为是否违法？

(5) 本案例中合伙企业的债务应当由谁承担？如何承担？

三、特殊的普通合伙企业

(一) 特殊的普通合伙企业的概念

特殊的普通合伙企业是指，部分合伙人在执业活动中因故意或者重大过失造成合伙企业债务的，应当承担无限责任或者无限连带责任，其他合伙人承担有限责任，而非因故意或者重大过失造成的合伙企业债务以及合伙企业的其他债务，由全体合伙人承担无限连带责任的普通合伙企业。

以专业知识和专门技能为客户提供有偿服务的专业服务机构，可以设立为特殊的普通合伙企业，同时企业名称中应当标明"特殊普通合伙"字样。

(二) 特殊的普通合伙企业的责任承担

(1) 无限连带责任与有限责任相结合。一个合伙人或者数个合伙人在执业活动中因故意或者重大过失造成合伙企业债务的，应当承担无限责任或者无限连带责任，其他合伙人以其在合伙企业中的财产份额为限承担责任。

(2) 无限连带责任。合伙人在执业活动中非因故意或者重大过失造成的合伙企业债务以及合伙企业的其他债务，由全体合伙人承担无限连带责任。

四、有限合伙企业

(一) 有限合伙企业的概念

有限合伙企业是由普通合伙人和有限合伙人组成，普通合伙人对合伙企业债务承担无限连带责任,有限合伙人以其认缴的出资额为限对合伙企业债务承担责任的合伙企业。

(二)有限合伙企业的设立

1. 有限合伙企业的合伙人数及名称

(1)有限合伙企业由2个以上50个以下合伙人设立;但是,法律另有规定的除外。

(2)有限合伙企业至少应当有一个普通合伙人。

(3)有限合伙企业名称中应当标明"有限合伙"字样。

2. 有限合伙企业的合伙协议

有限合伙企业的合伙协议除符合普通合伙企业合伙协议的规定外,还应当载明下列事项:

(1)普通合伙人和有限合伙人的姓名或者名称、住所。

(2)执行事务合伙人应具备的条件和选择程序。

(3)执行事务合伙人权限与违约处理办法。

(4)执行事务合伙人的除名条件和更换程序。

(5)有限合伙人入伙、退伙的条件、程序以及相关责任。

(6)有限合伙人和普通合伙人相互转变程序。

3. 有限合伙人的出资及企业登记

(1)有限合伙人可以用货币、实物、知识产权、土地使用权或者其他财产权利作价出资,但不得以劳务出资。

(2)有限合伙人应当按照合伙协议的约定按期足额缴纳出资;未按期足额缴纳的,应当承担补缴义务,并对其他合伙人承担违约责任。

(3)有限合伙企业登记事项中应当载明有限合伙人的姓名或者名称及认缴的出资数额。

(三)有限合伙企业的事务执行

1. 有限合伙企业的事务执行人及利润分配

(1)由普通合伙人执行合伙事务。执行事务合伙人可以要求在合伙协议中确定执行事务的报酬及报酬提取方式。

(2)有限合伙人不执行合伙事务,不得对外代表有限合伙企业。有限合伙人未经授权以有限合伙企业名义与他人进行交易,给有限合伙企业或者其他合伙人造成损失的,该有限合伙人应当承担赔偿责任。

(3)有限合伙企业之外的第三人有理由相信有限合伙人为普通合伙人并与其交易的,该有限合伙人对该笔交易承担与普通合伙人同样的责任。

(4)有限合伙企业不得将全部利润分配给部分合伙人;但是,合伙协议另有约定的除外。

2. 有限合伙人的特殊权利

(1)有限合伙人可以同本有限合伙企业进行交易;但是,合伙协议另有约定的除外。

(2)有限合伙人可以自营或者同他人合作经营与本有限合伙企业相竞争的业务;但是,合伙协议另有约定的除外。

(四)有限合伙人财产份额的转让与出质

(1)有限合伙人可以将其在有限合伙企业中的财产份额出质;合伙协议另有约定的除外。

(2)有限合伙人可以按照合伙协议的约定向合伙人以外的人转让其在有限合伙企业中的财产份额,但应当提前30日通知其他合伙人。

(五)有限合伙人个人债务的清偿

(1)有限合伙人的自有财产不足以清偿其与合伙企业无关的债务的,该合伙人可以以其从有限合伙企业中分取的收益用于清偿;债权人也可以依法请求人民法院强制执行该合伙人在有限合伙企业中的财产份额用于清偿。

(2)人民法院强制执行有限合伙人的财产份额时,应当通知全体合伙人。在同等条件下,其他合伙人有优先购买权。

思考2-6

(单选)李某为一有限合伙企业中的有限合伙人,李某的下列行为中,不符合合伙企业法律制度规定的是( )。

A. 对企业的经营管理提出建议
B. 对外代表有限合伙企业
C. 参与决定普通合伙人入伙
D. 依法为本企业提供担保

(六)有限合伙人的入伙与退伙

1. 入伙

新入伙的有限合伙人对入伙前有限合伙企业的债务,以其认缴的出资额为限承担责任。

2. 退伙

(1)作为有限合伙人的自然人在有限合伙企业存续期间丧失民事行为能力的,其他合伙人不得因此要求其退伙。

(2)作为有限合伙人的自然人死亡、被依法宣告死亡或者作为有限合伙人的法人及其他组织终止时,其继承人或者权利承受人可以依法取得该有限合伙人在有限合伙企业中的资格。

(3)有限合伙人退伙后,对基于其退伙前的原因发生的有限合伙企业债务,以其退伙时从有限合伙企业中取回的财产承担责任。

(4)有限合伙企业仅剩有限合伙人的,应当解散;有限合伙企业仅剩普通合伙人的,转为普通合伙企业。

(七)有限合伙企业合伙人身份的转变

1. 转变条件

除合伙协议另有约定外,普通合伙人转变为有限合伙人,或者有限合伙人转变为普通合伙人,应当经全体合伙人一致同意。

2. 债务承担

(1)有限合伙人转变为普通合伙人的,对其作为有限合伙人期间有限合伙企业发生的债务承担无限连带责任。

(2)普通合伙人转变为有限合伙人的,对其作为普通合伙人期间合伙企业发生的债务承担无限连带责任。

案例分析2-6

中国公民田某、张某、宫某和马某四人,于2019年11月11日投资设立A有限合伙企业,马某为有限合伙人,其余三人均为普通合伙人,合伙企业事务由田某、张某和宫某共同执行,马某不执行合伙企业事务,也不对外代表合伙企业。A企业主要经营咖啡售卖,随着业务的扩大,A企业又分别设立了两家分店,田某和宫某分别负责分店经营。因分店是以总店名义开展经营活动的,故分店未再行办理任何登记手续。A企业经营过程中,陆续出现下列问题:

(1)甲分店店长宫某设立了另外一家从事贸易的个人独资企业,宫某在张某、田某和马某均不知情的情况下,以自己的名义与分店签订了一年的咖啡豆供应合同。经查,合伙协议中也未对该种交易做出约定。

(2)乙分店店长田某擅自与亲戚合开了一家咖啡店,并任经理,主要工作精力转移。乙分店经营状况不佳。

(3)马某另外经营一家从事工艺品生产的个人独资企业。某日,A企业因急需更新餐具,张某与马某协商,代表A企业与马某个人签订了购买工艺品餐具的合同,田某和宫某对此交易均不知情。经查,合伙协议中也未对该种交易做出约定。

(4)马某、田某分别以个人在A企业中的财产份额为自己向银行的贷款提供质押担保,由于忙于经营,张某和宫某对这两笔担保事项均不知情,经查,合伙协议中也未对该种担保事项做出约定。

试分析:
(1)A企业设立两家分店时未再行办理任何登记手续的做法是否符合规定?
(2)甲分店店长宫某的行为是否违反法律规定?
(3)乙分店店长田某是否可以另外设立一家咖啡店?
(4)马某与A企业进行交易是否合法?
(5)马某和田某以个人在A企业中的财产份额为自己向银行的贷款提供质押担保的行为是否有效?

五、合伙企业的终止

(一)合伙企业的解散事由

合伙企业有下列情形之一的,应当解散:
(1)合伙期限届满,合伙人决定不再经营;
(2)合伙协议约定的解散事由出现;
(3)全体合伙人决定解散;
(4)合伙人已不具备法定人数满30天;
(5)合伙协议约定的合伙目的已经实现或者无法实现;

(6)依法被吊销营业执照、责令关闭或者被撤销;
(7)法律、行政法规规定的其他原因。

(二)合伙企业的清算

1. 清算人的确定

(1)可由全体合伙人担任清算人;

(2)经全体合伙人过半数同意,可自解散事由出现后15日内指定一个或者数个合伙人担任清算人,或委托第三人担任清算人;

(3)解散事由出现之日起15日内未确定清算人的,合伙人或者其他利害关系人可申请人民法院指定清算人。

2. 清算人的事务执行

清算人在清算期间执行下列事务:

(1)清理合伙企业财产,分别编制资产负债表和财产清单;

(2)处理与清算有关的合伙企业未了结事务;

(3)清缴所欠税款;

(4)清理债权、债务;

(5)处理合伙企业清偿债务后的剩余财产;

(6)代表合伙企业参加诉讼或者仲裁活动。

3. 债权登记

清算人自被确定之日起10日内将合伙企业解散事项通知债权人,并于60日内在报纸上公告。债权人应当自接到通知书之日起30日内,未接到通知书的自公告之日起45日内,向清算人申报债权。

债权人申报债权,应当说明债权的有关事项,并提供证明材料。清算人应当对债权进行登记。

清算期间,合伙企业存续,但不得开展与清算无关的经营活动。

4. 债务清偿顺序与财产分配

(1)合伙企业财产在支付清算费用后,按照下列顺序清偿债务:

①职工工资、社会保险费用、法定补偿金。

②缴纳所欠税款。

③企业其他债务。

(2)企业清偿债务后仍有剩余的,依照合伙企业法关于合伙企业利润分配的规定进行分配。

5. 注销登记

(1)清算结束,清算人应当编制清算报告,经全体合伙人签名、盖章后,在15日内向企业登记机关报送清算报告,申请办理合伙企业注销登记。

(2)合伙企业注销后,原普通合伙人对合伙企业存续期间的债务仍应承担无限连带责任。

六、违反合伙企业法的法律责任

(一)合伙企业的法律责任

(1)提交虚假文件或者采取其他欺骗手段,取得合伙企业登记的,由企业登记机关责令改正,处以 5000 元以上 5 万元以下的罚款;情节严重的,撤销企业登记,并处以 5 万元以上 20 万元以下的罚款。

(2)合伙企业未在名称中标注"普通合伙""特殊普通合伙""有限合伙"字样的,由企业登记机关责令限期改正,处以 2000 元以上 1 万元以下的罚款。

(3)未领取营业执照,而以合伙企业或者合伙企业分支机构名义从事合伙业务的,由企业登记机关责令停止,处以 5000 元以上 5 万元以下的罚款。

(4)合伙企业登记事项发生变更时,未依照规定办理变更登记的,由企业登记机关责令限期登记;逾期不登记的,处以 2000 元以上 2 万元以下的罚款。

(二)合伙人的法律责任

(1)合伙人执行合伙事务,或者合伙企业从业人员利用职务上的便利,将应当归合伙企业所有的利益据为己有的,或者采取其他手段侵占合伙企业财产的,应将该利益和财产退还合伙企业;给合伙企业或者其他合伙人造成损失的,依法承担赔偿责任。

(2)合伙人对合伙企业法规定或者合伙协议约定必须经全体合伙人一致同意才可以执行的事务擅自处理,给合伙企业或者其他合伙人造成损失的,依法承担赔偿责任。

(3)不具有事务执行权的合伙人擅自执行合伙事务,给合伙企业或者其他合伙人造成损失的,依法承担赔偿责任。

(4)合伙人违反合伙企业法规定或者合伙协议的约定,从事与本合伙企业相竞争的业务或者与本合伙企业进行交易的,该收益归合伙企业所有;给合伙企业或者其他合伙人造成损失的,依法承担赔偿责任。

(5)合伙人违反合伙协议的,应当依法承担违约责任。合伙人履行合伙协议发生争议的,合伙人可以通过协商或者调解解决。不愿通过协商、调解解决或者协商、调解不成的,可以按照合伙协议约定的仲裁条款或者事后达成的书面仲裁协议,向仲裁机构申请仲裁。合伙协议中未订立仲裁条款,事后又没有达成书面仲裁协议的,可以向人民法院起诉。

项目小结

本项目主要介绍了个人独资企业法和合伙企业法,希望学生通过本项目的学习和训练能熟知创立个人独资企业和合伙企业的要求和程序,熟悉关于个人独资企业与合伙企业运营的各项法律规定,能辨析个人独资企业与合伙企业的设立过程和企业事务管理是否规范,了解违反个人独资企业法和合作企业法的法律责任。

项目知识检测

一、单项选择题

1.基于合伙人单方意思表示而为的退伙称为(　　)。
A.除名退伙　　　　　　　　　　　B.法定退伙

C. 自愿退伙　　　　　　　　　　D. 特殊法定退伙

2. 某普通合伙企业委托合伙人张某单独执行合伙企业事务,张某定期向其他合伙人报告事务执行情况以及合伙企业的经营和财务状况。对于张某在执行合伙企业事务期间产生的亏损,应当承担责任的是(　　)。

　A. 张某　　　　　　　　　　　B. 张某和有过错的第三人
　C. 提议委托张某的合伙人　　　　D. 全体合伙人

3. 设立个人独资企业的出资形式不可以是(　　)。
　A. 货币　　　B. 土地使用权　　C. 知识产权　　D. 劳务

4. 下列中国公民中,依法可以投资设立个人独资企业的是(　　)。
　A. 某市中级人民法院法官李某　　B. 某商业银行支行部门经理张某
　C. 某大学在校本科生袁某　　　　D. 某县政府办公室主任金某

5. 下列关于个人独资企业的表述中,正确的是(　　)。
　A. 个人独资企业的投资人可以是自然人、法人或者其他组织
　B. 个人独资企业的投资人对企业债务承担无限责任
　C. 个人独资企业不能以自己的名义从事民事活动
　D. 个人独资企业具有法人资格

6. 甲、乙、丙在普通合伙企业的设立协议中约定如下事项,正确的是(　　)。
　A. 甲任合伙企业事务执行人,其他人对执行合伙事务提出异议时,该项事务应暂停执行
　B. 甲任合伙企业事务执行人,承担全部企业亏损责任,其他合伙人不承担
　C. 甲任合伙企业事务执行人,有权以合伙企业名义为他人提供担保
　D. 甲任合伙企业事务执行人,承担有限责任,其他合伙人承担无限责任

7. 普通合伙企业新入伙的合伙人对入伙前合伙企业的债务(　　)。
　A. 不承担责任
　B. 承担无限连带责任
　C. 根据入伙协议的约定确定是否承担责任
　D. 在其出资范围内承担有限责任

8. 下列哪个可以定为个人独资企业的名称?(　　)。
　A. 大禹防水有限公司　　　　　　B. 兴华制药厂
　C. 红十字医疗所　　　　　　　　D. 海尔电器股份有限公司

9. 某合伙企业的负责人刘某,于2月1日提交企业设立申请文件,由于登记机关事务繁忙,刘某便把申请材料置于登记机关。2月20日,登记机关才对该申请材料进行审核;审核中发现刘某没有其他合伙人的委托书,于2月21日将材料退还给刘某。刘某补齐材料后于3月1日再次申请,3月5日登记机关签发了营业执照。刘某原定于3月18日开业。该合伙企业(　　)成立。
　A. 2月1日　　B. 3月1日　　　C. 3月5日　　　D. 3月18日

10. 甲为普通合伙企业的合伙人,乙为甲个人债务的债权人,当甲的个人财产不足以清偿乙的债务时,根据合伙企业法律制度的规定,乙可以行使的权利是(　　)。

A. 代位行使甲在合伙企业中的权利

B. 依法请求人民法院强制执行甲在合伙企业中的财产份额用于清偿

C. 自行接管甲在合伙企业中的财产份额

D. 以对甲的债权抵销乙对合伙企业的债务

二、多项选择题

1. 依据我国合伙企业法的规定,设立普通合伙企业应当具备的条件包括(　　)。

A. 有两个及以上合伙人,并且都是依法能够承担无限责任者

B. 有书面合伙协议

C. 有各合伙人实际缴付的出资

D. 有合伙企业的名称

E. 有经营场所和从事合伙经营的必要条件

2. 下列哪些人员不得成为合伙企业的合伙人?(　　)。

A. 陈某,为50岁的农民　　　　　B. 邓某,为17岁的中专生

C. 于某,为30岁的精神病人　　　D. 刘某,为某大学的行政人员

E. 吴某,为某法院的法官

3. 下列关于合伙企业的事务,哪些需要全体合伙人同意?(　　)。

A. 合伙人刘某将自己的出资转让给合伙人王某

B. 合伙企业订立一份金额不大的购销合同

C. 合伙企业改变名称

D. 合伙企业聘请合伙人孙某为合伙企业的经理

E. 合伙人王某欲以自己的合伙出资为亲属提供担保

4. 下列有关个人独资企业设立条件的表述中,符合个人独资企业法律制度规定的有(　　)。

A. 投资人为一个自然人,且为中国公民

B. 有合法的企业名称

C. 有企业章程

D. 有投资人申报的出资

5. 以下关于个人独资企业的表述中正确的是(　　)。

A. 个人独资企业解散后,由投资人自行清算或者由债权人申请人民法院指定清算人进行清算

B. 个人独资企业解散后,原投资人对个人独资企业存续期间的债务不应再负偿还责任

C. 个人独资企业财产不足以清偿债务的,投资人应当以其个人的其他财产予以清偿

D. 个人独资企业解散后,原投资人对个人独资企业存续期间的债务仍应承担偿还责任

6. 根据合伙企业法的规定,下列关于合伙企业合伙人出资形式的表述,正确的有(　　)。

A. 普通合伙人可以以知识产权出资　　B. 有限合伙人可以以实物出资

C. 普通合伙人可以以土地使用权出资　D. 有限合伙人可以以劳务出资

项目技能训练

一、案例分析

1.2019年1月15日,甲出资5万元设立A个人独资企业,甲聘请乙管理企业事务,同时规定,凡乙对外签订标的额超过1万元的合同,须经甲同意。2月10日,乙未经甲同意,以A企业的名义向善意第三人丙购买了价值2万元的货物。2019年7月4日,A企业亏损,不能支付到期的对丁的债务,甲决定解散该企业,并请求法院指定清算人。7月10日,法院指定戊作为清算人对A企业进行清算。经查:①A企业欠缴税款2000元,欠乙工资5000元,欠社会保险费5000元,欠丁10万元;②A银行存款为1万元,实物作价8万元;③甲在B合伙企业出资6万元,占50%的出资额,B合伙企业每年可向合伙人分配利润;④甲个人其他可执行的财产价值2万元。

试分析:

(1)乙于2月10日以A企业的名义实施的购买行为是否有效?

(2)试述A企业的财产清偿顺序。

(3)如何满足丁的债权请求?

2.甲、乙、丙、丁四人商议设立普通合伙企业,并签订了合伙协议。甲以部分货币及实物作价出资10万元;乙以实物作价出资8万元;经其他三人同意,丙以劳务作价出资6万元;丁以货物出资4万元。合伙协议规定,甲、乙、丙、丁按5∶4∶3∶2的比例分配利润和承担风险。合伙协议约定,由甲执行合伙企业事务,对外代表合伙企业,合伙协议中未约定合伙企业经营期限。

合伙企业设立后存续期间,发生了(但不限于)下列行为事实:

(1)合伙企业设立3个月后,甲擅自以合伙企业的名义与A公司签订了代销合同,乙获知后,认为该合同不符合伙企业利益,经与丙、丁商议后,即向A公司表示对该合同不予承认,理由是甲无单独与第三人签订代销合同的权利。

(2)合伙企业经营了1年后,丁提出退伙,其退伙并未给合伙企业造成任何不利影响。1个多月后,丁撤资退伙。于是,合伙企业又接纳戊入伙,戊仍然出资4万元。此后,合伙企业的债权人B就丁退伙前发生的债务要求合伙企业的现合伙人及退伙人共同承担连带清偿责任。

(3)执行合伙事务的合伙人甲为了改善企业经营管理,独自决定聘任合伙人以外的张某担任该合伙企业的经营管理人员,并以合伙企业的名义为合伙企业以外的王某担保。

(4)合伙企业经营了1年半后,乙在与C经济业务来往后,发生了债务。C向法院提起诉讼,胜诉后C即向人民法院申请强制执行。

(5)该合伙企业又继续经营了3个月后,由于在此之前甲等经营管理不善,造成该合伙企业亏损严重,合伙企业的E债权人诉至法院,法院在审理过程中发现合伙企业财产为25万元,但所欠债务达到40万元。

试分析:

(1)假设该合伙企业中的丙当时为国家公务员,判断其可否成为合伙人。假如合伙协议规定甲执行合伙企业事务,对合伙企业债务承担无限连带责任,而乙、丙、丁不执行合伙事务,故对合伙企业的债务只承担有限责任,判断此项协议条款是否正确,并说明理由。

(2)分析甲、乙、丙、丁的出资方式是否符合合伙企业法的规定,为什么?

(3)甲擅自以合伙企业名义与A公司签订代销合同,A公司如果是善意的不知道该合伙企业对甲的内部限制的第三人,该代销合同的效力如何确认?

(4)合伙企业债权人B就丁退伙前发生的债务要求合伙企业的现合伙人及退伙人共同承担连带清偿责任,分析丁可否以自己已经退伙为由、戊可否以自己新入伙不久为由不承担连带清偿责任,为什么?

(5)分析甲聘任合伙企业以外的张某来担任经营管理人员及为合伙企业以外的王某担保的行为是否合法,为什么?

(6)乙被法院强制执行其在合伙企业中的全部财产份额时,乙是否仍然可以作为该合伙企业的合伙人?

(7)分析合伙企业的40万元债务应如何清偿。

二、技能训练

1.甲拟设立一个人独资企业,请你为其准备申请设立时需要的法律文件,并模拟申请设立个人独资企业的过程。

2.程东、郝川、冯明明准备设立一合伙企业,程东以现金5万元出资,郝川以房屋作价10万元出资,冯明明以劳务作价5万元出资,他们准备聘请高鹏程管理企业。请你根据以上材料,撰写一份合伙协议。

项目三 创设并管理公司

·知识目标·

了解公司的概念和种类、公司法的概念;
了解有限责任公司和股份有限公司的异同;
了解违反公司法的责任,熟悉公司登记申请;
熟悉一人有限公司和国有独资公司的特别规定;
掌握有限责任公司和股份有限公司的设立条件与组织机构。

·能力目标·

能够准确判定公司与企业的不同;
能够区分有限责任公司与股份有限公司;
能够进行简单的公司登记申请,依法定程序设立一人有限公司;
能够应用有限责任公司与股份有限公司的设立和组织机构设置的条件与程序进行判断和案例分析。

/ 引导案例 /

甲、乙均为国有企业,与另外9家国有企业拟联合组建光中有限责任公司(简称光中公司)(此类名称均为虚构),章程的部分内容为:

(1)公司股东会除召开定期会议外,还可以召开临时会议,临时会议须经代表1/2以上表决权的股东、1/2的董事或1/2以上的监事提议召开。在申请公司设立登记时,工商行政管理机关指出了公司章程规定的关于召开临时股东会议方面的不合法之处。全体股东协商后,予以纠正。

(2)2019年3月光中公司依法登记成立,注册资本为1亿元,其中甲以工业产权出资协议作价1200万元;乙出资1400万元,是出资最多的股东。公司成立后,由甲召集和主持了首次股东会会议,设立了董事会。

(3)2019年5月,光中公司董事会发现,甲作为出资的工业产权的实际价额显著低于公司章程所定的价额,为了使公司股东出资总额仍达到1亿元,董事会提出的解决方案为,由甲补足差额,如果甲不能补足差额,其他股东不承担任何责任。

(4)2020年5月,光中公司经过一段时间的运作后,经济效益较好,董事会制订了一个增加注册资本的方案,方案提出将公司现有的注册资本由1亿元增加至1.5亿元。增资方案提交到股东会表决时,有7家股东赞成增资,7家股东出资总额为5830万元,占表决权总数的58.3%;有4家股东不赞成增资,4家股东出资总和为4170万元,占表决权总数的41.7%。股东会通过增资协议并授权董事会执行。

(5)2021年3月,光中公司因发展业务需要,依法成立了海南分公司。海南分公司在生产经营过程中,因违反了合同规定而被诉至法院,对方以光中公司为海南分公司的总公司为由,要求光中公司承担违约责任。

请问:

光中公司设立过程中订立的公司章程有哪些不合法之处?

该公司的首次股东会会议由甲召集和主持是否合法?

光中公司董事会做出的关于甲的出资不足的解决方案内容是否合法?

光中公司股东会做出的增资决议是否合法?

光中公司是否应当替海南分公司承担违约责任?

任务一　认识公司与公司法

> 活动内容:认识公司法,收集我国的关于公司的法律法规;调查、收集身边的企业改建为有限责任公司或股份有限公司的案例。
>
> 活动一:学生分成小组,到不同的公司了解公司在生产经营过程中发生的与公司法规定紧密相关的问题。尝试分析"引导案例"中的光中公司在生产经营过程中存在哪些问题。
>
> 活动二:各小组将收集的资料进行整理、交流。每一小组选出一名代表进行全班交流,以明白不同的公司存在不同的问题,但都必须按照公司法的规定进行设立与经营。

知识基础

一、公司及公司特征

(一)公司的概念

根据《中华人民共和国公司法》(简称公司法)的规定,公司是指股东依法以投资方式设立,以营利为目的,以其认缴的出资额或认购的股份为限对公司承担责任,公司以其全部独立法人财产对公司债务承担责任的企业法人。

知识扩展　公司的形成

公司形成的历史进程与资本主义生产关系的产生有着密切的联系。商品经济的发展是公司出现的前提条件,而资本主义生产关系的发展壮大也需要庞大的资本积累。16世纪的"地理大发现"扩展了全球市场空间,国际贸易的重心逐步由地中海移至大西洋,欧洲部分国家的资产阶级在争夺政治、经济权利的过程中,采取了一系列重商主义政策和对外殖民扩张政策。在这一背景下,出于移民扩张、对外贸易、进行资本原始积累的目的,英国、荷兰、法国等国出现了一批政府特许建立的以股份集资经营为主的贸易公司,开始以公司的形式参与欧洲国家的殖民活动。

1600年,英国东印度公司的设立是现代公司产生的一个关键事件。1602年,荷兰也成立了东印度公司。一般认为,英国、荷兰两大东印度公司的成立,拉开了现代公司发展的帷幕。公司的产生分散了单个资本所难以承担的经济风险,满足了扩张性经济活动对巨额资本的需求。中国近代的公司出现于清末洋务运动期间。到了现代,公司更是成为各个国家国民经济的命脉,跨国公司也不断发展壮大。

(二) 公司的特征

我国公司法规定公司具有以下特征。

1. 依法设立

公司必须依照法定的条件和法定的程序设立。这是公司存在的先决条件。我国公司法第六条规定:"设立公司,应当依法向公司登记机关申请设立登记。符合本法规定的设立条件的,由公司登记机关分别登记为有限责任公司或者股份有限公司;不符合本法规定的设立条件的,不得登记为有限责任公司或者股份有限公司。"

2. 公司以营利为目的

这是指公司从事生产、经营或提供劳务都是为了获取利润。利润是公司存在的物质基础,在公司盈利时应当分配给股东,这是股东投资的目的,也是公司经营的目的。因此,以营利为目的是公司企业性的重要表现。某些具有营利活动的组织,获得的利润用于社会公益等其他方面,而不分配给投资者,则属于公益性法人,这种组织不能称为公司。此外,公司的营利活动应当具有连续性和稳定性,一次性、间歇性的营利行为不构成界定公司时所称的营利活动。

3. 公司是企业法人

公司是具有法人地位的企业组织,这是公司与合伙企业、独资企业等组织形式的重要区别。公司具有法人地位的特征主要表现在:首先,公司具有独立的财产,公司以其全部财产对外承担责任;其次,公司独立承担民事责任。公司独立承担民事责任,一是指公司的责任与股东的责任相互独立,公司的债务不及于股东;二是指公司的责任与公司管理人员和工作人员的责任是相互独立的;三是指公司的责任与下属企业或其他组织的责任是相互独立的,各自的行为所产生的法律责任由各自承担,不及于其他企业或组织;四是指公司具有独立的组织机构,这些机构包括管理机构和业务机构。

公司的独立法人人格和股东的有限责任使股东可以通过设立公司,或者购买公司的股权或者股份，获得公司的经营利润，同时又可以将投资风险降到最低程度，即使公司经营亏损或者资不抵债，也不及于股东的其他财产。但是，在实践中，股东可能会滥用公司的独立法人人格和有限责任损害公司债权人利益和公共利益，为了阻止这种行为，公司法理论和立法实践就某些特定事项，否认公司的独立法人人格和股东的有限责任。这就是公司法理论所提及的公司人格否认制度，美国公司法理论称之为"揭开公司面纱"。

4. 以股东投资行为为设立基础

公司是由股东投资行为设立的，股东投资行为形成的权利是股权。股权是股东依法享有的受益、参与重大决策和选择管理者等权利。

知识扩展　公司人格否认制度

公司的独立人格和股东的有限责任体现的是对股东利益的保护，却对公司的债权人有失公平，它可能成为股东谋取不正当利益、侵害债权人合法权益的工具和手段。鉴于此，新修订的公司法引入了公司人格否认制度。

公司法第二十条规定，公司股东应当遵守法律、行政法规和公司章程，依法行使股东权利，不得滥用股东权利损害公司或者其他股东的利益，不得滥用公司法人独立地位和股东有限责任损害公司债权人的利益。公司股东滥用股东权利给公司或者其他股东造成损失的，应当依法承担赔偿责任。公司股东滥用公司法人独立地位和股东有限责任，逃避债务，严重损害公司债权人利益的，应当对公司债务承担连带责任。

案例分析3-1

甲食品有限公司购买乙奶制品有限公司20吨奶粉，总货款为40万元，预付10万元，约定到货后10日内付清30万元余款。乙公司按期交货，但是甲公司久拖不付30万元货款。在此期间，甲公司利用未付的30万元投资，与丙公司组建丁公司，原来的甲公司成了空壳。乙公司起诉，要求甲公司履行付款义务。

经分析：

第一，甲公司设立合法有效，并且已经取得独立法人人格；

第二，存在甲公司股东滥用对公司的控制权，抽逃资金，使公司空壳化的行为；

第三，甲公司客观上损害债权人乙公司的利益；

第四，甲公司行为与损害结果之间有因果关系。

综上所述，在本案例中，甲公司股东否认甲公司的独立人格，由该公司股东与甲公司一起对债权人乙公司的30万元债务承担连带责任。

（三）公司的种类

1. 按公司财产责任形式分

（1）有限责任公司：股东以其认缴的出资额为限对公司承担责任，公司以其全部财产对公司的债务承担责任的公司。

(2)股份有限公司:将公司全部资本分为等额股份,股东以其认购的股份为限对公司承担责任,公司以其全部财产对公司的债务承担责任的公司。

(3)无限责任公司:由两个以上股东组成,全体股东对公司的债务承担无限连带责任的公司。有些国家规定无限责任公司具有法人资格。

(4)两合公司:由负无限责任的股东和负有限责任的股东组成,无限责任股东对公司债务负无限连带责任,有限责任股东仅以其认缴的出资额为限对公司债务承担责任。

2. 按公司的组织结构关系分

(1)总公司:依法设立并管辖公司全部组织的具有企业法人资格的机构,在公司内部管理系统中,处于领导、支配地位。

(2)分公司:在业务资金、人事等方面受本公司管辖而不具有法人资格的分支机构,其债务由总公司以自己的全部财产承担责任。

(3)母公司:拥有其他公司一定数额的股份或者根据协议能够支配、控制其他公司的人事、财务、业务等事项的公司。

(4)子公司:一定数额的股份被另一个公司控制或依照协议被另一个公司实际控制、支配的公司。母公司和子公司都具有法人资格,依法独立承担民事责任。

3. 按公司的信用基础分

(1)人合公司:公司的经营活动以股东的个人信用而非公司资本的多寡为基础的公司。无限责任公司是典型的人合公司。

(2)资合公司:公司的经营活动以公司的资本规模而非股东的个人信用为基础的公司。股份有限公司是典型的资合公司。

(3)资合兼人合公司:同时以公司资本和股东个人信用作为公司信用基础的公司,其典型形式为两合公司。

4. 按公司注册地分

(1)本国公司:国籍为本国的公司,根据我国法律,凡是依照我国法律、在我国境内设立登记的公司,即为我国的本国公司,也就是中国公司,而不论其资本构成是否有外资成分。

(2)外国公司:国籍为外国的公司,根据我国法律,凡是依照外国法律、在我国境外设立登记的公司。

(3)跨国公司:以本国为基地或中心,在不同国家和地区设立分公司、子公司或投资企业,从事国际生产、经营活动的经济组织。

思考3—1

甲是乙依法设立的分公司,下列表述中,符合公司法律制度规定的是(　　)。

A. 甲应有自己的营业执照,以自己的名义进行营业活动,并独立承担民事责任

B. 甲应有独立的法人资格,以自己的名义进行营业活动,并独立承担民事责任

C. 甲应有自己的营业执照,可以没有独立的财产,但独立承担民事责任

D. 甲应有自己的营业执照,并以自己的名义进行营业活动,但不独立承担民事责任

二、公司法的概念与调整对象

（一）公司法的概念

广义的公司法是规定公司法律地位、调整公司组织关系、规范公司在设立、变更、终止以及运营过程中发生的各种经济关系的法律规范的总称。

（二）公司法的调整对象

公司法的调整对象，是指在公司设立、组织、变更、终止以及运营过程中发生的各种社会关系。这些关系主要包括：

（1）公司内部财产关系，主要是指发起人之间、发起人与其他股东之间、股东相互之间在设立、变更、破产、解散和清算过程中所形成的带有经济内容的社会关系。

（2）公司外部财产关系，主要是指公司从事与公司组织特征密切相关的营利性活动时，与其他公司、企业或个人之间发生的财产关系。

（3）公司内部组织管理与协作关系，主要是指公司内部组织机构，如股东会、董事会、监事会相互之间，公司与公司职员之间发生的管理或协作关系。

（4）公司外部组织管理关系，主要是指公司在设立、变更、解散过程中与有关国家经济管理机关之间形成的纵向经济管理关系。

知识扩展　公司法的拟定与修订

我国公司法由第八届全国人民代表大会常务委员会（简称全国人大常委会）第五次会议于1993年12月29日通过，自1994年7月1日起施行。此后，公司法于1999年、2004年进行了两次小的修订。2005年10月27日，公司法在进行了大规模的修订后，由第十届全国人大常委会第十八次会议重新颁布，于2006年1月1日起施行。《中华人民共和国公司登记管理条例》（以下简称《公司登记管理条例》）于2005年12月18日修订并颁布，随公司法于2006年1月1日起施行。2013年底，第十二届全国人大常委会第六次会议对公司法进行了修订，修改后的公司法自2014年3月1日起正式施行。本书所讲的公司法是根据2018年10月26日第十三届全国人大常委会第六次会议对公司法进行修订后的内容。

三、公司的基本制度

（一）公司的权利能力和行为能力

1. 公司的权利能力及其限制

公司的权利能力是指法律赋予公司享有权利、承担义务的资格。公司具有权利能力，意味着公司取得民事主体资格。

公司的权利能力，从公司营业执照签发之日开始，至公司注销登记并公告之日终止。公司的权利能力与自然人的权利能力有较大的不同，其范围往往受到公司固有性质的限制、法律上的限制和目的上的限制。

2. 公司的行为能力及其实现

公司的行为能力是指公司通过自己的意思表示，独立取得权利、承担义务的能力，公司的行为能力与其权利能力同时产生、同时消灭，并且其范围与其权利能力范围完全一致。

公司是法人，具有法律上的团体人格，它在按照自己的意志实施行为时与自然人有所不同。首先，公司的意思表示能力是一种社团的意思表示能力，公司的意思必须通过公司的法人机关来形成和表示。公司的法人机关就是公司的议事机关，由公司的股东会和股东大会、董事会和监事会组成，它们依照公司法规定的职权和程序相互配合又相互制衡，进行公司的意思表示。其次，公司的行为能力体现在对外行为的实施上，公司的对外行为由公司的法定代表人来实施，或者由法定代表人授权的代理人来实施。

（二）公司名称与住所

公司名称是公司法律人格的文字符号，是其区别于其他公司、企业的标志。公司名称具有标志性、排他性（即公司对其名称有独占、专用的权利）和财产性的特征。一个公司只能有一个名称。根据公司法中的规定，公司名称应当依次包括以下层次的含义：

（1）所属的行政区划名称，即注册机关的行政管理级别和行政管辖范围，也就是公司所在地的省、市或县、行政区划名称。在国家工商行政管理局注册的，可以冠以"中华""中国""国际"等字样；在省工商行政管理局注册的，可以冠以"××省"字样，依次类推。

（2）字号，即公司的特有名称，一般由两个或者两个以上的汉字或者少数民族文字组成。

（3）行业特点，即显示公司的业务和经营特点、所属行业的属性，如"化工""医药"等。

（4）公司的组织形式，即公司的种类。根据公司法第八条的规定，有限责任公司必须在公司名称中标明"有限责任公司"或者"有限公司"字样。

公司只能使用一个名称，并通过公司登记机关的预先核准。预先核准的公司名称保留期为6个月。

公司以其主要办事机构所在地为住所。确定公司住所的主要法律意义为：①确定诉讼管辖地；②确定公司登记管辖地；③确定债务履行地；④确定诉讼文书收受的处所；⑤确定涉外诉讼的准据法。

 知识扩展　公司名称预先核准

根据《公司登记管理条例》第十七条的规定，设立公司应当向公司登记机关申请公司名称的预先核准。设立有限责任公司，应当由全体股东指定的代表或者共同委托的代理人向公司登记机关申请名称预先核准；设立股份有限公司，应当由全体发起人指定的代表或者共同委托的代理人向公司登记机关申请名称预先核准。预先核准的公司名称保留期为6个月。预先核准的公司名称在保留期内不得用于从事经营活动，不得转让。公司名称经登记机关核准注册后，受法律保护。

（三）公司章程

公司章程是记载公司组织活动基本准则的公开性法律文件。设立有限责任公司必须由股东共同依法制定公司章程,股东应当在公司章程上签名、盖章,公司章程对公司、股东、董事、监事、高级管理人员具有约束力。公司章程所记载的事项分为绝对必要事项和任意事项。绝对必要事项是法律规定的在公司章程中必须记载的事项,包括公司名称和住所、经营范围、注册资本、公司组织机构、法定代表人等。任意事项是由公司自行决定是否记载的事项,包括公司有自主决定权的一些事项,如自然人股东资格继承等。

(四)公司的资本

公司的资本也称为股本,它是指由公司章程确定并载明的、全体股东的出资总额。其具体形态有:

(1)注册资本:公司在设立时筹集的、由章程载明的、经公司登记机关登记注册的资本。有限责任公司的注册资本为在公司登记机关登记的全体股东认缴的出资额。股份有限公司采取发起设立方式设立的,注册资本为在公司登记机关登记的全体发起人认购的股本总额;股份有限公司采取募集设立方式设立的,注册资本为在公司登记机关登记的实收股本总额。

(2)认缴资本(发行资本):公司实际上已向股东发行的股本总额。

(3)认购资本:出资人同意缴付的出资总额。

(4)实缴资本(实收资本):全体股东或者发起人实际缴付并经公司登记机关依法登记的出资额或者股本总额。有限责任公司和股份有限公司作为资合公司,其信用基础在于资本的真实和稳定,这样才能保障交易安全,维护债权人的利益。

我国目前对公司设立的资本采取较为宽松的认缴资本制,即除法律、行政法规以及国务院决定对公司注册资本实缴有另行规定的以外,取消了关于公司股东(发起人)应自公司成立之日起两年内缴足出资,投资公司在五年内缴足出资的规定,取消了一人有限责任公司股东应一次足额缴纳出资的规定,转而采取公司股东(发起人)自主约定认缴出资额、出资方式、出资期限等,并记载于公司章程的方式;同时,放宽注册资本登记条件,除对公司注册资本最低限额有另行规定的以外,取消了有限责任公司、一人有限责任公司、股份有限公司最低注册资本分别应达 3 万元、10 万元、500 万元的限制;不再限制公司设立时股东(发起人)的首次出资比例以及货币出资比例。

虽然实收资本已不再是公司登记的记载事项,但有限责任公司和股份有限公司的股东仍然需要按照其认缴的出资额承担有限责任,即注册资本的大小依然从某个方面决定了这家公司的资金实力和可以对外承担民事责任的能力。

(五)公司的设立

公司的设立是指公司设立人依照法定的条件和程序,为组建公司并取得法人资格而必须采取和完成的法律行为。

注意:公司的设立≠公司的成立。公司的设立是指发起人创建公司的一系列活动,是一种过程行为;而公司的成立是指公司取得了法人资格,取得了依法进行生产经营活动的权利能力和行为能力,是一种结果行为。可以说,公司设立是公司成立的前提,而公司成立则是公司设立的目标和结果。

公司设立的方式基本为两种,即发起设立和募集设立。发起设立,是指由发起人认购公司应发行的全部股份而设立公司。募集设立,是指由发起人认购公司应发行股份的一部分,其余股份向社会公开募集或者向特定对象募集而设立公司。有限责任公司采取发起设立方式;股份有限公司的设立,既可以采取发起设立的方式,也可以采取募集设立的方式。

思考3-2

(单选)下列关于有限责任公司设立的表述正确的是(　　)。

A. 只能发起设立

B. 只能募集设立

C. 可以发起设立或募集设立

D. 自行设立

(六)公司的登记管理

1. 登记事项

我国的公司登记机关是工商管理机关。《公司登记管理条例》第九条规定,公司的登记事项包括名称、住所、法定代表人姓名、注册资本、公司类型、经营范围、营业期限和有限责任公司股东或者股份有限公司发起人的姓名或者名称。

2. 公司设立登记

申请设立公司,应当向公司登记机关提交规定的文件。设立有限责任公司,应当由全体股东指定的代表或者共同委托的代理人向公司登记机关申请设立登记。设立股份有限公司,应当由董事会向公司登记机关申请设立登记。以募集方式设立股份有限公司的,应当于创立大会结束后30日内向公司登记机关申请设立登记。

公司设立分公司的,应当自决定做出之日起30日内向分公司所在地的公司登记机关申请设立登记;法律、行政法规或者国务院决定规定必须报经有关部门批准的,应当自批准之日起30日内向公司登记机关申请登记。分公司的登记事项包括名称、营业场所、负责人和经营范围。分公司的名称应当符合国家有关规定。分公司的经营范围不得超出公司的经营范围。分公司营业执照签发日期为分公司成立日期。

3. 公司变更登记

公司变更登记,应当向公司登记机关提交下列文件:①公司法定代表人签署的变更登记申请书;②依照公司法做出的变更决议或者决定;③国家工商管理总局规定要求提交的其他文件。

4. 公司注销登记

公司注销登记,应当向公司登记机关提交下列文件:①公司清算组负责人签署的注销登记申请书;②人民法院的破产裁定、解散裁判文书,公司依照公司法做出的决议或者决定,行政机关责令关闭或者公司被撤销的文件;③股东会、股东大会、一人有限责任公司的股东、外商投资的公司的董事会或者人民法院、公司批准机关备案、确认的清算报告;④企业法人营业执照;⑤法律、行政法规规定应当提交的其他文件。

任务二　创设并管理有限责任公司

> 活动内容：认识有限责任公司。
> 活动一：每个学生了解一家有限责任公司的基本情况，在课堂上进行交流，然后归纳这一类公司有什么特点。
> 活动二：学生以 2~3 人为一组，每组自行在网络上或通过杂志搜集一个关于有限责任公司的案例，进行案例分析。

知识基础

一、有限责任公司

（一）有限责任公司的概念与特征

有限责任公司是指依照公司法设立，股东共同出资，股东以其出资额为限对公司承担有限责任，公司以其全部资产对其债务承担责任的企业法人。

我国公司法规定的有限责任公司具有如下特征：

(1) 募股集资的封闭性；
(2) 公司资本的不等额性；
(3) 股东数额的限制性；
(4) 责任的有限性；
(5) 组织机构比较简单。

（二）有限责任公司的设立

1. 设立条件

根据公司法中的规定，设立有限责任公司，应当具备下列条件：

(1) 股东符合法定人数。

我国公司法规定，有限责任公司由 50 个以下股东出资设立，允许设立一人有限责任公司。股东既可以是自然人，也可以是法人。

(2) 有符合公司章程规定的全体股东认缴的出资额。

注册资本是指公司向公司登记机关登记的出资额。有限责任公司的注册资本为在公司登记机关登记的全体股东认缴的出资额，法律、行政法规以及国务院决定对有限责任公司注册资本实缴、注册资本最低限额另有规定的从其规定。

公司法虽然取消了对出资的限制，但并没有免除出资人未实际出资所应承担的法律责任。股东不按照规定缴纳出资的，除应当向公司足额缴纳外，还应当向已按期足额缴纳出资的股东承担违约责任。

股东可以用货币出资,也可以用实物、知识产权、土地使用权等可以用货币估价并可以依法转让的非货币财产作价出资;但是,法律、行政法规规定不得作为出资的财产除外,即股东不得以劳务、信用、自然人姓名、商誉等作价出资。对作为出资的非货币财产应当评估作价,核实财产,不得高估或者低估作价。股东以非货币财产出资的,应当依法办理其财产权的转移手续。

公司法规定,有限责任公司成立后,发现作为设立公司出资的非货币财产的实际价额显著低于公司章程所定价额的,应当由交付该出资的股东补足其差额;公司设立时的其他股东承担连带责任。

案例分析3-2

甲、乙共同发起设立一家有限责任公司,甲以一台机器设备作价20万元出资。公司成立后不久,丙又以货币出资加入公司成为新的股东,后来,在公司经营过程中有关部门发现该机器设备实际价值仅为12万元。试分析:这种情况应该如何处理?丙是否要承担责任?

(3)股东共同制定公司章程。

有限责任公司章程应当载明下列事项:①公司名称和住所;②公司经营范围;③公司注册资本;④股东的姓名或者名称;⑤股东的出资方式、出资额和出资时间;⑥公司的机构及其产生办法、职权、议事规则;⑦公司法定代表人;⑧股东会会议认为需要规定的其他事项。

公司章程制定之后,股东应当在公司章程上签名、盖章。公司章程的修改必须经过股东会,并且应当经过代表2/3以上表决权的股东通过。

(4)有公司名称,建立符合有限责任公司要求的组织机构。

公司设立自己的名称时,必须符合规定。公司还应当按照公司法的有关规定建立组织机构,即股东会、董事会或执行董事、监事会或者监事以及管理机构等。

(5)有公司住所。

住所是公司进行经营活动的中心场所。一个公司可以有多个经营场所,但登记的住所只能有一个,公司以其主要办事机构所在地为住所。公司的住所应当在其公司登记机关辖区内。

2.设立程序

(1)订立公司章程。

股东设立有限责任公司,必须先订立公司章程,将要设立的公司基本情况以及各方面的权利义务加以明确规定。

(2)股东缴纳出资。

股东应当按期足额缴纳公司章程中规定的各自所认缴的出资额。

(3)申请登记。

设立有限责任公司,应当由全体股东指定的代表或者共同委托的代理人向公司登记机关申请设立登记。

公司登记机关对当事人的申请应当根据法律、法规规定的不同情况分别做出是否受理的决定。公司登记机关做出准予公司设立登记决定的,应当出具准予设立登记通知书,发给公司企业法人营业执照。公司登记机关做出不予登记决定的,应当出具登记驳回通知书,说明不予登记的理由,并告知申请人享有依法申请行政复议或者提起行政诉讼的权利。

(4)获得营业执照。

公司营业执照签发日期为公司成立日期。公司凭企业法人营业执照刻制印章,开立银行账户,申请纳税登记。公司可以根据业务需要向公司登记机关申请核发营业执照若干副本。任何单位和个人不得伪造、涂改、出租、出借、转让营业执照。

思考3-3

(单选)根据公司法律制度的规定,下列有关公司成立日期的表述中,正确的是( )。
A. 股东协议签订之日
B. 股东会议召开并做出决议之日
C. 向工商机关申请登记之日
D. 公司营业执照签发之日

知识扩展　公司的设立与公司的成立

公司的设立不等于公司的成立。

公司的设立是促成公司成立并取得法人资格的一系列法律行为的总称。公司的设立与公司的成立是同一连续行为的两个不同阶段。公司的设立是为公司的成立而进行的准备活动。

公司的成立则是公司的设立行为被法律认可后的法律后果或法律事实。营业执照的签发之日是公司的成立之日。

案例分析3-3

2020年4月,甲与乙在山东某地发起设立某饮料有限公司。甲与乙签订一份协议,内容为:乙投入35万元,甲投入25万元;公司设立股东会和董事会,董事会为公司决策和执行机构;出资方按比例分享利润、分担风险;公司筹备及注册登记由乙负责。同年6月及7月甲按规定将25万元汇入乙账户。甲同乙制定了公司章程,确定了董事会人选,并举行会议,制订了生产计划。但此后,公司没有开展业务活动,并没有办理注册登记。甲曾向乙催问数次,未有结果。到2020年10月,由于该公司一直没有注册或开展活动,甲要求乙退回其投资款,双方发生争议。甲认为,乙负责办理登记而一直没有成功,致使该公司不能成立,所订立协议无效,乙应退回其投资25万元。乙认为,双方签订了协议,缴纳了出资,制定了章程,已半年时间,即使未办理登记手续,只是形式上有欠缺,事实上公司已经成立,而且,双方所订立的协议是合法有效的,协议中并未规定乙办理注册登记的期限,该协议至今仍为有效,甲要求退还投资款,属于违约行为,所以乙主张双方应继续履行协议,由乙尽快办妥注册登记手续。双方争执不下,于是甲诉至人民法院,法院经审理,支持了甲的诉讼请求。

试分析:
(1)该饮料有限公司成立了吗?
(2)甲可以撤回投资吗?

3. 股权的取得与证明

(1)取得:股东出资即取得股权,其出资的资金来源不影响股权的取得。

(2)证明:有限责任公司成立后,应当向股东签发出资证明书。有限责任公司应当置备股东名册。所谓股东名册,是指有限责任公司依照法律规定登记对本公司进行投资的股东及其出资情况的簿册。记载于股东名册的股东,可以依股东名册主张行使股东权利。公司应当将股东的姓名或者名称及其出资额向公司登记机关登记;登记事项发生变更的,应当办理变更登记。未经登记或者变更登记的,不得对抗第三人。

(三)有限责任公司的股权转让

1. 股权转让的一般规则和手续

(1)股东之间转让。有限责任公司的股东之间可以相互转让其全部或者部分股权。股东之间的转让属于内部转让,不影响有限责任公司的人合性,因此,没有通知、同意、保障优先购买权等义务。

(2)向股东以外的人转让。因为股权是财产权,不能丧失转让性,所以股东对外转让股权也是自由的。只是,为了保障有限责任公司的人合性,股东向股东以外的人转让股权,应当经其他股东过半数同意,转让股东回避表决。表决实行人头主义,非按出资比例。股东应就其股权转让事项书面通知其他股东征求同意,其他股东自接到书面通知之日起满30日未答复的,视为同意转让。其他股东半数以上不同意转让的,不同意的股东应当购买该转让的股权;不购买的,视为同意转让。经股东同意转让的股权,在同等条件下,其他股东有优先购买权。

2. 转让股权后应当履行的手续

依照上述规则转让股权后,公司应当注销原股东的出资证明书,向新股东签发出资证明书,并相应修改公司章程和股东名册中有关股东及其出资额的记载。同时,公司应当就上述事项向公司登记机关办理变更登记,否则,不得对抗第三人。

思考3-4

(单选)2019年8月,甲、乙、丙共同出资设立了A有限责任公司。2020年5月,丙与丁达成协议,将其在A公司的出资全部转让给丁,甲、乙均不同意,下列解决方案中,不符合公司法律制度规定的是(　　)。

A. 由甲或乙购买丙的出资
B. 由甲和乙共同购买丙的出资
C. 如果甲、乙均不愿购买,丙无权将出资转让给丁
D. 如果甲、乙均不愿购买,丙有权将出资转让给丁

(四)有限责任公司的组织机构

公司组织机构是代表公司活动、行使相应职权的权力机关、决策机关、监督机关和执行机关所组成的公司机关。有限责任公司的组织机构包括股东会、董事会、经理和监事会。

1. 股东会

(1)股东会的性质:有限责任公司的股东会由全体股东组成,是公司拥有最高决策权的权力机构,对外不代表公司,对内不执行业务。

(2)股东会的职权:①决定公司的经营方针和投资计划;②选举和更换非由职工代表担任的董事、监事,决定有关董事、监事的报酬事项;③审议批准董事会的报告;④审议批准监事会或者监事的报告;⑤审议批准公司的年度财务预算方案、决算方案;⑥审议批准公司的利润分配方案和弥补亏损方案;⑦对公司增加或者减少注册资本做出决议;⑧对发行公司债券做出决议;⑨对公司合并、分立、解散、清算或者变更公司形式做出决议;⑩修改公司章程;⑪公司章程规定的其他职权。

对上述事项,股东以书面形式一致表示同意的,可以不召开股东会会议,直接做出决定,并由全体股东在决定文件上签名、盖章。

(3)股东会会议。

①股东会会议形式。

股东会会议分为定期会议和临时会议。定期会议是指依据法律和公司章程的规定,在一定时间内必须召开的股东会会议,一般每年召开一次。临时会议是指在定期会议之外必要的时间,由代表 1/10 以上表决权的股东、1/3 以上的董事、监事会或者不设监事会的公司的监事提议召开的股东会会议。

②股东会会议的召集和主持。

首次股东会会议由出资最多的股东召集和主持,依法行使职权。以后的股东会会议,有限责任公司设立董事会的,由董事会召集,董事长主持;董事长不能或者不履行职务的,由副董事长主持;副董事长不能或者不履行职务的,由半数以上董事共同推举一名董事主持。有限责任公司不设董事会的,以后的股东会会议由执行董事召集和主持。董事会或者执行董事不能或者不履行召集股东会会议职责的,由监事会或者不设监事会的公司的监事召集和主持;监事会或者监事不召集和主持的,代表 1/10 以上表决权的股东可以自行召集和主持。

③股东会会议通知。

召开股东会会议,应当于会议召开 15 日以前通知全体股东,但公司章程另有规定的除外。股东会应当将对所议事项的决定做成会议记录,出席会议的股东应当在会议记录上签名。

④股东会会议决议表决。

股东会会议由股东按照出资比例行使表决权,但公司章程另有规定的除外。根据公司法中的规定,股东会会议做出的特别决议,即修改公司章程、增加或者减少注册资本的决议,以及公司合并、分立、解散或者变更公司形式的决议,必须经代表 2/3 以上表决权的股东通过;股东会会议做出的普通决议,即其他决议,须经出席会议、代表 1/2 以上表决权的股东通过。

案例分析3—4

2019 年 10 月,某市食品厂等八家企业共同出资设立某食品有限责任公司,公司依法成立,注册资金为 500 万元。该食品有限责任公司成立后,一直处于盈利状态。为扩大生产规模、拓展业务,该公司董事会拟订了一个增加注册资本的方案,提出把公司现有注册资本增加到 800 万元;采用邀请出资的方式。作为公司股东之一的某市食品厂在该方案中被要求认缴

60万元。该方案于2020年2月提交股东会讨论,某市食品厂以本厂经营状况不佳为由反对增资。最后股东会对增资方案进行表决,表决结果是五家企业赞成增资,某市食品厂等三家企业反对增资。赞成增资的五家企业股份总额为320万元,占表决权总数的64%;反对增资的三家企业股份总额为180万元,占表决权总数的36%。决议通过以后,股东会授权董事会执行增资决议。某市食品厂拒绝缴纳增资决议中确定由其认缴的60万元,董事会决定暂停该食品厂的股金分红,用以抵作出资。某市食品厂不服公司董事会决定,向人民法院提起诉讼,要求法院确认股东会的增资决议无效,并按公司的财务状况向其分配利润。一审法院经审理,支持了原告的诉讼请求。

试分析:该食品有限责任公司股东增资决议有效吗?

2. 董事会

(1)董事会的性质:有限责任公司的董事会是股东会的常设执行机关,由股东选举产生,对股东会负责,行使公司的经营管理权。

(2)董事会的人数:3~13人。股东人数较少或者规模较小的有限责任公司,可以设1名执行董事,不设立董事会;执行董事可以兼任公司经理,执行董事的职权由公司章程规定。董事会设董事长一人,可以设副董事长。董事长、副董事长的产生办法由公司章程规定。

(3)董事会的职权:①召集股东会会议,并向股东会报告工作;②执行股东会的决议;③决定公司的经营计划和投资方案;④制订公司的年度财务预算方案、决算方案;⑤制订公司的利润分配方案和弥补亏损方案;⑥制订公司增加或者减少注册资本以及发行公司债券的方案;⑦制订公司合并、分立、解散或者变更公司形式的方案;⑧决定公司内部管理机构的设置;⑨决定聘任或者解聘公司经理及其报酬事项,并根据经理的提名决定聘任或者解聘公司副经理、财务负责人及其报酬事项;⑩制定公司的基本管理制度;⑪公司章程规定的其他职权。

(4)董事的任期:每届不超过3年,连选连任。

(5)董事会会议的召集和主持:董事会会议由董事长召集和主持;董事长不能或者不履行职务的,由副董事长召集和主持;副董事长不能或者不履行职务的,由半数以上董事共同推举一名董事召集和主持。

(6)董事会的议事方式和表决程序:除公司法有规定的外,董事会的议事方式和表决程序由公司章程规定。董事会应当将对所议事项的决定做成会议记录,出席会议的董事应当在会议记录上签名。董事会决议的表决,实行一人一票制。

3. 经理

根据公司法第四十九条的规定,有限责任公司可以设经理,由董事会决定聘任或者解聘。据此规定,在有限责任公司中,经理不再是必设机构而成为选设机构。公司章程可以规定不设经理,而设总裁、首席执行官等职务,行使公司的管理职权。

公司法规定,在公司设经理时,经理对董事会负责,行使下列职权:①主持公司的生产经营管理工作,组织实施董事会决议;②组织实施公司年度经营计划和投资方案;③拟订公司内部管理机构设置方案;④拟定公司的基本管理制度;⑤制定公司的具体规章;⑥提请聘任或者解聘公司副经理、财务负责人;⑦决定聘任或者解聘除应由董事会决定聘任或者解聘以外的负责管理人员;⑧董事会授予的其他职权。

经理列席董事会会议。公司章程对经理职权另有规定的,从其规定。

知识扩展　首席执行官

首席执行官(chief executive officer,CEO)又称行政总裁、行政总监、执行长或最高执行长,是在一个企业中负责日常运营的最高行政人员。其专业与领导能力,让公司的股东代表(董事)愿意聘请他(她),负责公司的经营管理,并对公司及股东们负责。他(她)向公司的董事会(股东代表)负责,而且往往有可能就是董事会的成员之一,在公司或组织内部拥有最终的执行权力。在比较小的企业中,首席执行官可能同时是董事会主席和公司的总裁,但在大企业中这些职务往往是由不同的人担任的,以避免个人在企业中扮演过多的角色、拥有过大的权力,同时也可以避免公司本身与公司的所有人(即股东)之间发生利益冲突。

4.监事会

(1)监事会的性质:监事会是对公司生产经营业务活动进行监督检查的常设机构。

(2)监督的对象:公司的董事、经理、财务负责人。

(3)监事会的成员及任期:根据公司法第五十一条的规定,有限责任公司设立监事会,其成员不得少于3人。股东人数较少或者规模较小的有限责任公司,可以设1~2名监事,不设立监事会。监事会应当包括股东代表和适当比例的公司职工代表,其中职工代表的比例不得低于1/3,具体比例由公司章程规定。监事会设主席1人,由全体监事过半数选举产生。

董事、高级管理人员不得兼任监事。监事的任期每届为3年,连选可以连任。

(4)监事会的职权。监事会、不设监事会的公司的监事行使下列职权:①检查公司财务;②对董事、高级管理人员执行公司职务的行为进行监督,对违反法律、行政法规、公司章程或者股东会决议的董事、高级管理人员提出罢免的建议;③当董事、高级管理人员的行为损害公司的利益时,要求董事、高级管理人员予以纠正;④提议召开临时股东会会议,在董事会不履行法律规定的召集和主持股东会会议职责时召集和主持股东会会议;⑤向股东会会议提出提案;⑥依照公司法第一百五十一条的规定,对董事、高级管理人员提起诉讼;⑦公司章程规定的其他职权。监事可以列席董事会会议,并对董事会决议事项提出质询或者建议。监事会、不设监事会的公司的监事行使职权所必需的费用,由公司承担。此外,监事会、不设监事会的公司的监事发现公司经营情况异常,可以进行调查;必要时,可以聘请会计师事务所等协助其工作,费用由公司承担。

(5)监事会会议的召开:监事会主席召集和主持监事会会议;监事会主席不能或者不履行职务的,由半数以上监事共同推举一名监事召集和主持监事会会议。监事会每年度至少召开一次会议,监事可以提议召开临时监事会会议。监事会决议应当经半数以上监事通过。监事会应当将对所议事项的决定做成会议记录,出席会议的监事应当在会议记录上签名。

二、一人有限责任公司

(一)一人有限责任公司的概念

一人有限责任公司,是指只有一个自然人股东或者一个法人股东的有限责任公司。一人有限责任公司是独立的企业法人,具有完全的民事权利能力、民事行为能力和民事责任能力,是有限责任公司中的特殊类型。

(二)一人有限责任公司的特别规定

公司法规定,一人有限责任公司的设立和组织机构适用特别规定,没有特别规定的,适用有限责任公司的相关规定。特别规定具体包括以下内容:

1. 再投资限制

一个自然人只能投资设立一个一人有限责任公司,该一人有限责任公司不能投资设立新的一人有限责任公司。

2. 对投资人的披露义务

一人有限责任公司应当在公司登记中注明自然人独资或者法人独资,并在公司营业执照中载明。

3. 一人有限责任公司的组织机构

一人有限责任公司不设股东会。法律规定的股东会职权由股东行使;当股东行使相应职权做出决定时,应当采用书面形式,并由股东签字后置备于公司。

4. 一人有限责任公司的财务制度

一人有限责任公司应当在每一会计年度终了时编制财务会计报告,并经会计师事务所审计。这是为了防止出现股东既是出资人又是经营管理者,缺乏监督而导致财务会计资料不实的情况。

5. 有限责任的规定

为防止一人有限责任公司的股东滥用公司法人人格与有限责任制度,将公司财产混同于个人财产,抽逃资产,损害债权人的利益,公司法规定,一人有限责任公司的股东不能证明公司财产独立于股东自己财产的,应当对公司债务承担连带责任。

思考3-5

(多选)刘某出资设立了一个一人有限责任公司,公司存续期间,刘某的下列行为中,符合公司法律制度的是(　　)。

A. 决定由本人担任公司经理和法人代表
B. 决定用公司盈利再投资设立一个一人有限责任公司
C. 决定不设股东会
D. 决定不编制财务会计报告

三、国有独资公司

(一)国有独资公司的概念

国有独资公司,是指国家单独出资、由国务院或者地方人民政府授权本级人民政府国有资产监督管理机构履行出资人职责的有限责任公司。

(二)国有独资公司的设立和组织机构

国有独资公司章程由国有资产监督管理机构制定,或者由董事会制订报国有资产监督管理机构批准。

国有独资公司不设股东会,由国有资产监督管理机构行使股东会职权。

国有独资公司设立董事会,董事每届任期不得超过 3 年。董事会成员中应当有公司职工代表。董事会成员由国有资产监督管理机构委派;但是,董事会成员中的职工代表由公司职工代表大会选举产生。董事会设董事长一人,可以设副董事长。董事长、副董事长由国有资产监督管理机构从董事会成员中指定。

国有独资公司设经理,由董事会聘任或者解聘。经国有资产监督管理机构同意,董事会成员可以兼任经理。国有独资公司的董事长、副董事长、董事、高级管理人员,未经国有资产监督管理机构同意,不得在其他有限责任公司、股份有限公司或者其他经济组织兼职。

国有独资公司设立监事会。国有独资公司监事会成员不得少于 5 人,其中职工代表的比例不得低于 1/3,具体比例由公司章程规定。监事会成员由国有资产监督管理机构委派;监事会成员中的职工代表由公司职工代表大会选举产生;监事会主席由国有资产监督管理机构从监事会成员中指定。

案例分析3-5

甲、乙、丙、丁等 20 人拟共同出资设立一个有限责任公司,股东共同制定了公司章程。在公司章程中,对董事任期、监事会组成、股权转让规则等事项做了如下规定:

(1)公司董事的任期为 4 年。
(2)公司设立监事会,监事会成员为 7 人,其中包括 2 名职工代表。
(3)股东向股东以外的人转让股权,必须经其他股东 2/3 以上同意。

试分析:
(1)公司章程中关于董事的任期规定是否合法?简要说明理由。
(2)公司章程中关于监事会职工代表人数的规定是否合法?简要说明理由。
(3)公司章程中关于股权转让的规定是否合法?简要说明理由。

任务三 创设并管理股份有限公司

活动内容:认识股份有限公司。

活动一:每个学生了解一家股份有限公司的基本情况,在课堂上进行交流,然后归纳一下这一类公司有什么特点,与有限责任公司之间有什么区别。

活动二:学生以 2~3 人为一组,每组自行在网络上或通过杂志搜集一个关于股份有限公司股票发行和转让的案例,进行案例分析。

 **知识基础**

一、股份有限公司的概念与特征

(一)股份有限公司的概念

股份有限公司是指由一定人数的股东所组成的,将其全部资本划分为等额股份,股东以其所持股份为限对公司承担责任,公司以其全部资产对公司的债务承担责任的企业法人。

(二)股份有限公司的特征

股份有限公司具有以下特征:①募股集资的公开性;②股东数额的广泛性;③股份的等额性;④股份可自由转让性;⑤设立要求相对严格。

二、股份有限公司的设立

(一)设立条件

1. 发起人符合法定人数

根据公司法第七十八条的规定,发起人为2人以上200人以下,其中须有半数以上的发起人在中国境内有住所。发起人可以是法人,也可以是自然人。

2. 有符合公司章程规定的全体发起人认购的股本总额或者募集的实收股本总额

股份有限公司采取发起设立方式设立的,注册资本为在公司登记机关登记的全体发起人认购的股本总额。在发起人认购的股份缴足前,不得向他人募集股份。股份有限公司采取募集方式设立的,注册资本为在公司登记机关登记的实收股本总额。法律、行政法规以及国务院决定对股份有限公司注册资本实缴、注册资本最低限额另有规定的,从其规定。

3. 股份发行、筹办事项符合法律规定

我国公司法和《中华人民共和国证券法》(简称证券法)对股份发行有严格的要求,这些要求有实体方面的,也有程序方面的。股份发行涉及社会利益,因此相关要求是强行性规范,发起人必须遵守。股份发行筹办的具体事项要符合法律规定。

4. 制定公司章程

股份有限公司的发起人应当制定公司章程,采用募集方式设立的须经创立大会通过。股份有限公司章程应当载明下列事项:①公司名称和住所;②公司经营范围;③公司设立方式;④公司股份总数、每股金额和注册资本;⑤发起人的姓名或者名称、认购的股份数、出资方式和出资时间;⑥董事会的组成、职权和议事规则;⑦公司法定代表人;⑧监事会的组成、职权和议事规则;⑨公司利润分配办法;⑩公司的解散事由与清算办法;⑪公司的通知和公告办法;⑫股东大会会议认为需要规定的其他事项。

此外,上市公司应在其公司章程中规定股东大会的召开和表决程序,包括通知、登记、提案的审议、投票、计票、表决结果的宣布、会议决议的形成、会议记录及其签署、公告等,还应在公司章程中规定股东大会对董事会的授权原则,授权内容应明确、具体。

5. 股份有限公司的设立需要有相应的名称、住所

这与有限责任公司的要求相同。同时,股份有限公司设立时需要建立相应的组织机构。

(二)设立程序

根据股份有限公司设立方式的不同,程序略有不同。

1. 发起设立程序

以发起设立方式设立股份有限公司的,发起人应当书面认足公司章程规定其认购的股份,并按照公司章程规定缴纳出资。以非货币财产出资的,应当依法办理其财产权的转移手续。发起人不依照规定缴纳出资的,应当按照发起人协议承担违约责任。发起人认足出资后,应当选举董事会和监事会,然后由董事会向公司登记机关报送公司章程、由依法设定的验资机构出具的验资证明以及法律、行政法规规定的其他文件,申请设立登记。

2. 募集设立程序

(1)发起人依法制定公司各种章程。

(2)发起人认购股份。发起人认购的股份不得少于公司股份总数的35%;但是,法律、行政法规另有规定的,从其规定。

(3)公开募集股份。发起人向社会公开募集股份,必须公告招股说明书,并制作认股书,由依法设立的证券公司承销,签订承销协议,并同银行签订代收股款协议。发行股份的股款缴足后,必须经依法设立的验资机构验资并出具证明。

(4)召开创立大会。发起人应当自股款缴足之日起30日内主持召开公司创立大会。发起人应当在创立大会召开15日前将会议日期通知各认股人或者予以公告。创立大会应有代表股份总数过半数的发起人、认股人出席,方可举行。

创立大会主要行使下列职权:①审议发起人关于公司筹办情况的报告;②通过公司章程;③选举董事会成员;④选举监事会成员;⑤对公司的设立费用进行审核;⑥对发起人用于抵作股款的财产的作价进行审核;⑦发生不可抗力或者经营条件发生重大变化直接影响公司设立的,可以做出不设立公司的决议。

创立大会对上述事项做出决议,必须经出席会议的认股人所持表决权过半数通过。

(5)申请设立登记。董事会应于创立大会结束后30日内,向公司登记机关申请设立登记。

公司登记机关对符合公司法规定条件的,予以登记,发给公司营业执照,公司营业执照的签发日期为公司成立日期。

思考3-6

(多选)下列各项中,符合公司法关于股份有限公司设立规定的是( )。

A. 甲公司注册资本拟为人民币300万元

B. 乙公司由一名发起人募集设立,其认购公司股份总数的35%,其余向特定对象募集

C. 丙公司的全部5名发起人都是外国人,其中3人长期定居北京,有自己的住所

D. 丁公司采用募集设立方式,发起人认购的股份达到注册资本的30%

三、股份有限公司的组织机构

股份有限公司的组织机构与一般有限责任公司的组织机构基本相同。

(一)股东大会

(1)股东大会的性质:股东大会是股份有限公司的权力机构。

(2)股东大会的职权:适用有限责任公司股东会职权的规定。

(3)股东大会的召开与主持:股东大会会议分为年会和临时会议。股东大会每年召开一次年会,有下列情形之一的,应当在2个月内召开临时会议:①董事人数不足公司法规定的人数或者公司章程所定人数的2/3;②公司未弥补的亏损达实收股本总额1/3;③单独或者合计持有公司10%以上股份的股东请求;④董事会认为必要;⑤监事会提议召开;⑥公司章程规定的其他情形。召开股东大会会议,应当将会议召开的时间、地点和审议的事项于会议召开20日前通知各股东;临时股东大会会议应于会议召开15日前通知各股东;发行无记名股票的,应当于会议召开30日前公告会议召开的时间、地点和审议事项。

股东大会会议由董事会召集,董事长主持;董事长不能或者不履行职务的,由副董事长主持;副董事长不能或者不履行职务的,由半数以上董事共同推举一名董事主持。董事会不能或者不履行召集股东大会会议职责的,监事会应当及时召集和主持;监事会不召集和主持的,连续90日以上单独或者合计持有公司10%以上股份的股东可以自行召集和主持。

(4)股东大会的表决规则:股东出席股东大会会议,所持每一股份有一表决权。但是,公司持有的本公司股份没有表决权。股东可以委托代理人出席股东大会会议,代理人应当向公司提交股东授权委托书,并在授权范围内行使表决权。股东大会对普通事项做出决议,必须经出席会议的股东所持表决权过半数通过。股东大会对修改公司章程、增加或者减少注册资本,以及公司合并、分立、解散或者变更公司形式的特别事项作出决议,必须经出席会议的股东所持表决权的2/3以上通过。

股东大会应当将对所议事项的决定做成会议记录,主持人、出席会议的董事应当在会议记录上签名。会议记录应当与出席股东的签名册及代理出席的委托书一并保存。

(二)董事会

(1)董事会的性质:董事会是股东大会的执行机构。董事会的职权和任期适用有限责任公司的规定。

(2)董事会的人数:5~19人。董事由股东大会选举产生。董事会成员中可以有公司职工代表。董事会设董事长1人,可以设副董事长。董事长和副董事长由董事会以全体董事的过半数选举产生。

(3)董事会会议的召集和主持:董事会每年度至少召开两次会议,每次会议应当于会议召开10日前通知全体董事和监事。代表1/10以上表决权的股东、1/3以上董事或者监事会,可以提议召开董事会临时会议。董事长应当自接到提议后10日内召集和主持董事会会议。董事会召开临时会议,可以另定召集董事会的通知方式和通知时限。

董事长召集和主持董事会会议,检查董事会决议的实施情况。副董事长协助董事长工作,董事长不能或者不履行职务的,由副董事长履行职务;副董事长不能或者不履行职务的,由半数以上董事共同推举一名董事履行职务。

(4)董事会的议事规则:董事会会议应有过半数的董事出席方可举行。董事会做出决议必须经全体董事的过半数通过。董事会决议的表决实行一人一票制。董事会会议应由董事本人出席,董事因故不能出席,可以书面委托其他董事代为出席,委托书中应载明授权范围。董事会应当将对会议所议事项的决定做成会议记录,出席会议的董事应当在会议记录上签名。

(三) 监事会

(1) 监事会的性质:监事会是股份公司的监督机构。

(2) 监事会的人数:不少于3人。监事会应当包括股东代表和适当比例的公司职工代表,其中职工代表的比例不得低于1/3,具体比例由公司章程规定。董事、高级管理人员不得兼任监事。

(3) 监事会职权和任期:股份有限公司监事会职权和监事的任期的相关规定与有限责任公司相同。

(4) 监事会会议的召开和议事规则:股份有限公司监事会每6个月至少召开一次会议。监事可以提议召开临时监事会会议。监事会的议事方式和表决程序,除法律有规定的外,由公司章程规定。监事会会议应严格按规定程序进行。监事会决议应当经半数以上监事通过,监事会应当将对所议事项的决定做成会议记录,出席会议的监事应当在会议记录上签名。

(四) 经理

股份有限公司设经理,由董事会决定聘任或者解聘,其职权与有限责任公司经理职权的规定相同。公司董事会可以决定由董事会成员兼任经理。

案例分析3-6

某股份有限公司董事会召开年度会议。董事会成员为15人,本人出席会议的有6人,有3人因故不能出席而委托他人参加会议,其中,甲书面委托董事长代为出席,乙委托某监事代为出席,丙委托董事会秘书代为出席。董事会会议日程包括:①决定公司投资方案;②就发行公司债券做出决议;③决定公司内部管理机构的设置及调整;④制定公司若干具体规章。以上各事项均经出席会议的董事过半数通过。董事按出资比例享有表决权。

试分析:该公司董事会会议的召开及决议事项是否符合公司法中的有关规定?

四、股份有限公司的股份发行与转让

(一) 股份的发行

股份的发行是指股份有限公司为设立公司筹集资本或者在生产经营过程中为增加资本,通过法定条件和方式分配或者发售公司股票的行为。

公开发行股票应具备的条件:①生产经营符合国家产业政策;②发行普通股限于一种,同股同权;③发起人认购的股本总额不少于公司拟发行的股本总额的35%;④在公司拟发行的股本总额中,发起人认购的部分不少于人民币3000万元,但国家另有规定的除外;⑤向社会公众发行的部分不少于公司拟发行的股本总额的25%(其中公司职工认购的股本数额不得超过拟向社会公众发行的股本总额的10%),公司拟发行的股本总额超过人民币4亿元的,最低不少于公司拟发行的股本总额的10%;⑥发起人在近3年没有重大违法行为;⑦国务院证券管理部门规定的其他条件。

股份发行的原则:公开、公平、公正,必须同股同价、同股同权、同股同利。

股票发行的价格可以按票面金额,也可以超过票面金额,但不得低于票面金额。

公司发行的股票可以为记名股票和无记名股票。公司向发起人、法人发行的股票,应当为记名股票;向社会公众发行的,可以是记名股票,也可以是无记名股票。

(二)股份的转让及其限制

股份转让是指股份有限公司的股份所有人依照法定方式和程序将自己的股份和股权转让给他人,使之成为股东的行为。

股份转让的限制:

(1)股份有限公司发起人持有的本公司股份,自公司成立之日起1年内不得转让;公司公开发行股份前已发行的股份,自公司股票在证券交易所上市交易之日起1年内不得转让。

(2)公司董事、监事、高级管理人员应当向公司申报所持有的本公司的股份及其变动情况,并在任职期间每年转让的股份不得超过其所持有本公司股份总数的25%;所持本公司股份自公司股票上市交易之日起1年内不得转让。上述人员离职后半年内,不得转让其所持有的本公司股份。公司章程可以对公司董事、监事、高级管理人员转让其所持有的本公司股份做出其他限制性规定。

(3)公司不得收购本公司股份,但为减少注册资本的除外。

(4)公司不得接受本公司的股票作为质押权的标的。

思考3-7

(单选)根据公司法律制度的规定,下列有关股份有限公司股份转让限制的表述中,错误的是(   )。

A.公司发起人持有的本公司股份自公司成立之日起1年内不得转让

B.公司高级管理人员离职后1年内不得转让其所持有的本公司股份

C.公司监事所持本公司股份自公司股票上市交易之日起1年内不得转让

D.公司董事在任职期间每年转让的股份不得超过其所持有本公司股份总数的25%

五、上市公司

(一)上市公司的概念

上市公司是指所发行的股票经国务院证券监督管理部门批准在证券交易所上市交易的股份有限公司。

(二)股份有限公司申请股票上市的条件

股份有限公司申请其股票上市必须符合下列条件:

(1)股票经国务院证券监督管理机构核准公开发行;

(2)公司股本总额不少于3000万元人民币;

(3)公开发行的股份达到公司股份总数的25%以上,公司股本总额超过4亿元人民币的,

公开发行股份的比例为10%以上;

(4)公司最近3年无重大违法行为,财务会计报告无虚假记载。

(三)股票上市的程序

(1)报请国务院证券监督管理部门批准。申请时提交的文件,应依照法律、行政法规的规定。

(2)公司股票上市申请经批准后,被批准的上市公司必须公告股票上市报告,并将其申请文件存放在指定地点供公众查阅。

(3)公司应当向证券交易所提出申请,经批准后发出上市公告。

(4)公司可依照有关法律、行政法规的规定,将被批准的上市公司的股份投入合法证券交易所进行交易。

(四)上市公司的特别规定

为了防范投资风险,保证投资者的利益,公司法对上市公司做了特别规定。

(1)重大事项决策制度:上市公司在1年内购买、出售重大资产或者担保金额超过资产总额30%的,应当由股东大会做出决议,并经出席会议的股东所持表决权的2/3以上通过。

(2)独立董事制度:上市公司设立独立董事。独立董事是指不在公司担任除董事以外的其他职务,并与其所受聘的上市公司及其全体股东不存在可能妨碍其进行独立、客观判断的关系的董事。独立董事应当独立履行职责,不受上市公司主要股东、实际控制人或者其他与上市公司存在利害关系的单位或者个人的影响。

(3)董事会秘书制度:上市公司设立董事会秘书,负责公司股东大会和董事会会议的筹备、文件保管以及公司股东资料的管理,办理信息披露事务等事宜。

(4)关联董事回避制度:上市公司董事与董事会会议决议事项所涉及的企业有关联关系的,不得对该项决议行使表决权,也不得代理其他董事行使表决权。该董事会会议有过半数的无关联关系董事出席即可举行,所做决议须经无关联关系董事过半数通过。出席董事会的无关联关系董事人数不足3人的,应将该事项提交上市公司股东大会审议。

(5)信息公开制度:上市公司依法披露的信息,必须真实、准确、完整,不得有虚假记载、误导性陈述或者重大遗漏。上市公司应当在每一会计年度的上半年结束之日起2个月内,向国务院证券监督管理机构和证券交易所报送中期报告,并予公告。在每一会计年度结束之日起4个月内,向国务院证券监督管理机构和证券交易所报送年度报告,并予公告。

任务四　处理公司合并与分立、增资与减资、解散与清算问题

活动内容:掌握公司合并与分立、增减注册资本及解散的形式的相关知识,掌握公司解散的情形。学生自行在报纸、杂志或者网络上收集与公司合并、分立、增减注册资本、解散有关的案例,分组讨论分析,形成一个报告。

 **知识基础**

一、公司的合并与分立

（一）公司合并与分立的形式

公司的合并是指两个以上的公司依照法定程序变更为一个公司的法律行为。公司合并分为吸收合并和新设合并两种形式。吸收合并指接纳一个或一个以上的公司加入本公司，加入方解散并取消原法人资格，接纳方存续。新设合并是指公司与一个或一个以上的公司合并成立一个新公司，原合并各方解散，取消原法人资格。

公司分立是指一个公司依法分为两个以上的公司，分为新设分立和派生分立两种。新设分立是指公司以其全部财产分别归入两个以上的新设公司，原公司解散。派生分立是指公司以其部分财产另设一个或数个新的公司，原公司存续。

（二）公司合并与分立的程序

（1）签订合并与分立协议。公司合并与分立，应当由合并与分立各方签订合并与分立协议。

（2）编制资产负债表及财产清单。

（3）做出合并与分立决议。公司在签订合并与分立协议并编制资产负债表及财产清单后，应当就公司合并与分立的有关事项做出合并与分立决议。

（4）通知债权人。债权人可以要求公司清偿债务或者提供相应的担保。

（5）依法进行登记。公司合并与分立后，应当依法向公司登记机关办理相应的变更登记、注销登记、设立登记。

（三）公司合并与分立的法律后果

公司因合并或分立而解散，不必经过清算程序。公司合并时，合并各方的债权、债务，应当由合并后存续的公司或者新设的公司承继。公司分立前的债务由分立后的公司承担连带责任。但是，公司在分立前与债权人就债务清偿达成的书面协议另有约定的除外。

二、公司的增资与减资

（一）增资

有限责任公司增加注册资本时，股东认缴新增资本的出资，依照设立有限责任公司缴纳出资的有关规定执行。股份有限公司为增加注册资本发行新股时，股东认购新股，依照设立股份有限公司缴纳股款的有关规定执行。

（二）减资

公司需要减少注册资本时，必须编制资产负债表及财产清单。公司应当自做出减少注册资本决议之日起10日内通知债权人，并于30日内在报纸上公告。债权人自接到通知之日起30日内，未接到通知书的自公告之日起45日内，有权要求公司清偿债务或者提供相应的担保。

公司增加或者减少注册资本，应当依法向公司登记机关办理变更登记。

案例分析3-7

中通股份有限公司为取长补短,由股东大会决议,与中达股份有限公司合并。中达公司就合并事项召开了股东大会,有75%的股东出席股东大会,持60%表决权的股东表示同意合并,持15%表决权的股东表示不同意合并。2019年6月10日,中达公司股东大会做出合并决议,同时发出通知至债权人,2019年6月12日、6月20日、6月26日在报纸上刊登公告。中达公司的债权人甲未接到通知书,见公告后,于8月14日要求偿还2018年的材料款,中达公司答复,由于资金紧张,暂时无法支付材料款,等公司合并后再偿还,于是甲要求中达公司提供担保,中达公司拒绝担保。甲向法院起诉,要求中达公司在合并前归还材料款及利息。

试分析:
(1)中达公司股东大会做出公司合并的决议是否合法?
(2)中达公司的通知、公告是否在法定期限内完成?
(3)法院对甲的要求可能会如何处理?

三、公司的解散与清算

(一)公司的解散

公司解散是指为消灭公司法律主体资格而终止公司的经营活动并对公司财产进行清算的一系列法律行为。

公司解散的原因包括:①公司章程规定的营业期限届满或者公司章程规定的其他解散事由出现;②股东会或者股东大会决议解散;③因公司合并或者分立需要解散;④公司因违反法律、行政法规依法被吊销营业执照、责令关闭或被撤销;⑤人民法院依照相关规定予以解散。公司经营管理发生严重困难,继续存续会使股东利益受到重大损失,通过其他途径不能解决的,持有公司全部股东表决权10%以上的股东,可以请求人民法院解散公司。

解散的公司,其法人资格仍然存在,但公司的权利能力仅限于清算活动必要的范围内。公司清算完毕,由注册登记机关注销登记后,公司法律人格消失。

(二)公司的清算

1. 公司清算的概念

公司清算是指公司解散或依法宣告破产后,依照一定的程序结束公司事务,收回债权,偿还债务,清理资产,并分配剩余财产,终止、消灭公司的过程。公司解散后进入清算程序是为了公平地分配公司财产,保护股东和债权人的利益,同时也是为了保护职工利益。

2. 清算组的组成

公司应当在解散事由出现之日起15日内成立清算组,开始清算。有限责任公司的清算组由股东组成,股份有限公司的清算组由董事或者股东大会确定的人员组成。逾期不成立清算组进行清算的,债权人可以申请人民法院指定有关人员组成清算组进行清算。人民法院应当受理该申请,并及时组织清算组进行清算。

3. 登记债权

清算组应当自成立之日起10日内通知债权人,并于60日内在报纸上公告。债权人应当自接到通知书之日起 30 日内,未接到通知书的自公告之日起 45 日内,向清算组申报其债权。债权人申报债权,应当说明债权的有关事项,并提供证明材料。清算组应当对债权进行登记。在申报债权期间,清算组不得对债权人进行清偿。

4. 清偿债务

清算组应当对公司财产进行清理,编制资产负债表和财产清单,制订清算方案。清算方案应当报股东会、股东大会或者人民法院确认。公司财产在分别支付清算费用、职工的工资、社会保险费用和法定补偿金,缴纳所欠税款,清偿公司债务后的剩余财产,有限责任公司按照股东的出资比例分配,股份有限公司按照股东持有的股份比例分配。清算期间,公司存续,但不得开展与清算无关的经营活动。公司财产在未按照法定程序清偿前,不得分配给股东。

5. 清算终止

清算组在清理公司财产、编制资产负债表和财产清单后,发现公司财产不足清偿债务的,应当依法向人民法院申请宣告破产。公司经人民法院裁定宣告破产后,清算组应当将清算事务移交给人民法院。公司清算结束后,清算组应当制作清算报告,报股东会、股东大会或者人民法院确认,并报送公司登记机关,申请注销公司登记,公告公司终止。

项目小结

公司是市场经济中的重要主体之一,公司法是国家制定的调整公司在组织管理和生产经营过程中形成的社会关系的法律规范的总称。我国公司法把公司分为两类,即有限责任公司和股份有限公司。本项目通过对公司法的基本制度进行介绍,明确了公司的权利能力和行为能力、公司的登记管理、公司的名称和住所、公司章程等内容;进而对两类公司的设立条件、组织机构、议事规则、股权转让等内容进行了详细介绍;最后,对公司合并、分立、增资与减资、解散和清算的相关法律规定做了简要介绍。

项目知识检测

一、单项选择题

1. 下列关于有限责任公司股东出资方式的表述中,符合公司法律制度规定的是( )。
   A. 以商誉作价出资　　　　　　B. 以土地使用权作价出资
   C. 以特许经营权作价出资　　　D. 以劳务作价出资

2. 某有限责任公司股东甲、乙、丙、丁分别持有公司 5%、20%、35% 和 40% 的股权,该公司章程未对股东行使表决权及股东会决议方式做出规定,下列关于该公司股东会会议召开及决议的表述中,符合公司法规定的是( )。
   A. 甲可以提议召开股东会临时会议
   B. 只要丙和丁表示同意,股东会即可做出增加公司注册资本的决议
   C. 只有丁可以提议召开股东会临时会议
   D. 只要乙和丁表示同意,股东会即可做出变更公司形式的决议

3. 王某、刘某共同出资设立了甲有限责任公司(甲公司),注册资本为 10 万元,下列关于甲公司组织机构设置的表述中,不符合公司法律制度规定的是( )。
   A. 甲公司决定不设董事会,由王某担任执行董事
   B. 甲公司决定由执行董事王某兼任监事

C. 甲公司决定由执行董事王某兼任经理

D. 甲公司决定不设监事会,由刘某担任监事

4.下列关于国有独资公司组织机构的表述中,符合公司法律制度规定的是(   )。

A. 国有独资公司应当设股东会

B. 国有独资公司董事长由董事会选举产生

C. 经国有资产监督管理机构的同意,国有独资公司董事可以兼任经理

D. 国有独资公司监事会主席由董事会选举产生

5.某有限责任公司是由15名股东设立的,下列对该公司股东会的表述中,不正确的是(   )。

A. 股东会是有限责任公司的常设机构和必设机构

B. 股东会临时会议,经代表1/10以上表决权的股东或1/3以上的董事提议,可以召开

C. 股东会的首次会议应由出资最多的股东召集和主持

D. 修改公司章程,公司增加或减少注册资本,公司的分立、合并、解散等事项,须经股东会代表2/3以上表决权的股东通过

6.根据公司法律制度的规定,下列有关有限责任公司股东出资的表述中,正确的是(   )。

A. 经全体股东同意,股东可以用劳务出资

B. 不按规定缴纳所认缴出资的股东,应对已足额缴纳出资的股东承担违约责任

C. 股东认缴出资并经法定验资机构验资后,不得抽回出资

D. 股东向股东以外的人转让出资,须经全体股东2/3以上同意

二、多项选择题

1.下列关于一人有限责任公司的表述中,符合公司法律制度规定的有(   )。

A. 股东只能是一个自然人

B. 一个自然人只能投资设立一个一人有限责任公司

C. 财务会计报告应当经会计师事务所审计

D. 股东不能证明公司财产独立于自己财产的,应当对公司债务承担连带责任

2.根据公司法律制度的规定,有限责任公司股东会做出的下列决议中,必须经代表2/3以上表决权的股东通过的有(   )。

A. 对股东对外转让出资做出决议

B. 对发行公司债券做出决议

C. 对变更公司形式做出决议

D. 对修改公司章程做出决议

3.下列属于公司解散原因的有(   )。

A. 公司章程规定的营业期限届满

B. 股东会或者股东大会决议解散

C. 因公司合并或者分立需要解散

D. 依法被吊销营业执照、责令关闭或者被撤销

4.甲、乙、丙是某有限责任公司的股东,各占52%、22%和26%的股权。乙欲对外转让其所拥有的股权,丙表示同意,甲表示反对,但又不愿意购买该股权。乙便与丁签订了一份股权

转让协议,约定丁一次性将股权转让款支付给乙。协议签订后,甲表示愿以同等价格购买,只是要求分期付款。对此各方发生了争议。根据公司法律制度的规定,下列选项中,正确的是（　　）。

A. 甲最初表示不愿意购买即应视为同意转让
B. 甲后来表示愿意购买,则乙只能将股权转让给甲,因为甲享有优先购买权
C. 乙与丁之间的股权转让协议有效
D. 如果甲和丙都行使优先购买权,且双方协商不成,则就购买比例而言,双方应按照 2∶1 的比例行使优先购买权

项目技能训练

一、案例分析

1. 甲、乙等 5 家国有企业拟联合组建华中有限责任公司(以下简称华中公司),公司章程的部分内容为:公司股东会除召开定期会议外,还可以召开临时会议,临时会议须经代表 1/3 以上表决权的股东、1/2 以上的董事或 1/2 以上的监事提议召开。

2019 年 3 月,华中公司依法登记成立,注册资本为 1000 万元,其中甲以工业产权出资,协议作价 120 万元;乙出资 240 万元,是出资最多的股东。公司成立后,由甲召集和主持了首次股东会会议,设立了董事会。

2019 年 5 月,华中公司董事会发现,甲作为出资的工业产权的实际价额明显低于公司章程所规定的价额,董事会提出了解决方案,即由甲补足差额,如果甲不能补足差额,则由其他股东按出资比例分担该差额。2020 年 3 月,华中公司因业务发展需要,依法成立了华北分公司。华北分公司在生产经营过程中,因违反了合同约定被诉至法院,对方以华中公司是华北分公司的总公司为由,要求华中公司承担违约责任。

试分析:

(1)华中公司设立过程中订立的公司章程里关于召开临时股东会会议的规定有哪些不合法之处?

(2)华中公司的首次股东会会议由甲召集并主持是否合法？为什么？

(3)华中公司董事会做出的关于甲出资不足的解决方案的内容是否合法？说明理由。

(4)华中公司是否应替华北分公司承担违约责任？说明理由。

2. 甲股份有限公司(以下简称甲公司)于 2020 年 2 月 1 日召开董事会会议,该次会议召开情况及讨论、决议事项如下:

(1)甲公司董事会的 7 名董事中有 6 名出席该次会议。其中,董事谢某因病不能出席会议,电话委托董事李某代为出席会议并行使表决权。

(2)甲公司与乙公司有业务竞争关系,但甲公司总经理胡某于 2019 年下半年擅自为乙公司从事经营活动,损害了甲公司的利益,故董事会做出如下决定:①解聘公司总经理胡某;②将胡某为乙公司从事经营活动所得的收益收归甲公司所有。

(3)为完善公司经营管理制度,董事会会议通过了修改公司章程的决议,并决定从通过之日起执行。

试分析:

(1)董事谢某电话委托董事李某代为出席董事会会议并行使表决权的做法是否符合法律

规定？

(2)董事会做出解聘甲公司总经理胡某的决定是否符合法律规定？

(3)董事会做出将胡某为乙公司从事经营活动所得的收益收归甲公司所有的决定是否符合法律规定？

(4)董事会做出修改公司章程的决议是否符合法律规定？

二、技能训练

1.在教师的指导下,3~5人一组准备设立有限责任公司应具备的所有文字材料。

2.起草一份有限责任公司的公司章程。

项目四 正确处理合同事务

▪ 知识目标 ▪

熟悉合同法的基本原则和特征；
了解合同的概念、特征及分类；
理解合同的订立条件和合同效力的基本理论；
掌握合同的履行、变更、转让和终止，违约责任的承担及合同担保的方式和责任的相关知识。

▪ 能力目标 ▪

能够运用合同法律知识草拟合同，并能防范合同或合同条款的无效；
具备分析和解决合同相关案例的能力；
具备审核合同的能力，防止合同纠纷的发生。

/ 引导案例 /

甲、乙订立合同，将甲所有的100平方米的套房出售给乙，价款为158万元。为了少缴税费等，双方协商一致：在签订交由房地产交易管理部门备案的房屋买卖合同时，将上述房屋的买卖价格定为120万元。随后，双方另外签订一份房屋买卖合同，明确该100平方米套房的买卖价格为158万元，乙应向甲预付购房款60万元，甲收到预付款后2日内向乙交付房屋钥匙，其余98万元房款在一年内付清。甲、乙双方约定的契约还载明：交至房地产交易管理部门的标明房价为120万元的买卖合同只是办理房屋产权过户之用，不作为双方买卖房屋的正式合同，无任何法律效力。乙在付清预付款后，拿到了房间钥匙，余款经数次给付后，尚有30万元没有付清。甲多次催讨不得，遂诉至法院，要求乙付清余款。乙则主张，双方之间存在的价格为158万元的房屋买卖合同因未获得房管部门的批准，为无效合同，甲多收的8万元款项为不当得利，要求甲如数返还。

请问：甲、乙之间签订的价格为120万元的房屋买卖合同效力如何？为什么？

评析：无效。恶意串通损害国家利益的合同无效。

根据民法典第一百五十四条，行为人与相对人恶意串通，损害他人合法权益的民事法律行为无效。《中华人民共和国合同法》（简称合同法）第五十二条中规定，恶意串通，损害国家、集体或者第三人利益的合同无效。恶意串通的构成要件是：①当事人双方在实施民事行为时有损害国家利益、集体利益或者他人利益的故意;②当事人双方在实施行为时有串通一气、相互勾结的行为;③该行为的履行结果损害国家、集体或者第三人利益。本案例中,甲、乙双方为逃避国家税收,相互勾结,串通一气,将158万元的成交价谎报为120万元,存在损害国家利益的故意,甲、乙的行为是典型的恶意串通损害国家利益的行为。

任务一　认识合同及合同法

> 活动内容:认识合同和合同法,查看我国合同法,收集身边有关合同的案例。
> 活动一:查看、理解。学生以小组为单位,查阅民法典"合同"编的内容,了解我国合同法立法情况,然后每组选派一名代表,以播报新闻的方式,简要介绍立法背景和颁布意义。
> 活动二:收集、讨论。学生以小组为单位,利用互联网或者查阅报纸等,收集近期在我国发生的有关合同纠纷的案件,并将本组对所收集的案件的看法进行归纳整理,组间进行简单交流。

 知识基础

一、合同的概念、特征及分类

(一)合同的概念

合同又称契约,是私有制出现以后,为实现商品交换而产生的,根据我国民法典第四百六十四条的规定,合同是民事主体之间设立、变更、终止民事法律关系的协议。

(二)合同的法律特征

1. 合同是平等主体之间的民事法律行为

民法典第一百三十三条规定,民事法律行为是民事主体通过意思表示设立、变更、终止民事法律关系的行为。它是一种合法行为。合同的双方当事人处于平等地位,这是由合同的性质决定的,因为只有当事人法律地位完全平等,合同订立的条款才能体现权利与义务的对等。

2. 合同是以设立、变更、终止民事权利义务为目的的民事法律行为

只有以设立、变更、终止民事权利义务为目的,合同才具有现实意义和法律意义。设立,是指当事人订立合同以形成某种法律关系;变更,是指当事人协商一致以使原有的合同关系在内容上发生变化;终止,是指当事人协商一致以消灭原有法律关系。

3. 合同是当事人在平等自愿基础上意思表示相一致的协议

意思表示一致是合同构成的基础,但这种意思表示一致必须以当事人自愿平等为前提,即意思表示必须真实,不允许任何一方对他方进行限制或强迫。

4. 合同是两个或两个以上当事人之间的民事法律行为

合同的这种民事法律行为,在主体方面要求有两个及以上的当事人。合同的这一特征区别于单方民事法律行为。单方民事法律行为是基于民事主体单方的意思表示,而合同必须是双方或多方民事主体的合意才行。

思考4-1

合同是什么?它有哪些特征?

(三)合同的分类

1. 有名合同与无名合同

根据合同在法律上有无名称,合同可分为有名合同与无名合同。

有名合同,又称典型合同,是指由法律赋予其特定名称及具体规则的合同。如我国民法典(自2021年1月1日起施行)所规定的典型合同,都属于有名合同。对于有名合同的内容,法律通常设有一些规则来引导当事人做出约定。

无名合同,又称非典型合同,是指法律上尚未确定一定的名称与规则的合同。根据合同自由原则,合同当事人可以自由决定合同的内容,因此,当事人订立的合同只要不违背法律的禁止性规定和社会公共利益,即是有效的。

2. 双务合同与单务合同

依双方当事人是否互负给付义务,合同可分为双务合同与单务合同。

双务合同是指当事人双方互相承担对待给付义务的合同。在双务合同中,当事人双方均承担合同义务,并且双方的义务具有对应关系,一方的义务就是对方的权利。

单务合同是指只有一方当事人承担给付义务的合同。在单务合同中,当事人双方不存在对待给付关系,一方仅承担义务而不享有权利,另一方则相反。

3. 有偿合同与无偿合同

根据双方当事人是否因给付而获得利益,合同可分为有偿合同与无偿合同。

凡双方当事人都因向对方给付而获得相应利益的合同就是有偿合同。

凡是一方给付某种利益,对方取得该利益时并不支付任何报酬的合同就是无偿合同,如赠予合同。

4. 诺成合同与实践合同

根据合同的生效是否以标的物的交付为要件,合同可分为诺成合同与实践合同。

诺成合同又叫不要物合同,是指当事人一方的意思表示一旦经对方同意即能产生法律效果的合同,即"一诺即成"的合同,如买卖、承揽、租赁合同。

实践合同又叫要物合同,是指除当事人双方意思表示一致以外尚须交付标的物才能成立的合同,如保管合同。

5. 要式合同与不要式合同

根据合同的成立是否需要履行特定的形式和手续,合同可分为要式合同与不要式合同。

凡法律规定必须具备一定的形式和手续的合同是要式合同。

凡法律规定不需要具备一定的形式和手续的合同是不要式合同。

6. 主合同与从合同

根据合同能否独立存在,合同可分为主合同与从合同。能够独立存在的合同是主合同;依附于主合同才能存在的合同是从合同。

7. 确定合同与射幸合同

根据合同的法律效果在订立合同时是否已经确定,合同可分为确定合同与射幸合同。

确定合同是指合同的法律效果在订立合同时已经确定的合同。

射幸合同是指合同的法律效果在订立合同时尚未确定的合同,如保险合同、有奖销售合同和抽奖合同。

此外,根据不同的标准,合同还可分为书面合同、口头合同与其他形式合同,附条件合同与不附条件合同等。

思考4—2

合同有哪些分类?其划分的标准是什么?

知识扩展　有名合同

1999年3月15日第九届全国人民代表大会第二次会议通过的合同法规定的有名合同是买卖合同,供用电、水、气、热力合同,赠予合同,借款合同,租赁合同,融资租赁合同,承揽合同,建设工程合同,运输合同,技术合同,保管合同,仓储合同,委托合同,行纪合同及居间合同。民法典规定的保证合同、抵押合同和质押合同等,以及规定的具体合同类型也属有名合同。如分期付款、买卖合同、凭样另买卖合同、试用买卖合同,都属于买卖合同中的特殊类型;建设工程合同中的勘察、设计合同和施工合同,是建设工程合同中的具体类型。其他法律、行政法规确定的民法典没有规定的类型,也属于有名合同,如《中华人民共和国保险法》(简称保险法)规定的保险合同。司法解释也可以确定有名合同,如融资租赁合同原本是在经济生活中使用的,在法律上属无名合同,司法解释对其名称予以认定并确认相应规则后就成了有名合同。

二、合同法

(一)合同法的概念

广义的合同法是调整平等主体之间财产交换关系的法律规范的总称。合同法是现代各国民事法律制度的重要组成部分,是调整财产流转关系、规制交易行为的基本法。

(二)合同法的调整范围

合同法的调整对象是民事主体利用合同进行经济(财产)流转或相互交易而产生的社会关系。

(1)合同法调整的是平等主体之间民事权利义务关系,政府经济管理活动即政府管理国民经济的关系和企业单位内部的管理关系均不适用合同法。

(2)合同法主要调整企业以及各社会组织之间的经济关系,同时还包括自然人之间买卖、租赁、借贷、赠予等合同关系。

合同法既调整国内的合同关系,也调整涉外的合同关系。民法典第三编第四百六十七条规定,民法典或者其他法律没有明文规定的合同,适用民法典"合同"编通则的规定,在中华人民共和国境内履行的中外合资经营企业合同、中外合作经营企业合同、中外合作勘探开发自然资源合同,适用中华人民共和国法律。

(3)涉及婚姻、收养、监护等有关身份关系不适用合同法的规定。

民法典第三编第四百六十四条规定,婚姻、收养、监护等有关身份关系的协议,适用有关该身份关系的法律规定;没有规定的,可以根据其性质参照适用民法典"合同"编的规定。

(4)无名合同,适用民法典"合同"编通则的规定。

民法典第三编"合同"第一分编"通则"第四百六十七条规定,民法典或者其他法律没有明文规定的合同,适用通则的规定,并可以参照适用"合同"编或者其他法律最相类似合同的规定。

(5)其他法律对合同另有规定的,依照其规定。例如,劳动合同依据《中华人民共和国劳动合同法》(简称劳动合同法)的规定进行调整;劳动合同法没有规定到的地方参照合同法通则的规定。

(三)合同法的基本原则

合同法的基本原则是指,对合同关系的本质规律进行集中抽象和反映,效力贯穿于合同法始终的根本规则,对立法机关制定各项规定和审判机关适用合同法等起指导作用。基本原则是正确理解具体条文的关键。法律缺乏某个问题的具体规定时,当事人可依基本原则来确定,审判机关可以根据基本原则做出判决。合同法主要有以下基本原则。

1. 合法原则

民法典第三编"合同"第一分编"通则"第四百六十五条规定,依法成立的合同,受法律保护。民法典第八条规定,民事主体从事民事活动,不得违反法律,不得违背公序良俗。合同法第七条规定:"当事人订立、履行合同,应当遵守法律、行政法规,尊重社会公德,不得扰乱社会经济秩序,损害社会公共利益。"

2. 平等自愿原则

民法典第四条规定,民事主体在民事活动中的法律地位一律平等;第五条规定,民事主体从事民事活动,应当遵循自愿原则,按照自己的意思设立、变更、终止民事法律关系。合同是一种民事法律行为,属于民事活动范畴,因此,平等自愿原则是合同法基本原则之一。合同法第三条规定,合同当事人的法律地位平等,一方不得将自己的意志强加给另一方;第四条规定,当事人依法享有自愿订立合同的权利,任何单位和个人不得非法干预。合同主体在进行合同活动时意志独立、自由,行为自主。

3. 公平原则

民法典第六条规定,民事主体从事民事活动,应当遵循公平原则,合理确定各方的权利和义务。合同法第五条规定,当事人应当遵循公平原则确定各方的权利和义务。

4. 诚实信用原则

民法典第七条规定,民事主体从事民事活动,应当遵循诚信原则,秉持诚实,恪守承诺;第四百六十六条规定,合同文本采用两种以上文字订立并约定具有同等效力的,对各文本使用的词句推定具有相同含义。各文本使用的词句不一致的,应当根据合同的相关条款、性质、目的以及诚信原则等予以解释。

合同法第六条规定,当事人行使权利、履行义务应当遵循诚实信用原则。诚实信用是指民事主体在从事民事活动时应诚实守信,以善意的方式履行其义务,不得滥用权力及规避法律或合同义务。

思考4-3

合同法的基本原则有哪些？能否找到法律依据？

知识扩展　合同法与民法典

2020年5月28日第十三届全国人民代表大会第三次会议通过的民法典将之前的合同法的相关内容纳入第三编"合同",共有3个分编,29章,526条,相比之前的合同法新增6章、98条。

民法典第三编"合同",关于合同规定的主要部分,对应合同法主要内容。合同法第一章"一般规定"中的部分条款,例如平等原则、合同自由原则等,在民法典"合同"编中被取消,由民法典"总则"编第一章"基本规定"做出规定。合同是民事法律行为的一种,因此民法典"总则"编第六章"民事法律行为"与"合同"编关系密切,特别是可撤销合同、无效合同等规定。合同法总则中关于代理权的规定,在民法典"合同"编中被取消,由民法典"总则"编第七章"代理"做出相关规定。民法典"物权"编对应原《中华人民共和国物权法》《中华人民共和国担保法》的主要内容,与物权流转、担保类的合同有密切关系。学习民法典中的"合同"编,一定要联系上述相关内容。

任务二　订立合同

活动内容:观察日常生活中的交易行为、交换行为,区别其交易方式、当事人的权利和义务、交易内容,分析交易纠纷,解决交易问题。

活动一:讨论、交流日常生活中遇到的交易行为,说出交易程序、订立合同的方式、有可能产生纠纷的地方,以及如何防止纠纷的发生。

活动二:拟订一份合同书。

一、合同的内容和形式

（一）合同的内容

合同的内容即合同当事人的权利与义务,由当事人约定。根据民法典第四百七十条的规

定,合同的内容一般包括下列条款:

1. 当事人的姓名或者名称和住所

签订合同的目的是履行合同里的义务,实现合同里的权利,只有明确主体,才能确定合同权利和义务的享有者和承担者,否则合同没有存在的意义。

2. 标的

标的是合同法律关系的客体,是合同双方当事人权利、义务指向的对象。标的是合同成立的必要条件,没有标的合同不能成立。合同标的主要分为物、行为和智力成果三类。

3. 数量

数量是指合同标的的多少,是规定合同标的特征的具体条件之一。数量直接影响合同标的额的大小,也关系到当事人的权利和义务的大小。因此,数量条款要定得准确。

4. 质量

标的的质量是指标的的固有特性满足要求的程度,包括尺寸、外观、性能、结构等满足合同要求的程度。因此,标的质量条款须定得详细、具体,否则影响合同权利的享有和合同的履行。

5. 价款或者报酬

价款是取得标的物所支付的代价,酬金是获得服务所支付的代价。价款或报酬条款标志这类合同关系中的财产流转是有偿的。

6. 履行期限、地点和方式

履行期限是指履行合同约定义务的时间界限,直接关系到合同义务完成的时间。履行地点指履行合同约定义务的地点,关系到严格履行义务、费用负担和合同纠纷案件的法院管辖等,应当做到明确、具体。

7. 违约责任

违约责任条款是当事人为了保证合同的履行,依照法律或双方约定,在违反合同时,不履行合同方应向另一方承担相应法律后果的约定。根据民法典"合同"编第五百七十七条的规定,违约责任主要有继续履行、采取补救措施和赔偿损失三种方式。

8. 解决争议的方法

解决争议方法的条款是指解决争议采用何种方式(司法还是仲裁)、运用什么程序、适用何种法律、选择哪家仲裁机构等内容。合同中解决争议方法的条款的效力具有独立性。即使合同已被撤销或被宣布无效,解决争议方法的条款仍具有效力。

除此之外,还包括包装条款,免责条款,合同生效、解除的条件及期限条款,关键性词的解释,检验期间,所有权保留条款,汇率变动条款以及风险转移条款等。

(二)合同的形式

合同的形式又称合同的方式,是当事人合意的表现形式,是合同内容的外部表现和载体。民法典"合同"编第四百六十九条规定:"当事人订立合同,可以采取书面形式、口头形式和其他形式。"

书面形式是合同书、信件、电报、电传、传真等可以有形地表现所载内容的形式。

以电子数据交换、电子邮件等方式能够有形地表现所载内容,并可以随时调取查用的数据电文,视为书面形式。

法律、行政法规规定采用书面形式的,应当采用书面形式。

思考4-4

小王今天要去跟房产商签一份房屋买卖合同,去的过程中他感觉饿了,于是在面包店买了一个面包。请问,小王的两个交易行为分别采取什么合同形式?

知识扩展　格式条款

民法典第四百九十六条规定,格式条款是当事人为了重复使用而预先拟定,并在订立合同时未与对方协商的条款。采用格式条款订立合同的,提供格式条款的一方应当遵循公平原则确定当事人之间的权利和义务,并采取合理的方式提示对方注意免除或者减轻其责任等与对方有重大利害关系的条款,按照对方的要求,对该条款予以说明。提供格式条款的一方未履行提示或者说明义务,致使对方没有注意或者理解与其有重大利害关系的条款的,对方可以主张该条款不成为合同的内容。

民法典第四百九十七条规定,有下列情形之一的,该格式条款无效:
(1)具有民法典第一编第六章第三节和第五百零六条规定的无效情形;
(2)提供格式条款一方不合理地免除或者减轻其责任、加重对方责任、限制对方主要权利;
(3)提供格式条款一方排除对方主要权利。

民法典第四百九十八条规定,对格式条款的理解发生争议的,应当按照通常理解予以解释。对格式条款有两种以上解释的,应当做出不利于提供格式条款一方的解释。格式条款和非格式条款不一致的,应当采用非格式条款。

二、合同订立的方式

民法典第四百七十一条规定:"当事人订立合同,可以采取要约、承诺方式或者其他方式。"

(一)要约

1. 要约的概念

要约又称发价、发盘、出盘、报价等。民法典第四百七十二条规定:"要约是希望与他人订立合同的意思表示。"也就是说,要约是具有明确目的性的意思表示。发出要约的人称为要约人,接受要约的人称为受要约人、相对人或承诺人。

2. 要约的有效条件

(1)要约是由具有订约能力的人向特定的人做出的意思表示。要约人发出要约旨在与他人订立合同,并唤起相对人的承诺,因此要约人应当具有订立该合同的能力。依据民法典第一百四十三条的规定,民事法律行为的行为人应当具有相应的民事行为能力。同时,要约是向特定的对象发出的,即要约人知道自己的要约发给了谁。当然,"特定的对象"不限定为一个人,可以是一个或两个以上的对象。

(2)要约必须具有订立合同的意图。

(3)要约的内容必须具体、确定。"具体"是指要约的内容必须具有足以使合同成立的主要条款,一旦受要约人承诺了,合同即告成立。"确定"是指要约的内容必须明确,以便使受要约人理解要约人的真实含义和意愿,否则受要约人无法做出承诺。

(4)须表明经受要约人承诺,要约人即受该意思表示约束。要约是一种法律行为,一旦经受要约人的承诺,要约人要受到自己的意思表示的约束。

(5)要约必须送达受要约人。要约只有送达受要约人才能为受要约人所知悉并对其产生约束力。

3. 要约邀请

要约邀请是指一方邀请对方向自己发出要约。民法典第四百七十三条规定:"要约邀请是希望他人向自己发出要约的表示。拍卖公告、招标公告、招股说明书、债券募集办法、基金招募说明书、商业广告和宣传、寄送的价目表等为要约邀请。"要约邀请是合同的预备行为,行为人无须承担法律责任。要约与要约邀请的具体区别如下:

(1)当事人意愿。根据当事人已经表达出来的意思来确定其行为是要约还是要约邀请。如当事人在其订约的建议中提出"须以我方最后确认为准"或标明"仅供参考"等,即表明当事人不愿意接受要约的约束,订约提议只是要约邀请而非要约。

(2)订约提议的内容。要约的内容应该包含合同的主要条款;而要约邀请只是希望对方当事人提出要约而非承诺,因此不必包含合同的主要条款。

(3)交易习惯,即当事人历来的交易做法。如询问商品价格,根据交易习惯,一般认为是要约而非要约邀请。

(4)法律的明文规定。法律明确规定了某种行为为要约或要约邀请,即应按照法律规定做出区分。例如,我国民法典第四百七十三条规定,寄送的价目表、拍卖公告、招标公告、招股说明书、商业广告等为要约邀请;但商业广告和宣传的内容符合要约条件的,视为要约。

4. 要约的法律效力

要约的法律效力又称要约的拘束力。我国民法典第四百七十四条规定:"要约生效的时间适用本法第一百三十七条的规定。"民法典第一百三十七条规定:"以对话方式作出的意思表示,相对人知道其内容时生效。以非对话方式作出的意思表示,到达相对人时生效。以非对话方式作出的采用数据电文形式的意思表示,相对人指定特定系统接收数据电文的,该数据电文进入该特定系统时生效;未指定特定系统的,相对人知道或者应当知道该数据电文进入其系统时生效。当事人对采用数据电文形式的意思表示的生效时间另有约定的,按照其约定。"也就是说,要约生效时间有三种:

(1)受要约人知悉时间;

(2)要约到达受要约人的时间或受要约人知道到达的时间;

(3)当事人约定的时间。

要约的法律效力具体表现在两个方面:

其一,对要约人的效力。要约一经生效,要约人即受到要约的拘束,不得随意撤销。

其二,对受要约人的效力。受要约人在要约生效时即取得依其承诺而成立合同的法律地位,即法律赋予受要约人承诺的权利。

5. 要约的撤回与撤销

（1）要约的撤回。要约的撤回是指要约人发出要约后，到达受要约人之前，取消其要约的行为。民法典第四百七十五条规定，要约可以撤回。要约的撤回适用民法典第一百四十一条的规定。民法典第一百四十一条规定："行为人可以撤回意思表示。撤回意思表示的通知应当在意思表示到达相对人前或者与意思表示同时到达相对人。"也就是说，被撤回的要约是尚未生效的要约。

（2）要约的撤销。要约的撤销是指要约生效后使要约归于消灭的行为。民法典第四百七十七条规定："撤销要约的意思表示以对话方式作出的，该意思表示的内容应当在受要约人作出承诺之前为受要约人所知道；撤销要约的意思表示以非对话方式作出的，应当在受要约人作出承诺之前到达受要约人。"

由于要约撤销时已经生效，对要约的撤销必须有严格的限制条件。民法典第四百七十六条明确规定了要约不得撤销的情形：一是要约人确定了承诺的期限；二是以其他形式明示了要约；三是受要约人有理由认为要约是不可撤销的，并已经为履行要约做了合理准备工作。

（3）要约的撤回与撤销的区别。要约的撤回和撤销都旨在使要约作废或取消，并且都只能在承诺做出之前实施。两者的区别表现在以下两方面。第一，撤回要约的通知应当在要约到达受要约人之前或者与要约同时到达受要约人，即要约的撤回发生在要约生效之前；而要约的撤销则发生在要约到达受要约人并且生效以后，但在受要约人做出承诺之前。第二，要约的撤销是在要约生效之后，因此对要约的撤销做出了严格的限定和不得撤销的规定，例如，因撤销要约而给受要约人造成损害的，要约人应承担赔偿责任；而对要约的撤回并没有此限制。

6. 要约的失效

要约失效是指要约丧失了法律约束力，即不再对要约人产生约束。要约失效后，受要约人也丧失了承诺的权利，即使其向要约人承诺也不能导致合同的成立。根据民法典第四百七十八条的规定，要约失效的原因主要有以下几种：

（1）要约被拒绝。

（2）要约被依法撤销。

（3）承诺期限届满，受要约人未做出承诺。凡是在要约中明确规定了承诺期限的，承诺必须在该期限内做出，超过期限要约自动失效。

（4）受要约人对要约的内容做出实质性变更。受要约人对要约的实质内容做出限制、更改或扩张从而形成反要约，既表明受要约人已拒绝了要约，又是向要约人提出的一项反要约。

思考4—5

（1）超市陈列标有价格的商品，是要约还是要约邀请？
（2）快餐店促销员给你发价目表或优惠表，是要约还要约邀请？

（二）承诺

1. 承诺的概念和要件

民法典第四百七十九条规定："承诺是受要约人同意要约的意思表示。"承诺应当以通知的方式做出，但是，根据交易习惯或者要约表明可以通过行为做出承诺的除外。承诺一旦生效将

导致合同成立,因此承诺必须具备如下条件:

(1)承诺必须由受要约人向要约人做出。要约原则上是向特定人发出的,只有接受要约的特定人即受要约人才有权做出承诺。受要约人授权的代理人做出的承诺与受要约人本人做出的承诺具有相同的法律效力。同时,受要约人的承诺必须向要约人做出才能导致合同成立。

(2)承诺必须在规定的期限内到达要约人。民法典第四百八十一条规定,承诺应当在要约确定的期限内到达要约人;要约没有确定承诺期限的,承诺应当依照下列规定到达:一是要约以对话方式做出的,应当即时做出承诺;二是要约以非对话方式做出的,承诺应当在合理期限内到达。超过规定期限做出的承诺视为承诺迟延,或称为逾期承诺。逾期承诺一般被视为一项新的要约。

(3)承诺的内容必须与要约的内容一致。原则上承诺须是无条件的。承诺与要约的内容一致是指受要约人必须同意要约的实质性内容。民法典第四百八十八条规定,承诺的内容应当与要约的内容一致。受要约人对要约的内容做出实质性变更的,为新的要约。有关合同标的、数量、质量、价款或者报酬、履行期限、履行地点和方式、违约责任和解决争议方法等的变更,是对要约内容的实质性变更。如果承诺对要约的上述实质性内容做出了改变,则意味着受要约人拒绝要约人的要约而向要约人发出新的要约。

承诺不能更改要约的实质性内容,但可以对要约的非实质性内容做出更改。根据民法典第四百八十九条的规定,承诺对要约的内容做出非实质性变更的,除要约人及时表示反对或者要约表明承诺不得对要约的内容做出任何变更外,该承诺有效,合同的内容以承诺的内容为准。

2. 承诺的效力

承诺生效时合同就成立了,但法律另有规定或当事人另有约定的除外。如果是以通知方式做出的承诺,生效的时间适用我国民法典第一百三十七条的规定,即与要约的生效方式相同。如果承诺是不需要通知的,根据交易习惯或者要约的要求做出承诺的行为时生效。

3. 承诺的方式

承诺的方式是指承诺人采用何种方式将承诺通知送达要约人。民法典第四百八十条规定,承诺应当以通知的方式做出,但根据交易习惯或者要约表明可以通过行为做出承诺的除外。也就是说,受要约人必须将承诺的内容通知要约人,但受要约人采取何种通知方式,应根据要约的要求确定。

4. 承诺迟延与承诺迟到

(1)承诺迟延。承诺迟延(逾期承诺)是指受要约人未在承诺期限内发出承诺。民法典第四百八十六条规定,受要约人超过承诺期限发出承诺,或者在承诺期限内发出承诺,按照通常情形不能及时到达要约人的,为新要约;但是,要约人及时通知受要约人该承诺有效的除外。

(2)承诺迟到。承诺迟到是指受要约人在承诺期限内发出承诺,按照通常情形能够及时到达要约人,但是因其他原因致使承诺到达要约人时超过承诺期限。承诺迟到的,除要约人及时通知受要约人因承诺超过期限不接受该承诺外,该承诺有效。

5. 承诺撤回

承诺撤回是指受要约人(承诺人)在发出承诺之后且在承诺生效之前采取一定的行为使其承诺失去效力。民法典规定,承诺的撤回跟要约的撤回一样适用民法典第一百四十一条的规定,即撤回承诺的通知应当在承诺通知到达要约人之前或者与承诺通知同时到达要约人。承诺撤回是在承诺生效之前取消承诺;承诺一旦生效合同就成立了,因此,法律没有规定承诺的撤销制度。

思考4-6

订立合同需要经历哪几个阶段?

案例分析4-1

某年2月某商场开展促销活动,广告内容如下:"本商场进行10周年店庆,为答谢新老顾客,推出'100元购买某款冰箱'(10台)活动,仅限2月6日一天,售完为止。"该日凌晨就有顾客排队在商场门口等候,9点营业时间到,商场开门。前几位顾客直冲冰箱卖场,占住该款冰箱,要求商场兑现100元一台的承诺。商场以活动冰箱早已被顾客电话订购完为由拒绝执行广告中的承诺。

试分析:

商场的广告属于要约还是要约邀请?

该案例中的顾客应该如何处理?

三、合同的成立

(一)合同成立的概念

合同成立是指订约当事人就合同的主要条款达成合意。通常情况下,合同自承诺生效时成立。

合同成立要件包括以下两个部分:

(1)合同的一般成立要件:须有双方或多方当事人,当事人各方意思表示一致,具备要约和承诺两个阶段或其他方式。

(2)合同的特别成立要件:依法规定、依交易惯例确定或依当事人特别约定的合同成立要件。如实践合同,又称要物合同,以物的交付为成立要件之一。

(二)合同成立的时间

对于诺成合同,承诺生效时合同成立;对于实践合同,交付标的物时合同成立。通常情况下,以通知的方式订立合同,通知到达时合同成立。通知方式若是口头方式,则合同自受要约人即时做出承诺时成立。若不是以通知的方式,而是以一定的行为的方式做出的,自受要约人根据要约的要求做出承诺的行为时成立。在实务中,当事人完成要约和承诺程序(即订立合同)的方式是多样化的,因此,对合同成立时间的确定也有所不同。以下这些可以称为合同的特别成立要件:

(1)当事人采用合同书形式订立合同的,自双方当事人签字或者盖章时合同成立。在签字或者盖章之前,当事人一方已经履行主要义务并且对方接受的,该合同成立。

(2)当事人采用信件、数据电文等形式订立合同的,可以在合同成立之前要求签订确认书,签订确认书时合同成立。

（3）法律、行政法规规定或者当事人约定采用书面形式订立合同，当事人未采用书面形式但一方已经履行主要义务并且对方接受的，该合同成立。

（4）当事人签订要式合同的，以法律、法规规定的特殊形式要求完成的时间为合同成立时间。

（三）合同成立的地点

（1）采用数据电文形式订立合同的，收件人的主营业地为合同成立的地点，没有主营业地的，其经常居住地为合同成立的地点。

（2）当事人采用合同书、确认书形式订立合同的，双方当事人签字或者盖章的地点为合同成立的地点。

（3）合同需要完成特殊的约定或法律形式才能成立的，以完成合同的约定形式或法定形式的地点为合同成立的地点。

（4）当事人对合同的成立地点另有约定的，按照其约定。

四、缔约过失责任

（一）缔约过失责任的概念

缔约过失责任是指当事人在订立合同过程中，因违背诚实信用原则给对方造成损失时所应承担的法律责任。当事人在订立合同过程中，因过错违反依诚实信用原则负有的先合同义务，导致合同不成立，或者合同虽然成立，但不符合法定的生效条件而被确认无效、被变更或被撤销，给对方造成损失时，必须承担民事责任。

（二）缔约过失责任的主要情形

民法典对缔约过失责任规定了四种情形：

（1）假借订立合同，恶意进行磋商；

（2）故意隐瞒与订立合同有关的重要事实或者提供虚假情况；

（3）当事人在订立合同过程中泄露或不正当地使用所知悉的商业秘密或者其他应当保密的信息而造成对方损失；

（4）有其他违背诚实信用原则的行为。

（三）缔约过失责任构成要件和性质

缔约过失责任发生于合同成立之前的缔约过程。

1.缔约过失责任构成要件

缔约过失责任采取的是过错责任原则，所以其构成要件应当包括客观要件和主观要件两个方面。

缔约过失责任构成要件如下：

（1）当事人有过错；

（2）有损害后果的发生；

（3）当事人的过错行为与造成的损失有因果关系。

2.缔约过失责任的性质

缔约过失责任不同于违约责任，也不同于侵权责任。缔约过失责任是为了弥补违约责任和侵权责任立法不足而设,该责任所依据的法律原则是诚实信用原则。首先,缔约过失责任是非合同责任。合同责任产生以合同的有效成立为前提,而当缔约过失产生时,合同显然未成立。其次,缔约过失责任也是非侵权责任。侵权责任的客体是财产权(包括物权和债权)、人身权和知识产权;缔约过失责任的客体是诚实信用基础上的信赖利益。因此,缔约过失责任是一类独特的责任形式。

案例分析4—2

王某是一个在职工人,一直想做服装生意并曾与多家经销商联系但均未成功。某日,他在广告上看到专门经营运动服销售的A公司正在寻找连锁店经营人,于是就根据该广告所注明的地址前去实地考察。经过考察后王某认为,该公司的运动服兼具时装和运动性质,很适合正在兴起的运动风,并且王某对开店资本、环境等方面都很满意。王某自己手头钱不是太足,于是与A公司负责人商量,希望能够由A公司先发两批货,到第三批时再交前两批的货款。A公司负责人为了吸引王某加入,遂满口答应,并许诺,只要王某选好了店址,公司经过调查符合公司的要求,就可以签合同进行装修了,该负责人同时许诺,王某负责装修费用,A公司可以提供技术和人力上的支持,按该专卖店的统一规格给王某的店子装修。王某于是请了一个月的假,四处奔波,终于寻找到了合适的店址,A公司派人调查后表示店址没有问题,但是却提出该品牌走俏,想要开连锁店的人很多,先前商议的货款不能够拖延支付,并要求王某再加3万元经营费,王某认为这违反了他们当初的约定,因此难以接受,且要求A公司赔偿损失,A公司则辩称市场经济条件下经营主体有充分的经营自主权,双方为了合作而进行协商很常见,只要没有正式签合同,就无须负责。

试分析:
(1)王某和A公司之间是什么关系?A公司的说法是否正确?
(2)假如王某要求赔偿损失,下列哪些费用应当由A公司负责赔偿?分析原因。
①100元的实地考察费用;
②3000元的寻找店址的费用;
③一个月的误工费;
④因此丧失其他机会所造成的损失。

任务三　识别合同的效力

活动内容:寻找典型案例,判定合同的效力。
活动一:分组寻找各种合同案例,讨论其合同效力。
活动二:基于上述分组,各组找出一个较为感兴趣的案例,组织模拟法庭对合同效力进行裁决。

 **知识基础**

一、合同的效力

(一)合同效力的概念

合同的效力,又称合同的法律效力,是指已经依法成立的合同在当事人各方以至第三人间产生的法律拘束力。使合同具有效力是当事人订立合同的最基本也是最重要的要求。合同生效是指已经成立的合同因符合法定的生效要件,从而产生法律效力,它意味着双方当事人通过合同欲实现的预期目标获得了法律的承认和保护,是国家干预的体现。

合同对当事人各方的约束力主要表现在:

(1)当事人必须按照合同条款履行义务;

(2)违约方须承担违约责任;

(3)当事人不得擅自变更、解除合同或擅自转移合同义务;

(4)当事人一方有权依法促使另一方或多方履行合同义务,如抗辩权、代位权、撤销权等。

(二)合同成立与生效

1. 合同成立与生效的联系

合同成立是合同生效的前提和基础,合同生效则是合同成立的理想结果。合同成立解决了合同从无到有的问题,而已经成立的合同并非都能够生效。

2. 合同成立与生效的区别

合同成立并不意味着合同生效,合同成立与合同生效是两个不同的法律概念。区分合同成立与合同生效有很大的实践意义,两者的区别主要表现在以下几方面:

(1)构成条件不同。

合同成立的重要条件是当事人对合同的主要条款协商一致,至于当事人意思表示是否真实,则在所不问,它着重强调合同的外在形式所表现。合同生效则要求已经成立的合同的主要条款符合法定的生效要件,即合同的主体、内容、形式等方面必须符合法律规定。

(2)法律意义不同。

合同成立与否基本上取决于当事人双方的意志,体现的是合同自由原则。合同成立的意义在于表明当事人双方已就特定的权利义务关系取得共识。合同能否生效则要取决于是否符合国家法律的要求,体现的是合同守法原则。合同生效的意义在于表明当事人的意志已与国家意志和社会利益实现了统一,合同内容有了法律的强制保障。

(3)作用的阶段不同。

合同成立表明当事人订立合同的过程已经完成,是一个法律事实;而合同生效则表明当事人之间的法律关系已经建立,当事人必须全面履行合同约定的义务,以实现当事人订立合同的目的。简单地说,合同的成立标志着合同订立阶段的结束;合同的生效则表明合同履行阶段即将开始,它是合同履行的前提,又是合同履行的依据。

(4)责任形式不同。

合同成立后,如有违反,当事人要承担的责任就是缔约过失责任,即在合同订立过程中,一方因违背其依据诚实信用原则所应尽的义务而致另一方的信赖利益受损失,应承担的民事责任。合同生效后,如有违反,当事人要承担的责任就是违约责任,即违反合同的民事责任,是指合同当事人因不履行合同义务或者履行合同义务不符合约定,而向对方承担的民事责任,包括继续履行、赔偿损失、支付违约金及适用定金罚则等。

(5)赔偿范围不同。

合同成立后,如有违反,当事人承担的赔偿范围只限于信赖利益损失。所谓的信赖利益损失主要是指一方实施某种行为后,足以使另一方对其产生信赖(如相信其会订立合同),并因此而支付了一定的费用,后因对方违反诚信原则使该费用不能得到补偿,仅限于直接损失,而不包括间接损失。合同的生效,则意味着合同具有法律效力,当事人不履行合同约定的义务,造成违约,给对方造成损失的,承担对方实际遭受的全部损失,不仅包括现有财产直接损失,而且包括可得利益损失。

(三)合同生效的条件

1. 行为人具有相应的订约能力

行为人具有相应的订约能力又叫合同主体合格原则,即作为合同主体的当事人必须具有独立订立合同并独立承担合同义务的主体资格。限制行为能力和无行为能力的公民只能订立与其年龄、智力或精神状况相适应的合同。法人及非法人团体,其相应的订约能力表现为法律或其章程规定的符合其设立宗旨的业务活动能力。

2. 意思表示真实

意思表示真实是指表意人的表示行为应当真实反映其内心的效果意思。合同本质上是当事人之间的一种合意,此种合意符合法律规定,依法产生法律拘束力。当事人的意思表示能否产生此种拘束力,取决于此种意思表示是否同行为人的真实意思相符合,即意思表示是否真实。

3. 不违反法律法规强制性规定和社会公共利益

这是针对合同的目的和内容而言的。合同内容违法是指合同违反法律中的强制性规范。如卖身契或买卖妇女、儿童的合同当然无效。同时,合同内容虽不违法但它的目的违法,如为偷税、逃税而签订的赠予合同,同样无效。

4. 具备法律所要求的形式

根据民法典第五百零二条规定,依法成立的合同,自成立时生效,但是法律另有规定或者当事人另有约定的除外。依照法律、行政法规的规定,合同应当办理批准等手续的,依照其规定,未办理批准等手续会影响合同生效。因此,有些合同需要具备特殊的要件才能生效。

思考4-7

成立了的合同的当事人一定要去承担合同中的义务吗?合同生效需要哪些要件?

二、无效合同

(一)无效合同的概念

无效合同是指欠缺有效要件,虽已成立,却不发生合同当事人追求的法律后果、不受国家法律保护的合同。如当事人订立的非法走私合同、未经批准订立的国有资产买卖合同就属无效合同。无效合同自始无效,绝对无效,当然无效。

(二)无效合同的种类

根据民法典对无效合同和民事法律行为的规定,无效合同的表现形式主要包括以下几种。

1. 无民事行为能力人实施的合同行为

无民事行为能力是指完全不具有以自己的行为从事民事活动以取得民事权利和承担民事义务的资格,法律不赋予民事行为能力,所以无民事行为能力人实施的合同行为无效。我国法律规定,不满八周岁的未成年人或不能辨认自己行为的精神病人是无民事行为能力人。

2. 恶意串通,损害他人合法权益

这类无效合同的多方当事人主观上具有恶意,客观上存在串通行为,合同履行的结果会损害国家、集体或第三人利益。

3. 当事人合意以虚假的意思表示签订的合同

这类无效合同的当事人通过实施合法的行为来掩盖其非法的目的。如当事人签订阴阳合同,以假合同逃避税款,或通过虚假的买卖行为达到隐匿财产、逃避债务等目的,该类合同为无效合同。

4. 违反公序良俗,损害社会公共利益

社会公共利益包括我国社会生活的基础、环境、秩序、目标和道德准则及良好的风俗习惯等。违反社会公序良俗和社会公共利益的合同无效,这已经成为世界各国立法的普遍原则。如采用欺诈、胁迫或串通等手段订立合同,损害国家和社会利益,该类合同无效。

5. 违反法律、行政法规的强制性规定

民法典第一百五十三条规定:"违反法律、行政法规的强制性规定的民事法律行为无效。但是,该强制性规定不导致该民事法律行为无效的除外。"

(三)无效合同的法律后果

无效合同自始没有法律约束力。合同一旦被确认为无效,当事人无须履行,也不应再履行合同规定的义务。合同当事人在合同被确认为无效前已经履行或部分履行的,对已交付对方的财产有权请求返还,已接受该财产的当事人则有返还该财产的义务;如果财产不能返还或者没有必要返还,应当折价补偿。合同被确认为无效以后,有过错的一方给对方造成损失的,应承担损害赔偿责任;当事人恶意串通,损害国家、集体或者第三人利益的,因此而取得的财产收归国家所有或者返还集体、第三人。

案例分析4—3

某日,某房产开发公司借用张某等个人名义与某银行信贷部签订了"按揭"合同。该银行也猜到张某等人办理的住房抵押贷款是为该房产开发公司获取借款以开发房产,因此,对借款人的借款用途、偿还能力、还款方式等情况未进行严格审查就发放了贷款。后因还款发生了纠纷,该银行将张某等人以及该房产开发公司告上了法庭,要求解除贷款合同。

试分析:该房产开发公司借用张某等人的名义与该银行信贷部签订的合同有效吗?

知识扩展　关于无效合同的法律规定

《最高人民法院关于适用〈中华人民共和国合同法〉若干问题的解释（一）》（简称《合同法解释（一）》）第十条：当事人超越经营范围订立合同，人民法院不因此认定合同无效；但违反国家限制经营、特许经营以及法律、行政法规禁止经营规定的除外。

《最高人民法院关于审理商品房买卖合同纠纷案件适用法律若干问题的解释》第十条：买受人以出卖人与第三人恶意串通，另行订立商品房买卖合同并将房屋交付使用，导致其无法取得房屋为由，请求确认出卖人与第三人订立的商品房买卖合同无效的，应予支持。

三、可撤销合同

（一）可撤销合同的概念

可撤销合同是指，因意思表示有瑕疵，当事人一方可以向人民法院或者仲裁机构请求行使撤销权使已经生效的合同变更或归于无效。它有以下特征：

(1)可撤销合同在被撤销之前是有效合同。可撤销合同一旦被撤销，自成立时无效，又称为相对无效的合同。

(2)可撤销合同一般是意思表示不真实的合同。所谓意思表示不真实，是指当事人的意思表示没有真实地反映其内在的目的和愿望，违背了合同自由的基本原则。

(3)可撤销合同的撤销，需要当事人主动行使撤销权来实现。一般情况下，撤销权自撤销权人知道或应当知道撤销事由之日起一年内不行使的，撤销权归于消灭；重大误解自撤销权人知道或应当知道撤销事由之日起九十日内不行使的，撤销权归于消灭；当事人自合同成立生效之日起五年内没有行使撤销权的，撤销权消灭。撤销权人可明确表示或以行为表示放弃撤销权。撤销权消灭或放弃后，不能再恢复。

(4)对于可撤销合同，当事人可选择行使撤销权，也可选择请求变更合同内容。变更权与撤销权是有区别的。撤销权的行使旨在使合同归于消灭；变更权的行使，其目的不是让合同归于消灭，而是变更合同条款内容。当事人请求变更的，人民法院或者仲裁机构不得主动撤销合同。

（二）可撤销合同的种类

1. 因重大误解订立的合同

重大误解是指行为人在订立合同时，因对行为的性质，对方当事人，标的物的品种、质量、规格或数量等发生错误认识，使行为的后果与自己的意思相悖。其后果是使其利益受到重大损失或者达不到其订立合同的目的。其构成要件是：

(1)必须是表意人因为非故意的误解做出了意思表示。表意人不是因为另有意图或目的而做出的意思表示，而是因为缺乏必要的知识、技能、信息或交易经验而领会错误。

(2)必须是对合同的内容等发生了错误认知。订立合同时存在动机误解不属于因重大误解订立合同。

(3)误解是由误解方自己的过失造成的，而不是由他人的欺骗或不正当影响造成的。

(4) 误解直接影响到当事人所应享受的权利和承担的义务。如果不直接影响当事人的权利享有和义务承担的话,行使撤销权没有法律意义。

(5) 误解必须具有严重性,即给受损失的当事人造成了较大的损失。

2. 显失公平订立的合同

显失公平的合同是指一方利用对方处于危困状态、缺乏判断能力的情况,或者一方当事人利用自己的优势或者在另一方紧迫、轻率、缺乏经验的情况下订立,使双方当事人之间的权利、义务严重不对等,明显违背公平原则的合同。

3. 欺诈、胁迫订立的合同

一方以欺诈、胁迫的手段,使对方在违背真实意思的情况下订立的合同,若损害国家利益,为无效合同;若损害的利益是国家利益之外的集体利益或者个人利益,纳入可撤销合同的范畴。

4. 乘人之危订立的合同

乘人之危订立的合同是指一方当事人利用他人的危难处境或紧迫需要,强迫对方接受某种明显不公平的条件,在违背他人真实意愿的情况下订立的合同。

(三)法律后果

享有撤销权的合同当事人一旦行使了撤销权,经法院或仲裁机构判决或裁决,合同被撤销,合同自始无效。被履行了的,恢复原状、返还原物、折价补偿,有过错的一方致他方损失的,应予赔偿。合同被变更后,原合同之债消灭,产生新合同之债。但合同的变更只对合同未履行的部分有效,不对合同已经履行的内容发生效力,且不影响当事人请求损害赔偿的权利。

案例分析4-4

甲汽车销售公司与乙汽车制造公司签订了一份轿车买卖合同。由于甲公司的业务员丙对汽车型号不太熟悉,在签订合同时,将甲公司原先想买的B型号轿车写成了A型号轿车。虽然乙公司提供的轿车不是甲公司原想购买的B型号轿车,但A型号轿车销量也不错,甲公司便按照合同约定提货并支付了货款。

试分析:如何认定此次买卖行为?如果甲又反悔,可以退回轿车、要回货款吗?

四、效力待定合同

(一)效力待定合同的概念

效力待定合同是指合同虽已成立,但因其不完全符合有关合同生效要件的规定,须经有权人的追认才能发生当事人预期的法律效力。有权人在一定期间内不予追认的,合同归于无效。

(二)效力待定合同的种类

1. 限制民事行为能力人订立的合同

限制民事行为能力人订立的纯获利益的合同(如赠予合同),或者与年龄、智力、精神健康状况相适应的合同(如购买小额商品),如果符合法律的其他规定,自成立时生效。除此之外,合同是否有效取决于法定代理人是否追认。同时,相对人可以催告法定代理人在一定期限内予以追认。法定代理人未做表示的,视为拒绝追认,合同自始无效。

2. 无权代理订立的合同

无权代理合同是指无代理权的人代理他人实施民事行为所订立的合同。主要表现为无代理权人没有代理权、超越代理权或者代理权终止后仍以被代理人名义订立合同。无代理权人以被代理人的名义与相对人订立合同,非经被代理人追认,不对被代理人发生法律效力,除非构成表见代理。因此,在被代理人追认前,无代理权人代理订立的合同效力处于待定状态。同时,相对人可以催告被代理人在一定期限内予以追认。

3. 无处分权人处分他人的财产订立的合同

无处分权人订立的合同,是指行为人没有处分他人财产的权利而以自己的名义与相对人订立的处分他人财产的合同。无处分权人与相对人订立的处分他人财产的合同,在权利人追认或无处分权人订立合同后取得处分权之前,合同效力处于待定状态。行为人未取得处分权,权利人又不追认的,合同无效;但该无效不得对抗善意第三人。

(三)效力待定合同的补救和处理

效力待定合同虽然存在一定的不确定性,但这种不确定性可以加以确定。可通过对合同生效条件的瑕疵的修正使合同发生法律效力。我国合同法规定了以下几种补救措施:

(1)限制行为能力人订立的合同,经法定代理人追认后合同有效,对当事人具有法律约束力。

(2)无权代理合同,经被代理人追认,合同有效。

(3)无处分权人处分他人财产订立的合同,经权利人追认或无处分权人订立合同后取得处分权,合同有效。

可见,效力待定合同的补救措施包括两种:一是权利人行使追认权;二是无处分权人取得处分权。

案例分析4-5

个体户张某、王某二人于2019年10月1日从汽车交易中心购得一辆东风牌二手卡车,共同从事长途货物的运输业务,二人各出资人民币3万元。同年12月,张某驾驶这辆卡车外出联系业务时,遇到李某,李某表示愿意出资人民币8万元购买此车,张某随即将车卖给了李某,并办理了过户手续。事后,张某把卖车一事告知王某,王某未做表示。第二天,王某要求张某把卖车的钱分他一半,张某随即将4万元转给了王某。

试分析:张某把卖车一事告知王某,王某未做表示,此时张某与李某的买卖卡车的合同效力如何?第二天王某要求张某分一半车款给他,说明了什么?张某与李某之间的合同效力是否发生变化?

任务四 适当履行合同

> 活动内容:讨论合同履行情况,以及什么是圆满履行合同。
> 活动一:讨论履行合同的意义。
> 活动二:举办辩论赛,辩题为"能否提前履行合同?",开展辩论。

一、合同履行的概念、原则和规则

(一)合同履行的概念

合同的履行是指合同债务人按照合同的约定或法律的规定,全面、适当地完成合同义务,使债权人的债权得以实现。

(二)合同履行的原则

合同履行原则是指当事人在履行合同债务过程中所必须遵循的基本准则,这些基本准则分为两类:一是民法的基本原则,包括诚实信用原则、公平原则、平等原则等;二是专属于合同履行的原则,包括适当履行原则、协作履行原则、经济合理原则、情事变更原则等。

1. 适当履行原则

适当履行原则也叫全面履行原则或者正确履行原则,它是要求当事人按照合同规定的标的、数量、质量,由适当的主体在适当的履行期限、履行地点,以适当的履行方式,全面、正确地完成合同义务履行的原则。

2. 协作履行原则

协作履行原则是指当事人双方在履行合同的过程中互相帮助、密切配合,不仅要全面、适当履行自己合同的债务,而且应基于诚信原则协助对方当事人履行债务,共同完成合同规定的全部义务。根据协作履行原则,当事人必须做到及时通知和相互协作。

3. 经济合理原则

合同的履行是一种市场交易行为,也要遵循市场经济规律所要求的经济合理原则,即在履行合同时应讲求经济效益,努力减少消耗,付出最小的成本取得最佳的合同利益。

4. 情势变更原则

所谓情势,是指合同成立后出现的不可预见的情况,即影响及于社会全体或局部之情势,并不考虑原来法律行为成立时为其基础或环境之情势。所谓变更,是指合同赖以成立的环境或基础发生异常变动。情势变更原则是指合同有效成立后,因不可归责于双方当事人的原因合同的基础发生动摇或者丧失,如果继续维持合同原有的效力则显失公平,因此根据诚实信用原则,当事人可请求法院或仲裁机构变更或解除合同。例如,甲与一果农签订了一份三年分期交货的水果买卖合同,结果第三年由于气候的原因造成合同中约定的水果大量减产,对应的水果市场价格暴涨,为签约时价格的近5倍,如果仍按原合同履行,卖方就将承受近30万元的损失,此时应根据情势变更原则修改合同,适当提高价格或者解除买卖合同。

(三)合同履行的规则

合同生效后,当事人就合同主要条款如质量、价款、报酬、履行地点等没有约定或约定不明确而影响合同的履行时,当事人可以协商一致订立补充协议;当事人不能通过协商一致订立补充协议的,可以依据合同中的有关条款或者直接依据交易习惯来确定如何履行合同;依照上述两个方法仍无法确定合同内容时,当事人应当依照民法典第五百一十一条的规定来履行合同:

(1)质量要求不明确的,按照强制性国家标准履行;没有强制性国家标准的,按照推荐性国家标准履行;没有推荐性国家标准的,按照行业标准履行;没有国家标准、行业标准的,按照通常标准或者符合合同目的的特定标准履行。

(2)价款或者报酬不明确的,按照订立合同时履行地的市场价格履行;依法应当执行政府定价或者政府指导价的,依照规定履行。

(3)履行地点不明确,给付货币的,在接受货币一方所在地履行;交付不动产的,在不动产所在地履行;其他标的,在履行义务一方所在地履行。

(4)履行期限不明确的,债务人可以随时履行,债权人也可以随时请求履行,但是应当给对方必要的准备时间。

(5)履行方式不明确的,按照有利于实现合同目的的方式履行。

(6)履行费用的负担不明确的,由履行义务一方负担;因债权人原因增加的履行费用,由债权人负担。

思考4-8

如何处理约定不明确的合同内容?

二、双务合同履行中的抗辩权

抗辩权又称异议权,是指双务合同的一方当事人在法定条件下对抗另一方当事人的请求权,拒绝履行债务的权利。这是一项行之有效的保障双务合同债务履行的法律制度,它的作用在于对抗、反对、阻止他人行使权利,但他人的权利并不因此而消灭。

(一)同时履行抗辩权

1. 同时履行抗辩权的概念

同时履行抗辩权是指在没有规定履行的先后顺序的双务合同中,一方在对方履行之前或者履行债务不符合合同约定时,有权拒绝其相应的履行要求。同时履行抗辩权是由双务合同的关联性(牵连性)所决定的,在性质上属于停止的(权利义务处于暂停状态)或延期的抗辩权,而不是否定的或永久的抗辩权。

2. 同时履行抗辩权的适用条件

(1)在同一双务有偿合同中互负对待给付义务。双方当事人之间的债务是根据一个合同产生的,而且双方所负债务之间具有对价关系。

(2)在合同中没有约定履行顺序,双方互负的债务同时届清偿期。设置同时履行抗辩权制度的目的在于使合同双方当事人的债务同时履行,权利同时实现。如果依合同的性质或者当事人的约定,一方当事人先履行其债务,另一方当事人所负的债务尚未到期,有先履行义务的一方当事人不具有主张同时履行的抗辩权。

(3)对方当事人未履行债务或者未按照约定正确履行债务。债权人向债务人请求履行债务时,债权人自己负有的与对方债务有牵连关系的债务未履行,债务人可以因此主张同时履行抗辩权,拒绝履行自己的债务。

(4)对方的对价给付是可能履行的。同时履行是以能够履行作为前提条件的,如果对方当事人所负的债务已丧失了履行的可能性,只能适用债务不能履行的规定请求补救,而不发生同时履行抗辩权。

3. 同时履行抗辩权的效力

同时履行抗辩权的效力在于使一方当事人在对方未及时履行义务时,可以暂时也不履行自己的义务,但这只是暂时地阻止了对方当事人请求权的行使,而不是永久地终止了合同。当对方当事人完全履行了合同义务时,同时履行抗辩权即告消灭,当事人应当履行自己的义务,否则就要承担违约责任。

(二)先履行抗辩权

1. 先履行抗辩权的概念

先履行抗辩权是指当事人互负债务,有先后履行顺序,先履行一方未履行义务或者履行义务不符合债的本旨,后履行的一方当事人就有权拒绝应当先履行一方对自己的履行请求或者拒绝其相应的履行请求。

2. 先履行抗辩权的适用条件

(1)当事人基于同一双务合同,互负债务。

(2)当事人的履行有先后顺序。如果无先后顺序之分,则适用同时履行抗辩权。

(3)先履行一方未履行或其履行不符合约定。"未履行"即先履行一方在履行期限届满时没有履行的现象。"履行不符合约定"是指履行债务有瑕疵,即交付的标的物有瑕疵,包括交付的标的物全部有瑕疵和部分有瑕疵两种情况。

3. 先履行抗辩权的效力

先履行抗辩权不是永久性的,它只是暂时保护后履行一方不被先履行一方要求其履行合同义务,以保护后履行一方的期限利益、顺序利益。在先履行一方当事人履行了合同的义务时,先履行抗辩权消灭,后履行一方当事人应当履行其债务,否则就要承担违约责任。

(三)不安抗辩权

1. 不安抗辩权的概念

不安抗辩权是指当事人互负债务,有先后履行顺序,先履行的一方有确切的证据证明另一方丧失了履行合同的能力,在对方没有履行或者没有提供担保之前,有中止履行合同的权利。不安抗辩权是一种自助权,行使不安抗辩权必须有确切证据证明对方有下列情况之一:

(1)经营状况严重恶化;

(2)转移财产、抽逃资金以逃避债务;

(3)丧失商业信誉；

(4)有丧失或者可能丧失履行债务能力的其他情形。

2. 不安抗辩权的适用条件

(1)基于同一双务合同并且当事人有先后履行顺序。不安抗辩权只能发生在异时履行的、互负债务的双务合同中，而且双方当事人互负具有对价关系的债务。

(2)后履行义务人的债务尚未届至履行期限。如果后履行义务人的债务已届至履行期限，而种种情况表明其不愿或不能履行合同，先履行义务人可追究其违约责任，而不是行使不安抗辩权。

(3)先履行方有确切证据证明后履行义务人的履行能力明显降低，有丧失或者可能丧失履行债务能力的现实危险。

(4)后履行义务人未提供适当担保。

3. 不安抗辩权的效力

(1)中止履行合同，即先履行义务人停止或延期履行合同。先履行义务人行使不安抗辩权中止履行合同时应当及时通知对方，以免给对方造成损害，也便于对方提供担保使合同继续履行，如果对方提供了相应的担保，"不安"的因素已经消除，应当履行合同。

(2)解除合同。中止履行合同后，如果对方在合理的时间内未能恢复履行合同的能力，且未能提供担保，中止履行合同的一方可以解除合同。

案例分析4-6

某建筑工程有限责任公司（原告）与某房地产开发有限公司（被告）于2019年4月1日签订了某建设工程施工承包合同，约定被告将该建设工程发包给原告承建，合同对开工、竣工时间、履约金及支付时间进行了约定，并约定：被告向原告提供施工图3套，施工场地"三通一平"（水、电、路通，场地平）具备施工条件后，乙方才进场施工。合同签订后，双方于2019年7月21日签订了关于该建设工程施工承包合同的补充协议，将开工时间延后到2019年9月9日，将履约保证金的金额和给付时间进行了变更，即原告需在2020年12月31日前向被告分批次缴纳履约保证金共计200万元。原告自2019年6月24日至2019年12月26日分11次向被告给付履约保证金78万元。之后，因被告一直未将拆迁工作开展完成，施工证也未办理，施工场地"三通一平"等施工条件也未达到，原告无法进场施工，遂拒绝继续支付履约保证金。被告于2020年1月21日向原告发出关于解除该建设工程施工承包合同及相关补充协议的通知，要求解除双方签订的合同及补充协议。原告随后于2020年7月12日向被告发出关于催收保证金款的函，要求被告返还原告缴纳的履约保证金，被告拒不退还原告缴纳的履约保证金78万元。

试分析：原告给付被告履约保证金78万元后，拒绝继续支付履约保证金的行为是否合法？为什么？

三、合同的保全

合同保全是指法律为防止因债务人财产的不当减少债权人债权的实现受到危害而设置的

保全债务人对债权人的责任的法律制度,具体包括债权人代位权制度和债权人撤销权制度。根据债的相对性和合同相对性的原则,合同之债主要在合同当事人之间产生法律效力。合同保全是合同相对性原则的例外,是债的对外效力的体现。

(一)代位权

1. 代位权的概念

代位权也称债权人代位权,是指当债务人怠于行使其对第三人的权利而危及债权人的债权时,债权人为保全自己的债权,可以以自己的名义代位行使债务人的权利。

债务人是否行使其对第三人的权利,本应依债务人的自由意思,债权人不得随意干预,但是债务人的财产在法律上又属于保障债权实现的责任财产,为了避免债务人不当处置其财产、危及债权的实现,平衡债权人与债务人的利益,以及平衡债务人的意思自由与市场交易安全,法律上创设了代位权制度。

2. 代位权的行使条件

根据民法典第三编"合同"及《合同法解释(一)》的规定,债权人提起代位权诉讼,应当符合下列条件:

(1)债权人对债务人的债权合法。

(2)债务人怠于行使其到期债权,对债权人造成损害。债务人的懈怠行为必须是债务人不以诉讼方式或者仲裁方式向次债务人主张其享有的具有金钱给付内容的到期债权。

(3)债务人的债权已到期。当然,除了债务人的债权要到期以外,债权人的债权也应到期。代位权的行使条件中虽然没有明确债权人的债权是否需要到期,但是根据《合同法解释(一)》的规定,债权人在主张代位权时,其债权应已经到期。

(4)债务人的债权不是专属于债务人自身的债权。所谓专属于债务人自身的债权,是指基于扶养关系、抚养关系、赡养关系、继承关系产生的给付请求权和劳动报酬、退休金、养老金、抚恤金、安置费、人寿保险、人身伤害赔偿请求权等权利。

3. 代位权的行使

债权人行使代位权时应注意以下问题:

(1)债权人必须以自己的名义行使代位权。

(2)代位权应当通过诉讼形式行使。

(3)代位权行使的范围应当以债权人的债权为限。

(4)次债务人对债务人的抗辩权可以向债权人主张。

4. 代位权行使的效力

(1)对债权人的效力。提起代位权诉讼的债权人有优先受偿的权利,可以直接接受次债务人的履行行为,受领通过代位权诉讼所取得的财产。行使代位权的必要费用,由债务人负担,可以从实现的债权中优先支付。

(2)对债务人的效力。在代位权行使过程中,债务人处分其被债权人代位行使的权利受到限制,不允许债务人抛弃、免除或让与其权利,否则代位权制度就会失去意义。债权人虽然行使的是债务人的权利,但不是以债务人的名义而行使的,而是以自己的名义行使的,如果债务人未参加代位权诉讼,判决的效力就只及于诉讼当事人,即债权人与次债务人。如果债务人对裁判有异议,仍然可以另行起诉。

(3) 对次债务人的效力。对次债务人来说,债权是由债务人行使,还是由债务人的债权人来行使,并不会导致其法律地位和经济利益发生任何变化,因此,债权人行使代位权时,次债务人对于债务人所享有的一切抗辩权可以用来对抗债权人。

5. 代位权诉讼中的主体及管辖

根据《合同法解释(一)》,在代位权诉讼中,债权人是原告,次债务人是被告,债务人为诉讼上的第三人,因此,在代位权诉讼中,如果债权人胜诉,由次债务人承担诉讼费用,且从实现的债权中优先支付。其他必要费用则由债务人承担。代位权诉讼由被告住所地人民法院管辖。

案例分析4—7

王某欠李某50万元。某日,王某不幸被车撞伤了,车主逃逸,幸好王某参加了意外险,住院及医疗费用由保险公司承担。得知此事,李某将保险公司起诉到法院,要求保险公司将赔偿给王某的费用清偿给自己,因为李某认为自己可以行使代位权。

试分析:法院能否支持李某行使代位权?

(二)撤销权

1. 撤销权的概念

撤销权是指,债务人放弃对第三人的到期债权,无偿转让财产或者以明显不合理的低价转让财产,严重损害了债权人的利益,债权人可以请求人民法院撤销债务人所实施的行为的权利。

撤销权是一种法定权利,不需要当事人进行约定,但撤销权是附随于债权的权利,债权转让时它当然随之转让,债权消灭时它也归于消灭。

2. 撤销权的成立条件

(1)债权人的债权必须合法、有效。这是债权人行使撤销权的前提条件。如果债权并不存在、应予撤销或被宣告无效,则撤销权也就无所依附。

(2)债务人实施了一定的处分财产的行为。债权人行使撤销权的目的在于撤销债务人的行为效力,债务人的行为须以财产为标的。

(3)债务人的行为有害于债权。有害于债权是指债务人不当减少其责任财产致使债权人的债权将得不到清偿。

(4)债务人与第三人进行的有偿转让行为都具有恶意。

(5)债权人行使撤销权应以其债权为限。

3. 撤销权的行使和效力

撤销权行使时,必须由债权人以自己的名义通过诉讼方式请求人民法院撤销债务人不当处分财产的行为。债务人不当处分财产的行为被撤销后,该行为视为自始不存在。相对人和受益人占有或受益财产的,应返还从债务人处获得的财产和收益;如果原物不能返还则应折价赔偿。债权人因行使撤销权而发生的费用,由债务人承担。撤销权行使的期限为自债权人知道或应当知道撤销事由之日起1年内;自债务人行为发生之日起5年内债权人没有行使撤销权的,该撤销权消灭。

思考4-9

行使合同保全中的撤销权是否要求债务已到期？

任务五　进行合同担保

> 活动内容：调查各担保公司的担保业绩，明确担保的内容和担保责任，了解如何解决纠纷。
> 活动一：学生走向社会进行调查，调查对象为担保公司或其他公司。
> 活动二：拟订单独的担保合同，相互进行评论和指正。

一、合同担保的基本理论

（一）担保方式

担保是指法律规定或者当事人约定的以保证合同履行、保障债权人利益实现的法律措施。担保具有从属性与补充性特征。

合同的担保方式一般有五种，即保证、抵押、质押、留置和定金。其中，保证、抵押、质押和定金，都是依据当事人的合同而设立的，称为约定担保。留置则是直接依据法律的规定而设立的，无须当事人之间特别约定，称为法定担保。保证是以保证人的财产和信用为担保的基础，属于人的担保。抵押、质押、留置是以一定的财产为担保的基础，属于物的担保。定金是以一定的金钱为担保的基础，称为金钱担保。

为了换取担保人提供保证、抵押或质押等担保方式，可以由债务人或第三人向该担保人提供担保。这种由债务人或第三人向该担保人提供的担保，相对于原担保而言被称为反担保。并非上文提及的五种担保方式都可作为反担保方式。根据《最高人民法院关于适用〈中华人民共和国担保法〉若干问题的解释》（简称《担保法解释》）的规定，反担保方式可以是债务人提供的抵押或者质押，也可以是其他人提供的保证、抵押或者质押。留置和定金不能作为反担保方式。在债务人自己向原担保人提供反担保的场合，保证也不得作为反担保方式。

（二）担保合同的无效

1. 担保无效的情形

担保合同必须合法方才有效。根据有关法律和司法解释规定，下列担保合同无效：

（1）国家机关和以公益为目的的事业单位、社会团体违法提供担保的，担保合同无效。

（2）董事、高级管理人员违反公司法第一百四十八条的规定，即违反公司章程的规定，未经股东会、股东大会或者董事会同意,以公司财产为他人提供担保的,担保合同无效。

(3)以法律、法规禁止流通的财产或者不可转让的财产设定担保的,担保合同无效。

2. 担保合同无效的法律责任

担保合同被确认无效时,债务人、担保人、债权人有过错的,应当根据其过错各自承担相应的民事责任,即承担规定的缔约过失责任。根据《担保法解释》的规定,"相应的民事责任"具体区分为:

(1)主合同有效而担保合同无效,债权人无过错的,担保人与债务人对主合同债权人的经济损失承担连带赔偿责任;债权人、担保人有过错的,担保人承担民事责任的部分,不应超过债务人不能清偿部分的1/2。

(2)主合同无效而导致担保合同无效,担保人无过错则不承担民事责任;担保人有过错的,承担的民事责任不应超过债务人不能清偿部分的1/3。

(3)担保人因无效担保合同向债权人承担赔偿责任后,可以向债务人追偿,或者在承担赔偿责任的范围内,要求有过错的反担保人承担赔偿责任。

为了保证债权人的利益,主合同解除后,担保人对债务人应当承担的民事责任仍应承担担保责任,除非担保合同另有约定。另外,如果法人或者其他组织的法定代表人、负责人超越权限订立担保合同,除相对人知道或者应当知道其超越权限的以外,该代表行为有效。

思考4-10

担保合同的作用是什么?

案例分析4-8

某股份有限公司总经理(同时身为股东)李某以个人身份向甲银行借款100万元,并以公司名义担保,但该担保未经公司股东会决议。后因李某未按期偿还借款,甲银行持盖有该股份有限公司公章的担保合同及借款合同向法院起诉,要求李某偿还借款100万元,该股份有限公司承担担保责任。

试分析:担保合同是否有效?为什么?

二、保证

(一)保证与保证合同

1. 保证的概念

保证是指第三人和债权人约定,当债务人不履行其债务时,该第三人按照约定履行债务或者承担责任的担保方式。"第三人"被称作保证人;"债权人"既是主债的债权人,也是保证合同中的债权人。保证是保证人与债权人之间的合同关系。保证的方式有两种,即一般保证和连带责任保证。

2. 保证合同

保证合同是指保证人与债权人订立的在主债务人不履行其债务时,由保证人承担保证债务的协议。保证合同中,只有保证人承担债务,债权人不负对待给付义务,故保证合同为单务合同。保证合同中,保证人对债权人承担保证债务,债权人对此不提供相应对价,故保证合同为无偿合同。实践中债务人往往为此支付保证人一定的金钱,但这不影响保证合同无偿性的特征,因为保证合同的当事人为债权人与保证人,而非债务人与保证人。保证合同因保证人和债权人协商一致而成立,不需另行交付标的物,故为诺成合同。《中华人民共和国担保法》(简称担保法)第十三条规定,保证合同必须采用书面形式,故保证合同为要式合同。

保证合同为从合同。主合同有效、成立或将要成立,保证合同才发生效力。主合同无效,保证合同无效;但保证合同无效,并不必然导致主合同无效。

保证合同为要式合同,但在实践中要注意下列问题:

(1)保证人在债权人与被保证人签订的有保证条款的主合同上,以保证人身份签字或者盖章的,保证合同成立。

(2)第三人单方以书面形式向债权人出具担保书,债权人接受且未提出异议的,保证合同成立。

(3)主合同中虽然没有保证条款,但是,保证人在主合同上以保证人的身份签字或者盖章的,保证合同成立。

(二)保证人

保证合同当事人为保证人和债权人。债权人可以是一切享有债权之人,自然人、法人抑或其他组织均可。自然人、法人或者其他组织均可以为保证人,保证人也可以为两人及以上。法律对保证人有相应的限制,这些限制主要有:

(1)主债务人不得同时为保证人。如果主债务人同时为保证人,这意味着其责任财产未增加,保证的目的落空。

(2)国家机关原则上不得为保证人,但经国务院批准为使用外国政府或者国际经济组织贷款进行转贷的,国家机关可以为保证人。

(3)学校、医院等以公益为目的的事业单位、社会团体不得担任保证人;但从事经营活动的事业单位、社会团体,可以担任保证人。

(4)企业法人的职能部门不得担任保证人。

(5)企业法人的分支机构原则上不得担任保证人;但企业法人的分支机构有法人书面授权的,可以在授权范围内提供保证。

(6)保证人必须有代为清偿债务的能力。根据《担保法解释》的规定,不具有完全代偿能力的主体,只要以保证人身份订立了保证合同,就应当承担保证责任。

(三)保证方式

1. 一般保证和连带责任保证

因为保证人承担责任的方式不同,可以将保证分为一般保证和连带责任保证。民法典第六百八十六条第一款规定:"保证的方式包括一般保证和连带责任保证。"所谓一般保证,是指当事人在保证合同中约定,债务人不能履行债务时,由保证人承担保证责任的保证。民法典第六百八十六条第二款规定:"当事人在保证合同中对保证方式没有约定或者约定不明确的,按照一般保证承担保证责任。"民法典第六百八十七条规定:"当事人在保证合同中约定,债务人不能履行债务时,由保证人承担保证责任的,为一般保证。"也就是说,没有明确约定为连带责任保证的,都为一般保证,只有明确约定为连带责任保证的才被认定为连带责任保证。民法典第六百八十八条规定:"当事人在保证合同中约定保证人和债务人对债务承担连带责任的,为连带责任保证。"所谓连带责任保证,是指债务人不履行到期债务或者发生当事人约定的情形时,债权人可以请求债务人履行债务,也可以请求保证人在其保证范围内承担保证责任。对债权人来说,保证人与债务人在清偿债权人的债权时无先后顺序,在保证范围内无份额划分。这两种保证之间最大的区别在于保证人是否享有先诉抗辩权。一般保证的保证人享有先诉抗辩权,连带责任保证的保证人则不享有。

所谓先诉抗辩权,是指在主合同纠纷未经审判或仲裁,并就债务人财产依法强制执行用于清偿债务前,对债权人可拒绝承担保证责任。

但是,有下列情形之一的,保证人不得行使先诉抗辩权:①债务人下落不明,且无财产可供执行;②人民法院已经受理债务人破产案件;③债权人有证据证明债务人的财产不足以履行全部债务或者丧失履行债务能力;④保证人以书面形式放弃先诉抗辩权。

一般保证的保证人在主债权履行期间届满后,向债权人提供了债务人可供执行财产的真实情况的,债权人放弃或怠于行使权利致使该财产不能被执行,保证人可以请求法院在其提供可供执行财产的实际价值范围内免除保证责任。

2. 单独保证和共同保证

在保证人的数量方面划分,保证可以分为单独保证和共同保证。单独保证是指只有一个保证人担保同一债权的保证。共同保证是指数个保证人担保同一债权的保证。共同保证既可以在数个共同保证人与债权人签订一个保证合同时成立,也可以在数个保证人与债权人签订数个保证合同但担保同一债权时成立。按照保证人是否约定各自承担的担保份额,可以将共同保证分为按份共同保证和连带共同保证。按份共同保证是保证人与债权人约定按份额对主债务承担保证义务的共同保证;连带共同保证是各保证人约定均对全部主债务承担保证义务或保证人与债权人之间没有约定所承担保证份额的共同保证。

民法典第六百九十九条规定:"同一债务有两个以上保证人的,保证人应当按照保证合同约定的保证份额,承担保证责任;没有约定保证份额的,债权人可以请求任何一个保证人在其保证范围内承担保证责任。"

在连带共同保证场合,债务人在主合同规定的债务履行期届满没有履行债务的,债权人可以要求债务人履行债务,也可以要求任何一个保证人承担全部保证责任。已经承担保证责任的保证人,有权向债务人追偿,或者要求承担连带责任的其他保证人清偿其应当承担的份额。

思考4—11

一般保证与连带责任保证有什么区别?连带共同保证与连带责任保证有什么区别?

(四)保证责任

1. 保证责任的范围

根据担保法的规定,保证担保的责任范围包括主债权及利息、违约金、损害赔偿金和实现债权的费用。保证合同对责任范围另有约定的,从其约定。当事人对保证担保的范围没有约定或者约定不明确的,保证人应当对全部债务承担责任。民法典第六百九十一条规定:"保证的范围包括主债权及其利息、违约金、损害赔偿金和实现债权的费用。当事人另有约定的,按照其约定。"

2. 主合同变更与保证责任承担

保证期间,债权人依法将主债权转让给第三人的,保证债权同时转让,保证人在原保证担保的范围内对受让人承担保证责任。但是,保证人与债权人事先约定仅对特定的债权人承担保证责任或者禁止债权转让的,保证人不再承担保证责任。

保证期间,债权人许可债务人转让债务的,应当取得保证人书面同意;保证人对未经其同意转让的债务部分,不再承担保证责任。

保证期间,债权人与债务人协议变更主合同的,应当取得保证人书面同意。未经保证人同意的主合同变更,如果减轻债务人的债务,保证人仍应当对变更后的合同承担保证责任;如果加重债务人的债务,保证人对加重的部分不承担保证责任。债权人与债务人对主合同履行期限做了变动,未经保证人书面同意的,保证期间为原合同约定的或者法律规定的期间。债权人与债务人协议变动主合同内容,但并未实际履行的,保证人仍应当承担保证责任。

主合同当事人双方协议以新贷偿还旧贷,除保证人知道或者应当知道者外,保证人不承担民事责任,但是新贷与旧贷系同一保证人保证的除外。

3. 保证期间与保证的诉讼时效

保证期间为保证责任的存续期间,是债权人向保证人行使追索权的期间。保证期间性质上属于除斥期间,不发生诉讼时效的中止、中断和延长。债权人没有在保证期间主张权利的,保证人免除保证责任。主张权利的方式在一般保证中表现为对债务人提起诉讼或者申请仲裁,在连带责任保证中表现为向保证人要求承担保证责任。

当事人可以在合同中约定保证期间。如果没有约定,保证期间为 6 个月。在连带责任保证的情况下,债权人有权自主债务履行期届满之日起 6 个月内要求保证人承担保证责任;在一般保证场合,债权人应自主债务履行期届满之日起 6 个月内对债务人提起诉讼或者申请仲裁。保证合同约定的保证期间早于或者等于主债务履行期限的,视为没有约定。保证合同约定保证人承担保证责任直至主债务本息还清时为止等类似内容的,视为约定不明,保证期间为主债务履行期届满之日起 2 年。如果主债务履行期限没有约定或者约定不明,保证期间自债权人要求债务人履行债务的宽限期届满之次日计算。在保证期间,债权人主张权利的,保证责任确定。连带保证,从确定保证责任时起,开始计算保证的诉讼时效。一般保证,则在对债务人提起诉讼或者申请仲裁的判决或者仲裁裁决生效之日起计算保证的诉讼时效。保证的诉讼时效期限,按照民法典的规定应为 3 年。

在一般保证场合,主债务诉讼时效中断,保证债务诉讼时效中断;在连带责任保证场合,主债务诉讼时效中断,保证债务诉讼时效不中断。在一般保证和连带责任保证场合,主债务诉讼时效中止的,保证债务的诉讼时效同时中止。

最高额保证合同对保证期间没有约定或者约定不明的,如合同中已约定保证人清偿债务期限的,保证期间为清偿期限届满之日起 6 个月;没有约定的,保证期间为自最高额保证终止之日或自债权人收到保证人终止保证合同的书面通知之日起 6 个月。保证人对于通知到达债权人前所发生的债权,承担保证责任。

保证责任消灭后,债权人书面通知保证人要求承担保证责任或者清偿债务,保证人在催款通知书上签字的,人民法院不得认定保证人继续承担保证责任。但是,该催款通知书内容符合有关担保合同成立的规定,并经保证人签字认可,能够认定成立新的保证合同的,人民法院应当认定保证人按照新保证合同承担责任。

4.保证人的抗辩权

因为保证人承担了对债务人的保证责任,所以保证人享有债务人的抗辩权。抗辩权是指债权人行使债权时,债务人根据法定事由对抗债权人行使请求权的权利。如债务人放弃对债务的抗辩权,保证人仍有权抗辩,因其保证责任并未免除。据此,不仅保证人有权参加债权人对债务人的诉讼,在债务人对债权人提起诉讼、债权人提起反诉时,保证人也可以作为第三人参加诉讼。

保证人对已经超过诉讼时效期间的债务承担保证责任或者提供保证的,不得又以超过诉讼时效为由提出抗辩。

5.共同担保下的保证责任

在同一债权上既有保证又有物的担保的,属于共同担保。

《中华人民共和国物权法》规定,被担保的债权既有物的担保又有人的担保的,债务人不履行到期债务或者发生当事人约定的实现担保物权的情形,债权人应当按照约定实现债权;没有约定或者约定不明确,债务人自己提供物的担保的,债权人应当先就该物的担保实现债权;第三人提供物的担保的,债权人可以就物的担保实现债权,也可以要求保证人承担保证责任。提供担保的第三人承担担保责任后,有权向债务人追偿。

基于这条规定,物的担保和保证并存时,如果债务人不履行债务,则根据下列规则确定当事人的担保责任承担:

(1)根据当事人的约定确定承担责任的顺序。

(2)没有约定或者约定不明的,如果保证与债务人提供的物的担保并存,则债权人先就债务人的物的担保求偿。保证在物的担保不足清偿时承担补充清偿责任。

(3)没有约定或者约定不明的,如果保证与第三人提供的物的担保并存,则债权人既可以就物的担保实现债权,也可以要求保证人承担保证责任。根据这条规则,第三人提供物的担保的,保证与物的担保居于同一清偿顺序,债权人既可以要求保证人承担保证责任,也可以对担保物行使担保物权。

(4)没有约定或者约定不明的,如果保证与第三人提供的物的担保并存,其中一个担保人承担了担保责任,则只能向债务人追偿,不能向另外一个担保人追偿。

6.保证人不承担责任的情形

担保法规定,有下列情形之一的,保证人不承担民事责任:①主合同当事人双方串通,骗取保证人保证;②主合同债权人采取欺诈、胁迫等手段,使保证人在违背真实意思的情况下提供保证;③主合同债务人采取欺诈、胁迫等手段,使保证人在违背真实意思的情况下提供保证,债权人知道或者应当知道欺诈、胁迫事实的。

债务人与保证人共同欺骗债权人,订立主合同和保证合同的,债权人可以请求人民法院予以撤销,因此给债权人造成损失的,由保证人与债务人承担连带赔偿责任。

(五)保证人的追偿权

保证人承担保证责任后,有权向债务人追偿其代为清偿的部分。保证人对债务人行使追偿权的诉讼时效,自保证人向债权人承担责任之日起计算。保证人自行履行保证责任时,其实际清偿额大于主债权范围的,保证人只能在主债权范围内对债务人行使追偿权。

保证期间,人民法院受理债务人破产案件的,债权人既可以向人民法院申报债权,也可以向保证人主张权利。债权人不申报债权的,应通知保证人。保证人在承担保证责任前,可以预先申报破产债权、行使追偿权(各连带共同保证的保证人应当作为一个主体申报债权),参加破产财产分配,以免发生保证人承担保证责任后,因债务人破产,财产已分配完毕,无法行使追偿权的情况。债权人知道或者应当知道债务人破产,既未申报债权也未通知保证人,致使保证人不能预先申报破产债权、行使追偿权的,保证人在该债权在破产程序中可能受偿的范围内免除保证责任。债权人要求保证人对其在破产程序中未受清偿部分承担保证责任的,应当在破产程序终结后6个月内提出。

案例分析4-9

雷某的一位朋友对他说,想向银行借20万租个娱乐场经营,苦于没有抵押物,又找不到保证人,银行不愿借,希望雷某做他的保证人,承诺将来有好处了共享。雷某就答应了他的朋友,在借款合同上签了字。其朋友借到钱后就玩失踪,再也见不到人了。后来还款期到了,银行向雷某催缴还款,雷某十分气愤,拒绝还款,说钱不是他借的,他只不过是保证人而已,银行没有理由找他还款。由于多次暴力抗拒,雷某被公安局拘留。

试分析:雷某是否有义务还款?为什么?如果雷某是一般保证人,他可不可以行使先诉抗辩权?

任务六　变更、转让和终止合同

活动内容:留意日常生活中的合同关系、交易关系的变更,借钱、还钱的主体变化,以及合同归为消灭的情况。

活动一:学生举例分析自己在日常生活中变更买卖内容的行为,以及有无转移还钱对象的情况。

活动二:讨论、交流。学生讨论债权转让与债务转移,分析哪个更容易处理,以及自己有无处理不当的情况,如有,又是如何处理的。

 知识基础

一、合同的变更

(一)合同变更的概念

合同变更有广义与狭义之分。广义的合同变更是指合同内容和主体的变更。狭义的合同变更是指有效成立的合同在尚未履行或未履行完毕之前,由于一定法律事实的出现,合同内容发生改变，如增加或减少标的物的数量、推迟原定履行期限、变更交付地点或方式等。

（二）合同变更的条件

1. 有效成立的合同关系存在

设置合同变更制度的目的在于改变正在发生法律效力的合同对当事人的拘束，没有原合同关系就没有改变的对象，无须变更。

2. 合同内容发生变化

合同的变更一般指狭义的合同变更，仅指合同内容的变更，因此，合同内容发生变化是合同变更不可或缺的条件。

3. 一定的法律事实发生

合同的变更须依当事人协商一致或依法律的直接规定及法院裁决，有时依形成权人的意思表示。

4. 遵守法律要求的方式

对合同的变更，法律要求采取一定方式的，须遵守此要求。如法律、行政法规规定变更合同应当办理批准、登记等手续，则依照其规定。

（三）合同变更的效力

合同的变更是以原合同关系的存在为前提的，变更合同的协议生效后，原合同效力终止。一般情况下，变更协议不溯及既往，但当事人另有约定的从其约定。当事人对变更合同的内容约定不明确的，推定为未变更，未变更的权利和义务继续有效，已经履行的债务不因合同的变更而失去法律根据。合同的变更不影响当事人要求赔偿损失的权利。何种类型的合同变更与损害赔偿并存应视具体情况而定。例如，基于情势变更原则而变更合同不存在损害赔偿；因重大误解而成立的合同予以变更时，在相对人遭受损失的情况下，误解人应赔偿相对人的损失。

二、合同的转让

（一）合同转让的概念

合同转让是指合同当事人一方依法将其合同的权利和义务全部或部分地转让给第三人。合同的转让不改变合同的内容，只是主体发生了变化。按照转让的权利、义务的不同，合同转让可分为合同权利的转让、合同义务的移转及债权债务的概括移转三种形态。

（二）合同权利的转让

1. 合同权利转让的概念和条件

合同权利转让是指合同债权人通过协议将其债权全部或部分地转让给第三人的行为。合同权利转让的主体是债权人和第三人，转让的对象是合同债权，既可以是全部转让，也可以是部分转让，但必须符合以下条件：

（1）存在有效的债权。有效合同权利的存在是合同债权让与的根本前提，以不存在或者无效的合同权利让与他人，或者以已经消灭的合同权利让与他人，都将因标的不存在或者标的不能而导致债权让与合同无效，让与人对受让人因此而产生的损失负赔偿责任。

（2）被让与的债权必须具有可让与性。合同法明确规定三类债权不得转让，即根据合同性质不得让与的债权、按照当事人约定不得转让的债权和依照法律规定不得转让的债权。

(3)让与人和受让人就债权的转让意思表示必须一致。一方当事人存在欺诈、胁迫等行为致使对方当事人陷于意思表示不自由而为债权让与或受让行为时,债权让与合同的效力将会受到影响。债权人转让债权时,受让人取得与债权有关的从权利,但该从权利专属于债权人的除外。债务人的抗辩权可以向让与人主张。

2. 债权转让的效力

债权转让的效力是指债权转让有效成立后在转让人、受让人、债务人之间会发生相应的法律后果。其中,转让人与受让人之间的效力称为债权转让的内部效力,表现为债权由转让人转移给受让人,转让人脱离原合同关系,受让人取代其成为新的债权人。同时,转让人对受让人承担此权利瑕疵担保义务,转移债权时依附于主债权的从属权利一并转移,但与人身不可分离的权利除外。

债权转让对债务人及第三人产生的效力称为债权转让的外部效力,表现为债权转让通知债务人后,债务人不得再向转让人即原债权人履行债务。债权转让之后,债务人在合同转让时已经享有的对抗原债权人的抗辩权并不因合同权利的转让而消灭,仍然可以对抗新债权人。债务人对转让人也享有已届清偿期债权的,债务人可以向受让人主张抵销。

(三)合同义务的移转

1. 合同义务移转的概念和条件

合同义务的移转是指在不改变合同内容的前提下,基于债权人、债务人与第三人之间达成的协议将债务全部或部分转移给第三人承担。合同义务移转必须符合以下条件:

(1)有效的债务存在。就本不存在的债务订立债务承担合同,不发生债务承担的效力。将来可发生的债务虽然理论上也可由第三人承担,但仅在该债务有效成立时,债务承担合同才能发生效力。

(2)被移转的债务必须具有可移转性。法律规定不得移转的债务不得由第三人承担。某些债务仅可由第三人代为履行(履行承担),而不得以债务承担合同移转于第三人。如性质上不可移转的债务、当事人特别约定不可移转的债务、强制性法律规范规定不得转让的债务都不具有可移转性。

(3)有以债务承担为内容的合同。债务承担合同以债务移转为其内容及目的,因而与履行承担不同,债务承担合同中必须具有明确的移转债务于第三人的内容。

(4)债务承担必须经债权人同意。为保护债权人的利益不受债务人与第三人之间债务转让合同的影响,合同法规定以债权人同意为债务转让合同生效的要件。

2. 债务转让的效力

债务转让会产生以下法律效力:一是第三人取得债务人的法律地位;二是原来债权债务的抗辩权随之转移,新债务人可以主张原债务人对债权人的抗辩权;三是从债务一并随之移转。

思考4-12

为什么债务的移转需要经过债权人的同意才能生效,而债权的转让不需要经过债务人的同意,只需要通知债务人即可生效?

(四)债权债务的概括移转

1. 债权债务概括移转的概念和类型

债权债务的概括移转是指当事人一方经对方同意,可以将自己在合同中的权利与义务一并转让给第三人。主要有以下两种情形:

(1)合同承受。合同承受又叫合同承担,是指一方当事人与他人订立合同后,依照其与第三人的约定,并经过对方当事人的同意,将合同上的权利、义务一并移转给第三人,由第三人承受自己在合同上的地位,享受权利并负担义务。

(2)企业的合并与分立。企业合并指两个或者两个以上企业合并为一个企业,分立则指一个企业分立为两个及两个以上企业。企业的合并与分立引起债权债务的概括移转。

2. 债权债务概括移转的效力

根据民法典第五百五十六条的规定,涉及合同权利转让的部分适用债权转让的有关规定,涉及合同义务移转的部分则适用债务承担的有关规定。债权转让和债务承担产生的法律效力,如从权利或从债务的一并移转、抗辩权的随之移转等,也同样适用于合同的概括移转。

三、合同的终止

(一)合同终止的概念

合同的终止是指发生法律规定或当事人约定的情况而使当事人之间的权利义务关系消灭,合同法律效力终止。合同的权利、义务终止后,当事人应当遵循诚实信用原则,根据交易习惯履行通知、协助、保密等后合同义务。

(二)合同终止的原因

1. 清偿

清偿是指债务人按照合同约定向债权人履行义务,实现债的目的的行为。清偿与履行的意义相同,清偿是按照合同约定全面正确地履行自己的债务,合同履行的结果就是清偿债务,实现债权。

2. 解除

合同解除是指合同有效成立后,在具备合同解除条件时,因当事人一方或双方的意思表示而使合同关系自始消灭或将来消灭的一种行为。合同解除分为约定解除和法定解除两种。法定解除是指在合同成立以后、没有履行或没有履行完毕以前,当事人一方行使法定的解除权而使合同效力消灭的行为。民法典第五百六十三条规定,有下列情形之一的,当事人可以解除合同:

(1)因不可抗力致使不能实现合同目的。因不可抗力导致合同解除,除须存在不可抗力外,还应当具备因不可抗力致使合同不能成立的要件。因不可抗力致使合同失去价值,合同当事人的目的落空,该合同应当予以解除。

(2)预期违约,即在履行期限届满之前,当事人一方明确表示或者以自己的行为表明不履行主要债务。拒绝履行作为合同解除的条件,一是要求债务人有过错,二是拒绝行为违法(无合法理由),三是有履行能力。对于债务人的拒绝履行,债权人不用对债务人履行催告程序,可径直解除合同。

（3）届期违约，即当事人一方迟延履行主要债务，经催告后在合理期限内仍未履行。迟延履行又称债务人迟延，是指债务人能够履行，但在履行期限届满时却未履行债务的行为。债务人迟延履行且经催告仍不履行的，另一方可以解除合同。

（4）当事人一方迟延履行债务或者有其他违约行为致使不能实现合同目的。当事人一方有违约行为并不必然导致另一方有解除权，只有一方违约致使不能实现合同目的的，另一方才享有解除权。

（5）法律规定的其他情形。除上述四种情形外，如果法律另有规定的，当事人可以根据法律规定单方解除合同。

合同解除后，尚未履行的，终止履行；已经履行的，根据情况和合同的性质，当事人可以要求恢复原状或采取其他补救措施，并有权要求赔偿损失。当事人一方行使解除权，或依照民法典第三编"合同"中的规定主张解除合同的，应当通知对方。合同自通知到达对方时解除。对方有异议的，可以请求人民法院或者仲裁机构确认解除合同的效力。当事人解除合同，法律、行政法规规定应当办理批准、登记等手续的，应依照其规定办理。

案例分析4—10

张某夫妇通过中介看中了位于天府新区华阳街道的一套建筑面积为88.34平方米，房屋价款为90.2万元的房屋。2016年8月21日，经中介公司安排，张某夫妇与该房屋房主李某签订了房屋买卖合同，买卖双方约定：买受人向出卖人支付定金5万元，由中介公司代收，剩余首付款21.2万元由买受人过户当天向出卖人支付，尾款64万元由张某夫妇约好的贷款银行一次性支付出卖人。张某夫妇于2016年9月20日通过银行转账的方式向李某支付了21.2万元，李某与张某夫妇约定10月8日办理过户手续。就在10月8日排队办手续过程中，李某听人群中有人说："我们家在天府新区华阳那套八十平方米的房子卖了一百万呢！"李某当即翻脸，拒绝办理过户手续，并分别于2016年10月14日、10月26日向张某夫妇邮寄了解除合同的通知书，同时以短信形式告知张某夫妇解除合同的要求，均未得到回复。李某认为自己已经通知到了张某夫妇，对方没有回复，就是默认此合同撤销。同时，李某还到银行以张某夫妇高评高贷、违规虚假操作为由阻止放贷。贷款银行经调查核实后认为，双方因房屋价格上涨存纠纷，放贷存在风险，故最终未予以放贷。张某夫妇认定李某行为违约，在2016年10月间，将李某告上法庭，要求其继续履行合同。

试分析：

(1) 李某通知张某夫妇解除合同的性质属于约定解除还是法定解除？为什么？

(2) 张某夫妇对于李某的解除合同通知未做反应，李某能否解除合同？为什么？

(3) 法院会不会支持张某夫妇要求李某继续履行合同的要求？

3. 抵销

抵销是指双方当事人互负到期债务时，各以其债权充当债务的清偿，而使其债务与对方的债务在对等额内相互消灭。抵销可分为合意抵销和法定抵销。合意抵销不受法律的限制，只要当事人意思表示一致即可发生法律效力；而法定抵销由法律规定其构成要件，依有抵销权的当事人单方意思表示即可发生效力。法定抵销当事人行使抵销权时，必须满足法定抵销的以下构成要件：

(1)双方互负债务,互享债权。抵销以在对等额内使双方债权消灭为目的,故以一方当事人对另一方当事人既负有债务,又享有债权,且双方债权债务关系合法存在为必要前提。

(2)当事人互负债务的标的物的种类、品质相同。在标的物种类、品质相同的情况下,一方的给付与对方的给付具有同质性,可以进行相互的清偿。

(3)双方债权必须均届清偿期。债权未到期而做抵销,无异于在清偿期届至前强制债务人履行债务,牺牲其期限利益,是与债的性质相悖的。当然,当事人自愿放弃期限利益而主张抵销的,应当允许。

(4)必须都是可抵销的债务。依债的性质、法律规定或当事人约定不能抵销的债权债务,不能相互抵销,因为根据给付的性质,这类债务如果允许抵销就不能达到合同的目的。如禁止强制执行的债务、因故意侵权行为而发生的债务、约定应向第三人给付的债务、非经清偿不能实现合同目的的债务等,都是法律规定或依其性质不可抵销的债务。

法定抵销使得双方互负债务按照抵销数额消灭,合同关系溯及抵销权发生之时消灭。

抵销通知自到达对方当事人时即发生法律效力,无须对方当事人同意,也不以诉讼上的裁判为必要条件。

思考4-13

法定抵销的构成要件有哪些?

4. 提存

提存是指债务人于债务已届履行期时,将因债权人的原因而无法给付的标的物提交给提存机关,以消灭合同债务的一项制度。提存并不是对债权人过错的处罚,而是通过提存的方式来终止合同关系以保护债务人在无法向债权人履行债务时摆脱合同的约束力。

提存的目的在于消灭合同权利义务关系,因此,只有存在合法原因才可提存。根据民法典第五百七十条的规定,有下列情形之一,难以履行债务的,债务人可以将标的物提存:

(1)债权人无正当理由拒绝受领。债权人无正当理由拒绝受领是指债权人应当接受债务人的给付,也有条件接受债务人的标的物,但拒不接受给付。债权人有拒绝受领的正当理由时,债务人不能提存。

(2)债权人下落不明。债权人下落不明包括债权人地址不清或不详,通过正常途径无法得知,或者失踪且无代管人。债权人下落不明使债务人无法履行,或者即使履行也达不到合同目的的,允许债务人提存,以保护其合法权益。如果债权人下落不明,但债务人仍可履行债务的,如债务人可向债权人的代理人或第三人履行,则不构成提存的原因。

(3)债权人死亡未确定继承人、遗产管理人,或者丧失民事行为能力未确定监护人。债权人死亡或者丧失民事行为能力,又未确定继承人或者监护人的情况下,债务人失去履行受领人,或者即使履行也达不到合同目的的,则可提存。

(4)法律规定的其他情形。如当事人在合同中约定以提存方式给付的,债务人也可提存。提存物原则上是债务人应给付标的物并应适于提存。如果标的物不适于提存或者提存费用过高,债务人依法可以拍卖或者变卖标的物,提取所得的价款。

债务人依法提存后,不论债权人是否到提存机关领取提存标的物,自提存之日起,债务人与债权人之间的债权债务因提存而消灭,债务人不再负清偿责任,提存物的所有权转归债权人。提存机关负有妥善保管提存物的义务,提存人可以凭法院的判决、裁定或者提存之债已经清偿的公证证明,取回提存物。债权人应在规定的期限内领取提存物,债权人领取提存物的权利,自提存之日起5年内不行使而消灭,提存物扣除提存费用后归国家所有。

思考4-14

提存后的货物遭受损害,责任由谁负?

5. 免除

免除是指债权人抛弃债权,从而全部或部分终止合同权利、义务的意思表示。债务免除是债权人的单方行为,债权人向债务人做出免除债务的意思表示就可发生免除的效力。当然,双方也可依合意免除债务。债务免除是无因无偿、不要式行为。

免除的效力是使合同关系依债权人免除的意思表示发生全部或部分消灭的后果,附属于主债权的从债权也随同消灭。

6. 混同

混同是指债权、债务同归一人致使债的关系消灭的事实。合同必须要有双方当事人的参加才能成立,债权与债务归并一人必然导致合同关系的消灭。混同的原因有两种:一是概括承受,这是主要原因,即一方当事人概括承受另一方的债权、债务,如企业合并使合并前的两个企业之间的债权债务关系因同归于一个企业而消灭;二是特定承受,即因债权让与或者债务承担而承受权利或义务,如债务人从债权人处受让债权,债权、债务就因同归于一人而发生混同。

任务七　了解违约责任

> 活动内容:找找生活中有哪些违约行为,思考有哪些弥补的方法。
> 活动一:角色扮演,众人评价。学生代表表演小品《借钱不还》,其余学生评价其中行为。
> 活动二:讨论、交流。学生举例分析生活中常见的违约行为,说说自己是如何维护权益的,同时探讨违约责任的承担,思考有什么方式可以增强合同双方当事人履行义务的责任心。

 知识基础

一、违约责任的概念和特征

(一)违约责任的概念

违约责任,又称违反合同的民事责任,是指合同的当事人因违反合同义务或者法律的规定所应承担的不利法律后果。违约责任制度作为保障债权实现及债务履行的重要措施,是指在债务人不履行债务时,国家强制债务人履行债务和承担法律责任,是合同具有法律约束力的集中体现。

(二)违约责任的法律特征

1. 违约责任是一种财产责任,是民事责任的一种形式

根据违反义务的不同性质,民事责任可分为违约责任和侵权责任。违约责任是一种具有经济内容的责任,合同一方当事人不履行或者不完全履行合同义务时,就应以以经济利益为内容的违约责任补救。

2. 违约责任具有相对性

违约责任具有相对性,是指违约责任只能在特定的当事人之间产生,不涉及合同关系以外的人。合同当事人不得为他人设定合同义务,他人当然没有违约的可能性,从而也就不存在负违约责任的问题。

3. 违约责任具有任意性

按照私法自治的基本原则,合同当事人可以在法律法规规定的范围内对一方的违约责任做出事先安排,如可事先约定违约责任的方式、违约金的数额幅度、损害赔偿的计算方法、免责条件等。但是,约定的违约责任不符合法律法规规定的,将被宣告无效或被撤销。

4. 违约责任是合同当事人不履行合同约定义务所产生的责任

这是违约责任不同于其他民事责任的重要特点。它包含两方面意思:一是违约责任的产生以合同义务的存在为前提;二是违约责任以合同当事人不履行义务为条件。有效合同约定的义务与法律规定的义务一样,合同当事人必须履行,否则就会产生违约责任。

5. 违约责任具有补偿性和制裁性的双重属性

法律确定违约责任的重要目的之一是弥补或补偿因违约方的违约行为所造成的损害后果,补偿受害人的损失,因此,违约责任具有补偿性,一般通过支付违约金、赔偿金和其他方式使受害人的实际损失得到全部补偿或部分补偿。同时,在合同当事人有过错时,违约责任还体现了对责任人的制裁性,一般通过支付相当于实际损失数额的赔偿金、高于或等于实际损失数额的违约金来体现,还可以通过强制实际履行同时支付违约金或赔偿金来体现。

二、违约形态

根据合同当事人违反义务的性质特点的不同可将违约行为区分为预期违约和届期违约两种。

(一)预期违约

预期违约是指在履行期限到来之前一方无正当理由而明确表示其在履行期到来后将不履行合同,或者其行为表明其在履行期到来以后将不可能履行合同。预期违约行为发生在合同依法成立以后、履行期到来之前,是未来不履行义务,而非现实地违反义务;侵害的是期待债权,而非现实的债权。民法典第三编"合同"第五百七十八条:"当事人一方明确表示或者以自己的行为表明不履行合同义务的,对方可以在履行期限届满前请求其承担违约责任。"根据该规定,预期违约分为明示的预期违约和默示的预期违约两种。明示与默示的区别在于违约的合同当事人是否通过意思表示明确表达自己不再履行合同的意愿。

(二)届期违约

届期违约是指合同履行期限届满后发生的违约,即在履行期限到来以后,当事人不履行或不完全履行合同义务的,将构成届期违约。民法典第三编"合同"第五百七十七条规定:"当事人一方不履行合同义务或者履行合同义务不符合约定的,应当承担继续履行、采取补救措施或者赔偿损失等违约责任。"根据该规定,届期违约可以分为不履行和不适当履行两类。

三、违约责任的构成要件

违约责任的构成要件是指合同当事人因违约必须承担法律责任的法定要素,可分为一般构成要件和特殊构成要件。一般构成要件是指违约当事人承担任何违约责任形式都必须具备的要件;而特殊构成要件是指各种具体的违约责任形式所要求的构成要件。违约责任的一般构成要件包括如下内容。

(一)违约行为

违约行为是指合同当事人不履行或者不适当履行合同义务的客观事实,是违约责任的基本构成要件。没有违约行为,就没有违约责任。违约行为违反了合同义务,对合同义务的违反必然导致对合同债权的侵害。

不履行是指在合同履行期届满时,合同当事人完全不履行自己的合同义务,包括根本违约(当事人一方迟延履行债务或者有其他违约行为,致使不能实现合同目的)和拒绝履行(履行期届满时,债务人无正当理由而表示不履行合同义务的行为)。

不适当履行(不符合约定的履行)又可分为迟延履行、质量有瑕疵的履行和不完全履行。迟延履行是指债务人无正当理由而在合同规定的履行期届满时仍未履行合同债务。合同中未约定履行期限的,在债权人提出履行催告后仍未履行债务,就是迟延履行。质量有瑕疵的履行是指债务人所做的履行不符合合同规定的质量标准,甚至交付的产品有缺陷而造成他人人身、财产损害。不完全履行是指债务人虽然以完全给付的意思履行给付,但给付不符合债务本旨,包括部分履行、履行地点不当的履行和履行方法不当的履行。

其他违反合同义务的行为主要是指违反法定的通知、协助、保密等义务的行为。如担保法第四十九条规定,抵押人转让已办理抵押登记的抵押物,而未告知抵押权人或受让人的,其转让行为无效。

(二)不存在法定和约定的免责事由

仅有违约行为这一积极要件还不足以构成违约责任,违约责任的构成还需要具备另一消极要件,即不存在法定和约定的免责事由。

免责是指在合同的履行过程中,因出现了法定的免责条件和合同约定的免责事由而导致合同不能履行,债务人将被免除履行义务和违约责任。免责事由,又称免责条件,是指法律规定或者合同中约定的当事人对其不履行或者不适当履行合同义务免于承担违约责任的条件。根据民法典第三编"合同"中的规定,免责事由主要有不可抗力和当事人约定的免责条款。

1. 不可抗力

不可抗力是指不可预见、不可避免且不可克服的客观情况。不可预见是指合同当事人以现有的技术水平、经验无法预知;不可避免是指不可抗力及其损害后果的发生具有必然性,而且当事人虽尽最大努力仍不能加以避免;不可克服是指不可抗力及其损害后果发生后,当事人虽尽最大努力仍不能加以克服,因而无法履行或者适当履行合同义务。不可抗力通常包括自然灾害和社会事件两大类,前者如台风、地震、水灾等,后者如战争、暴乱、罢工、禁运等。

当事人一方因不可抗力不能履行合同的,根据不可抗力的影响,部分或者全部免除责任,但法律另有规定的除外。民法典第五百九十条规定,如果不可抗力发生在当事人迟延履行合同后,则违约方不能免除责任。不可抗力发生后,当事人一方因此而不能履行合同的,应当及时通知对方,以减轻可能给对方造成的损失,并应当在合理的期限内提供证明。当事人不履行上述义务,应承担相应的法律责任。

2. 免责条款

免责条款是指当事人在合同中约定的免除或者限制其未来责任的条款。免责条款是合同的组成部分,必须经当事人双方充分协商,并以明示的方式做出。

免责条款作为合同的组成部分,其内容符合法律的规定才具有法律效力。如果免责条款违反法律、行政法规的强制性规定,扰乱社会秩序,损害社会公共利益,该条款不具有法律效力。如果免责条款是在一方当事人违背真实意思的情况下订立的,可能对该当事人产生明显不利的后果,该条款可以被申请撤销。

思考4-15

违约责任与缔约过失责任有何区别?违约责任有哪些构成要件?

四、违约责任的承担方式

(一)继续履行

继续履行也称实际履行,是指当事人一方不履行合同义务时,另一方有权要求法院强制违约方按合同规定的标的履行合同义务。

继续履行可以分为金钱债务违约的继续履行和非金钱债务违约的继续履行两类。

1. 适用继续履行的条件

(1)有违约行为。只有在一方不履行合同义务或者履行合同义务不符合约定的情况下,另一方才有权要求其继续履行。适于继续履行的违约行为主要指拒绝履行和部分履行行为,而不包括迟延履行和不适当履行行为。

(2)继续履行在事实上是可能的,在经济上是合理的。继续履行是对违约的一种补救措施,而非惩罚性措施。民法典第五百八十条规定,当事人一方不履行非金钱债务或者履行非金钱债务不符合约定的,对方可以请求履行,但是有下列情形之一的除外:①法律上或者事实上不能履行;②债务的标的不适于强制履行或者履行费用过高;③债权人在合理期限内未请求履行。有这些除外情形之一,致使不能实现合同目的的,人民法院或者仲裁机构可以根据当事人的请求终止合同权利义务关系,但是不影响违约责任的承担。

(3)依据法律和合同的性质能够履行。合同约定的标的适于强制履行时才可追究违约方继续履行的责任。一般来说,金钱债务无条件适用继续履行。在非金钱债务中,如果依据法律和合同的性质不能继续履行,违约方可以拒绝非违约方继续履行的要求。

(4)债权人在合理期限内请求继续履行。合同法从保护债权人的利益出发,将是否请求继续履行的选择权交给非违约方,由非违约方决定是否采取继续履行的方式。非违约方要求违约方继续履行,应当在合理的期限内提出,否则即丧失请求违约方继续履行的权利。合同法将债权人在合理期限内未要求履行作为继续履行的例外条件加以规定,主要是为了促使债权人及时行使继续履行的权利,以稳定当事人之间的关系,保护违约方的利益。

2. 继续履行的特征

(1)继续履行是一种补救方法。继续履行是一方违约后,非违约方寻求法律上救济的一种方法。它强调违约方应按合同规定的标的履行义务,从而实现订约的目的,而非仅仅强调弥补受害人所遭受的损失。

(2)是否请求实际履行是债权人享有的一项权利。一方违约后,另一方有权要求违约方继续履行合同,也有权要求违约方承担支付违约金和损害赔偿金等责任。违约方非依法律规定,无权选择违约责任的承担形式,否则将置债权人于不利地位,违反公平诚信的基本原则。只要债权人要求实际履行,又有履行可能,债务人应实际履行。

(3)继续履行可以与违约金、损害赔偿和定金责任并用,但不能与解除合同并用。解除合同与继续履行是完全对立的补救方法,若解除合同将导致合同关系不复存在,债务人也不再负履行义务。

(4)继续履行的内容是强制违约方履行按照合同约定本应履行的义务。合同法规定,当事人应当按照约定全面履行自己的义务。签订合同的目的就是使合同义务方依法履行合同义务而使合同权利方实现权利的享有,继续履行就是当初签订合同的意义的体现。

思考4-16

合同违约方继续履行合同义务后,非违约方所受到的损失还能要求违约方承担赔偿责任吗?

(二)采取补救措施

民法典第五百八十二条规定:"履行不符合约定的,应当按照当事人的约定承担违约责任。对违约责任没有约定或者约定不明确,依据本法第五百一十条的规定仍不能确定的,受损害方根据标的的性质以及损失的大小,可以合理选择请求对方承担修理、重作、更换、退货、减少价款或者报酬等违约责任。"

(1)修理。在有修理的可能并且债权人需要的情况下适用,主要适用于买卖合同、承揽合同等。

(2)重作。重作是指在基本建设工程承包合同、承揽合同中,由债务人重新制作工作成果。

(3)更换。在没有修理的可能,或修理费用过高、时间过长的情况下适用,多适用于买卖合同。

(4)退货。退货就意味着解除合同,只有在卖方提供的标的物质量瑕疵致使不能实现合同目的时,买方才可选择退货。

(5)减少价款或者报酬。

(三)损害赔偿

1. 损害赔偿的概念和特征

损害赔偿是指合同当事人由于不履行合同义务或者履行合同义务不符合约定,给对方造成财产上的损失时,由违约方以其财产赔偿对方所蒙受的财产损失的违约责任形式。民法典第五百八十三条规定,当事人一方不履行合同义务或者履行合同义务不符合约定的,在履行义务或者采取补救措施后,对方还有其他损失的,应当赔偿损失。

损害赔偿具有以下特征:

(1)是合同违约方违反合同义务所产生的责任形式。合同生效后,因债务人违约而使债权人遭受损害,当事人之间的原合同债务关系就转化为损害赔偿的债务关系。作为违约责任形式的损害赔偿,前提条件是当事人之间存在合法、有效的合同关系,并且违约方违反了合同中约定的义务。如果当事人一方违反的不是合同约定的义务,或者合同没有成立、合同无效、合同被撤销等,其所要承担的不是违约损害赔偿,而是缔约过失等其他责任。

(2)原则上仅具有补偿性而不具有惩罚性。违约损害赔偿是民事责任的一种,从法律本性而言只具有补偿功能而摒弃惩罚功能。损害赔偿是强制违约方给非违约方所受损失的一种补偿,其主要目的在于弥补或填补债权人因违约行为所遭受的损害。这与定金责任、违约金责任等违约责任有所区别。

(3)具有一定的随意性。合同当事人可以事先对损害赔偿的赔偿范围、数额、计算方法、免责条款等予以约定,体现合同自由原则。当然,这种约定以不违反法律和社会公共秩序为限。

(4)以赔偿非违约方受到的实际全部损失为原则。合同当事人一方违约,另一方不仅会遭受现有财产减少的损失,而且会遭受期待利益的损失,这些损失都应当得到补偿。我国民法典第五百八十四条规定:"当事人一方不履行合同义务或者履行合同义务不符合约定,造成对方损失的,损失赔偿额应当相当于因违约所造成的损失,包括合同履行后可以获得的利益;但是,不得超过违约一方订立合同时预见到或者应当预见到的因违约可能造成的损失。"

2. 确定赔偿范围的相关原则

(1)完全赔偿原则。完全赔偿原则即违约方不仅应赔偿对方因其违约而遭受的现实财产的减少,而且应赔偿对方因合同履行而能得到的履行利益。

(2)合理预见原则。合理预见原则是指违约损害赔偿的范围应以违约方在订立合同时预见或者应预见到的损失为限。

(3)减轻损害原则。减轻损害原则也叫采取适当措施避免损失扩大原则,是指在一方违约并造成损害后,受害人必须采取合理措施以防止损害的扩大,否则受害人应对扩大部分的损害负责,违约方此时也有权请求从损害赔偿金额中扣除本可避免的损害部分。

(4)损益相抵原则。损益相抵原则又叫损益同销,是指受害人基于损害发生的同一原因而获得利益时,应将所受利益从所受损害中扣除,以确定损害赔偿范围。

(5)责任相抵原则。责任相抵原则是指按照债权人与债务人各自应负的责任确定责任范围。

(四)违约金

违约金是各国合同法所普遍采纳的当事人双方约定的救济违约的一种责任形式,是指当事人通过协商预先确定,不履行或者不完全履行合同义务的违约方按照合同约定,支付给非违约方一定数量的金钱。

违约金具有以下法律特征。

1. 违约金是由当事人协商确定的

当事人在合同中约定违约金是合同自由原则的具体体现。允许当事人约定违约金实际上是尊重交易主体自由约定合同条款的权利以及在违约发生时保护自己利益的权利。

2. 违约金的数额是预先确定的

违约金必须在签订合同时或在履行合同义务前先予确定,当违约方出现不履行或不完全履行合同行为时,非违约方可以按照合同双方对违约金的约定得到补偿。由于违约金的数额是预先确定的,它事先向债务人指明了违约后所应当承担责任的具体范围,从而既能督促债务人履行合同,也有利于当事人在订约时计算成本和风险,从而有利于交易的进行。

3. 违约金是违约后生效的补救方式

违约金条款虽然在合同订立之时即已确定,但不能立即生效,只在一方违约后才能发生效力。

4. 违约金是独立于履行行为以外的惩罚性或赔偿性的给付

只要当事人没有特别约定,违约金的支付不能替代合同的履行行为,当事人不得以支付违约金而免除履行主债务的义务。民法典第五百八十五条第三款规定:"当事人就迟延履行约定违约金的,违约方支付违约金后,还应当履行债务。"

违约金在实际违约、预期违约和加害给付中,都可以根据约定适用。但是,在约定违约金的时候要体现适当惩罚原则和诚实信用、公平原则,因此,合同法对违约金责任做了必要的限制。民法典第五百八十五条第一款和第二款规定,当事人可以约定一方违约时应当根据违约情况向对方支付一定数额的违约金,也可以约定因违约产生的损失赔偿额的计算方法。约定的违约金低于造成的损失的,人民法院或者仲裁机构可以根据当事人的请求予以增加;约定的违约金过分高于造成的损失的,人民法院或者仲裁机构可以根据当事人的请求予以适当减少。

合同当事人约定过高或过低的违约金会造成合同双方权利、义务的明显不相符,有悖于民法的公平、等价有偿原则,如果不给予必要的公力救济,将显失公平。所以,约定过高或过低违约金的合同行为属显失公平的民事行为,是可变更的民事行为,当事人仅享有请求变更权,而不享有请求撤销权。

(五)定金

定金是指为了确保合同的履行,依照法律规定或当事人的约定,在合同履行之前,由一方当事人向另一方当事人支付的一定数量的货币。定金具有惩罚性,因为支付定金的一方如果不履行合同,无权要求返还定金,接受定金的一方不履行合同的,则双倍返还定金。同约定违约金一样,约定定金具有从合同的性质。因此,当事人在合同中既可以约定定金,也可以约定违约金,但是,如果一方当事人违约,二者不能并用,只能选择其一。

在迟延履行或者有其他违约行为时,并不能当然适用定金罚则。只有当事人一方迟延履行或者有其他违约行为,致使合同目的不能实现,才可以适用定金罚则。当然,法律另有规定或者当事人另有约定的除外。当事人约定的定金数额不得超过主合同标的额的20%。如果超过20%,超过部分无效。

案例分析4—11

甲、乙订立买卖合同时约定:甲向乙交付200斤(1斤=0.5千克)苹果,货款为200元;乙向甲支付定金20元;违约金为30元。后甲因将苹果卖给丙而无法交货。

试分析:乙要求怎样赔偿可以最大限度地保护自己的合法权益?

案例分析4—12

甲、乙两公司订立了一份买卖合同,双方约定由甲向乙发货10吨。7月28日,甲与丙运输公司订立运输合同,双方约定由丙公司将10吨货物运至乙公司。丙公司在运输途中遭遇洪水,致使甲公司8月1日之前无法按时交货。8月10日,乙公司要求甲公司承担违约责任。

试分析:

(1)乙公司8月10日的请求是否合法?

(2)丙公司是否应对货物的毁损承担赔偿责任?

项目小结

本项目旨在让学生掌握合同订立的技巧,重视合同的审查(例如效力如何,包括整个合同的效力和合同中个别条款的效力),勤于合同的履行,并懂得如何适当履行合同的义务而不让对方遭受利益的损失,以及如何维护自己的合法权益,让学生明白,合同行为是一种具体的民事法律行为,合同法没有明确规定的可以参照民法典关于民事法律行为的规定。

项目知识检测

一、单项选择题

1.在以下协议中,属于我国合同法调整范围的是(　　)。

A.离婚协议　　　　　　　　　　B.收养子女协议

C.人身保险协议　　　　　　　　D.转移监护权的协议

2.以下行为属于要约的是(　　)。

A.某公司向客户寄送价目表

B.某拍卖公司在报纸上发布拍卖公告

C.某股份有限公司在报纸上登载招股说明书

D.某公司向另一公司发去订单

3.以下属于无效合同的是(　　)。

A.乘人之危而订立的合同　　　　B.恶意串通,损害第三人利益的合同

C.无权代理合同　　　　　　　　D.显失公平的合同

4.甲公司与乙公司签了一份买卖合同。合同约定,甲公司先交货。交货前夕,甲公司派人调查乙公司的偿债能力,查知有确切材料证实乙公司已经负债累累,根本不能按时支付货款,甲公司遂暂时不向乙公司交货。甲公司的行为是(　　)。

A.违约行为　　　　　　　　　　B.行使同时履行抗辩权

C. 行使先诉抗辩权　　　　　　　　　D. 行使不安抗辩权

5. 因不可抗力不能实现合同目的,合同当事人可以(　　)。
A. 终止合同　　　B. 解除合同　　　C. 撤销合同　　　D. 变更合同

二、多项选择题

1. 甲和乙合伙开设一家干洗店,丙将一件价值3000元的皮衣拿到干洗店清洗,交给正在营业的甲,并向甲交付清洗费100元。该合同关系的主体是(　　)。
A. 甲　　　　　　B. 丙　　　　　　C. 干洗店　　　　D. 乙

2. (　　)合同是可撤销的合同。
A. 因重大误解而订立的　　　　　　B. 显失公平而订立的
C. 乘人之危而订立的　　　　　　　D. 限制行为能力人订立的

3. 有(　　)情节,难以履行债务的,债务人可以将标的物提存。
A. 债权人无正当理由而拒绝受领　　B. 债权人下落不明
C. 债权人死亡未确定继承人　　　　D. 债权人丧失民事行为能力而未确定监护人

4. 采用格式条款订立合同的,在(　　)的情况下该格式条款不生效。
A. 提供格式条款一方未采取合理的方式提请对方注意免除或限制其责任的条款
B. 排除格式条款接受方主要权利
C. 双方当事人对该格式条款的理解发生争议
D. 免除提供格式条款一方当事人的责任

5. 下列属于效力待定合同的是(　　)。
A. 甲本不是乙的代理人但却以乙的代理人身份与丙签订的合同
B. 15岁的在校学生周某将自己的价值700元的山地车卖给丁某而签订的合同
C. 某公司下属的办事处与某厂签订的合同
D. 甲将乙出租给他的房屋出卖给丙的买卖合同
E. 18岁的在校学生王某将自己的价值3000元的相机卖给吴某而签订的合同

6. 在下列哪些情形下,合同的权利义务终止?(　　)。
A. 债务相互抵销　　　　　　　　　B. 债务人依法将标的物提存
C. 债权人免除债务　　　　　　　　D. 债权、债务同归于一人
E. 债务人破产

项目技能训练

一、案例分析

1. 甲、乙两公司订立了一份买卖合同,总价款为人民币100万元,双方在合同中约定:定金为货款总额的10%,违约金为货款总额的20%。后来,接受定金的甲方违约,给乙方造成了20万元的经济损失。依据本案例事实,回答下列问题:
(1)乙方可以要求甲方返还定金吗?为什么?
(2)乙方可以要求甲方支付违约金吗?为什么?
(3)乙方可以要求甲方既支付违约金又支付定金吗?为什么?

2. 某商场与某批发公司签订了一份买卖合同,合同约定商场6月10日支付货款,批发公司6月15日交货。6月9日商场得知批发公司无法采购到该种商品并得到证实,遂决定6月

10日不付款,并通知批发公司暂不付款的原因,同时提出批发公司提供担保后再付款的要求。批发公司收到通知后认为商场不付款是违约行为,要求商场承担违约责任并拒绝提供担保。

试分析:

(1)商场是否违约？为什么？

(2)由于此纠纷而造成的损失应由哪一方承担责任？为什么？

二、技能训练

请草拟一份买卖合同和一份担保合同。

项目五 正确处理劳动合同关系

▌知识目标 ▌

了解劳动合同的概念、特征及劳动合同的类型；

掌握有关劳动合同的订立、效力、履行、变更、解除、终止等的规定及法律责任的相关知识；

了解劳务派遣、非全日制用工等基本法律制度的相关规定。

▌能力目标 ▌

能运用所学的法律知识和方法分析解决劳动合同纠纷及相关问题；

能运用所学的法律知识防范订立劳动合同时的风险与陷阱；

能运用所学的法律知识与处理技巧维护劳动者自己的合法权益。

/ 引导案例 /

李小姐系某公司人力部门的专员，她在招聘网站上看到某企业在招聘人力资源主管，便投了简历去应聘。该企业对李小姐的表现很满意，很快就对李小姐派发了录用通知，其中还注明了工作岗位、工资报酬、工作地点、报到日期等。拿到录用通知后，李小姐立即通知该企业，表示将在约定的日期去报到。然后，李小姐辞去了原来的工作，准备前去这家企业上班时，该企业却通知李小姐不用前来报到了，公司已不再需要这个岗位。李小姐听后大为吃惊，要求该企业赔偿其经济损失3万元，该企业宣称没有正式录用李小姐，双方也没签订劳动合同，企业此前发出的录用通知并无约束力，拒绝赔偿。

请问：李小姐与该企业是否签订了劳动合同？该企业是否应予以赔偿？为什么？

评析：未签订劳动合同。因为《中华人民共和国劳动合同法》（简称劳动合同法）第十条规定："建立劳动关系，应当订立书面劳动合同。"第十六条规定："劳动合同由用人单位与劳动者协商一致，并经用人单位与劳动者在劳动合同文本上签字或者盖章生效。"劳动合同的签订应当经过要约、承诺和签约三个阶段。

本案例中，该企业向李小姐发出了录用通知，并注明了工作岗位、工资报酬、工作地点、报到日期等，同意录用李小姐的意思是很明确的，即进行了愿意同李小姐建立劳动关系的意思表示，这属于要约。对于该企业的录用通知，李小姐可以选择接受或不接受，而李小姐通知该企业并做出同意按录用通知与该企业建立劳动关系的表示是承诺。由于劳动合同的特殊性，必须要有在书面劳动合同文本上签字盖章的行为，加上李小姐还未与该企业建立劳动关系，该企业可以拒绝签订劳动合同。但是,录用通知已送到了李小姐的手中,李小姐也已经同意,并且还辞去了原来的工作,而该企业单方面撤销,显然违背了诚实信用原则,给李小姐造成损失,该企业要承担缔约过失责任。

任务一　正确订立劳动合同

活动内容:认识劳动合同,查看我国劳动合同法,收集身边有关劳动合同的案例。

活动一:查看、理解。学生以小组为单位,查阅劳动合同法的内容,了解我国劳动合同法立法情况,理解颁布劳动合同法的目的和意义。

活动二:收集、讨论。学生以小组为单位,利用互联网或者查阅报纸等,收集近期在我国发生的有关劳动合同纠纷的案件,并在组间交流劳动合同纠纷与合同纠纷的异同。

知识基础

一、劳动合同概述

(一)劳动合同的概念

劳动合同是指劳动者与用人单位确立劳动关系、明确双方权利和义务、保护劳动者合法权益的协议。劳动合同是劳动关系得以确立、变更和终止的法律依据,但劳动合同并不是证明劳动者和用人单位之间存在劳动关系的唯一证明文件。

劳动合同法第七条规定,用人单位自用工之日起即与劳动者建立劳动关系。劳动关系即劳动法律关系,是劳动者与用人单位之间在实现劳动过程中发生的权利义务关系。但是,劳动关系发生了,不一定签订有劳动合同。

(二)劳动合同的特征

1. 劳动合同的主体是特定的,劳动者和用人单位是劳动法律关系最主要的主体

劳动者必须是年满16周岁并具有劳动权利能力和劳动行为能力的自然人,包括帮工、学徒、乡镇企业职工(含农民)、进城务工的农民等。劳动者不包括国家公务员、现役军人、家庭保姆、农村劳动者(仅指单纯从事农业生产的农民)、在校学生等。文艺、体育和特种工艺单位招用未满16周岁的未成年人,必须依照国家有关规定,履行审批手续,并保障其接受义务教育的权利。

在一般情况下,劳动者不能同时和几个用人单位建立两种或两种以上的劳动法律关系。劳动合同不可能在劳动者之间产生,也不可能产生于两个用人单位之间。重新就业的退休人员(已享受养老保险的)不适用《中华人民共和国劳动法》(简称劳动法)。劳动者达到法定退休年龄的,劳动合同终止。

用人单位包括我国境内的企业,如国有企业、集体所有制企业、中外合资企业、中外合作企业、外商独资企业、私营企业、联营企业、乡镇企业、个人独资企业、合伙企业,我国境内的个体经济组织,以及民办非企业单位等。

2. 劳动合同具有人身性

劳动合同所针对的客体是劳动力,而劳动力的人身性决定了劳动合同的人身性。这也决定了劳动权利能力和劳动行为能力只能由劳动者本人依法享有和行使,不允许第三人代理。

3. 劳动合同的双方当事人具有身份上的隶属关系

劳动合同订立后,劳动者必须加入用人单位,成为用人单位的职工,在单位内部,受用人单位支配,接受用人单位的组织和管理,享受本单位职工的权利,并承担相应的义务;对外以单位的名义从事生产、经营和管理活动,工作后果由用人单位承担。

4. 劳动合同具有法定性

劳动合同的主体双方在建立、变更、解除和终止劳动合同时,必须遵守劳动法的强制性规定和禁止性规定。

劳动合同与普通合同有什么不同?

知识扩展 劳动合同与劳务合同的区别

1. 主体资格不同

劳务合同的主体可以双方都是单位,也可以双方都是自然人,还可以一方是单位、另一方是自然人;而劳动合同的主体是确定的,只能是接受劳动的一方为单位,提供劳动的一方是自然人。劳务合同提供劳动一方主体的多样性与劳动合同提供劳动一方只能是自然人的特征有重大区别。

2. 双方当事人关系不同

劳动合同的劳动者在劳动关系确立后成为用人单位的成员,须遵守用人单位的规章制度,双方之间具有领导与被领导、支配与被支配的隶属关系;而劳务合同的双方当事人之间只存在财产关系,即经济关系,彼此之间无从属性,不存在行政隶属关系,劳动者提供劳务服务,用人单位支付劳务报酬,各自独立、地位平等。

3. 承担劳动风险责任的主体不同

劳动合同的双方当事人由于在劳动关系确立后具有隶属关系,劳动者必须服从用人单位的组织、支配,因此在提供劳动过程中的风险责任须由用人单位承担;劳务合同提供劳动的一方有权自行支配劳动,因此劳动风险责任自行承担。

4. 报酬的性质不同

因劳动合同的履行而产生的劳动报酬,具有分配性质,体现按劳分配的原则,不完全和不直接随市场供求情况变动,其支付形式往往特定化为一种持续、定期的工资支付;而因劳务合同而取得的劳动报酬,按等价有偿的市场原则支付,完全由双方当事人协商确定,是商品价格的一次性支付,商品价格是与市场的变化直接联系的。劳动关系中的劳动者除获得工资报酬外,还有保险、福利待遇等;而劳务关系中的自然人,一般只获得劳动报酬。

5. 法律干预程度不同

因劳动合同支付的劳动报酬称为工资,具有按劳分配性质,工资除当事人自行约定数额外,其他如最低工资、工资支付方式等都要遵守法律、法规的规定;而因劳务合同支付的劳动报酬称为劳务费,主要由双方当事人自行协商价格及支付方式等,国家法律不过分干预。

6. 适用法律和争议解决方式不同

劳务合同属于民事合同的一种,受民法及合同法调整,故因劳务合同发生的争议由人民法院审理;而劳动合同纠纷属于劳动法调整,要求采用仲裁前置程序。

二、劳动合同的种类与形式

(一)劳动合同的种类

按照劳动合同期限的长短,劳动合同可分为以下三种。

1. 固定期限的劳动合同

固定期限的劳动合同是指企业等用人单位与劳动者订立的有一定期限的劳动合同,具体是指劳动合同双方当事人在劳动合同中明确规定了合同效力的起始和终止的时间。劳动合同期限届满,劳动关系即告终止。如果双方协商一致,还可以续订劳动合同,延长期限。如用人单位原因导致不续订的,用人单位应向劳动者支付经济补偿金。固定期限的劳动合同可以是较短时间的,如半年、一年、二年,也可以是较长时间的,如三年以上,包括五年、十年,甚至更长时间;不管时间长短,劳动合同的起始和终止日期都是固定的。具体期限由当事人双方根据工作需要和实际情况确定,其间,劳动者有解除劳动合同的权利。固定期限的劳动合同是我们平常遇到的较为普遍的合同形式。如果用人单位或劳动者违反该合同约定,需承担相应的法律责任,包括经济补偿金、赔偿金、赔偿用人单位损失等。

2. 无固定期限的劳动合同或无确定终止时间的劳动合同

无固定期限的劳动合同或无确定终止时间的劳动合同是指合同不规定具体期限(合同有开始时间,没有终止时间)。这种合同一般适用于技术性较强、需要持续进行的工作岗位。

用人单位与劳动者协商一致,可以订立无固定期限的劳动合同。有下列情形之一,劳动者提出或者同意续订、订立劳动合同的,除劳动者提出订立固定期限的劳动合同外,应当订立无固定期限的劳动合同:

(1)劳动者在该用人单位连续工作满10年的。

(2)用人单位初次实行劳动合同制度或国有企业改制重新订立劳动合同时,劳动者在该用人单位连续工作满10年且距法定退休年龄不足10年。

(3)连续订立两次固定期限的劳动合同,且劳动者没有下述的情形而续订劳动合同的:①严重违反用人单位的规章制度;②严重失职、营私舞弊,给用人单位造成重大损害;③劳动者同时与其他用人单位建立劳动关系,对完成本单位的工作任务造成严重影响,或者经用人单位提出,拒不改正;④以欺诈、胁迫的手段或者乘人之危,使对方在违背真实意思的情况下订立或者变更劳动合同;⑤被依法追究刑事责任;⑥劳动者患病或者非因工负伤,在规定的医疗期满后不能从事原工作,也不能从事由用人单位另行安排的其他工作;⑦劳动者不能胜任工作,经过培训或者调整工作岗位,仍不能胜任工作。

(4)用人单位自用工之日起满一年不与劳动者订立书面劳动合同的,视为用人单位与劳动者已订立无固定期限的劳动合同。用人单位违反规定不与劳动者订立无固定期限劳动合同的,自应当订立无固定期限劳动合同之日起向劳动者每月支付2倍的工资。

3. 以完成一定工作任务为期限的劳动合同

以完成一定工作任务为期限的劳动合同,是指以完成某工作或某项工程为有效期限的劳动合同,工作或工程一经完成,合同即可解除,一般适用于铁路、公路、桥梁、水利、建筑、因季节原因临时用工等工程项目。用人单位与劳动者协商一致,可以订立以完成一定工作任务为期限的劳动合同。

(二)劳动合同的形式

劳动合同的形式是指订立劳动合同的方式。我国劳动合同法规定,建立劳动关系,应当订立书面劳动合同,非全日制用工可以签订口头合同。

已建立劳动关系,未同时订立书面劳动合同的,应当自用工之日起一个月内订立书面劳动合同。用人单位与劳动者在用工前订立劳动合同的,劳动关系自用工之日建立。用人单位自用工之日起超过一个月不满一年未与劳动者订立书面劳动合同的,应当从次月起向劳动者每月支付两倍的工资。超过一年的,视为双方已订立无固定期限的劳动合同(劳动者主动不签订的除外)。法律之所以这样规定,其目的在于用书面形式明确劳动合同当事人双方的权利与义务,以及有关劳动条件、工资福利待遇等事项,便于履行和监督检查,在发生劳动争议时,便于当事人举证,也便于有关部门处理。

(三)事实劳动关系

事实劳动关系是指用人单位与劳动者之间在没有签订书面劳动合同,或者劳动合同到期没有续签,或者劳动合同无效,以及口头协议达成的劳动雇佣关系的情况下,劳动者为用人单位提供有偿劳动,接受用人单位管理、支配,组织上从属于用人单位而形成的劳动关系。实践中,当劳动者与用人单位就是否存在事实劳动关系发生争议时,判断是否已经形成了事实劳动关系,劳动者应注意收集以下证据:

(1)工资支付凭证或记录(职工工资发放花名册)、缴纳各项社会保险费的记录。

(2)用人单位向劳动者发放的工作证、服务证等能够证明身份的证件。

(3)劳动者填写的用人单位招工招聘登记表、报名表等招用记录。

(4)考勤记录。

(5)其他劳动者的证言等。

对于事实劳动关系,双方同意维持劳动关系的,用人单位应与劳动者协商补签劳动合同,补办相关手续。一方不同意维持劳动关系的,事实劳动关系解除。如果系劳动者不同意,用人单位可以不支付经济补偿金;如果系用人单位不同意,用人单位应按规定向劳动者支付经济补偿金。

劳动合同期满后,劳动者继续为用人单位提供劳动,用人单位也没有表示异议,但双方未续订书面的劳动合同,此时应当及时补订劳动合同。如果用人单位已尽到诚实信用义务,而劳动者不与用人单位订立书面劳动合同,用人单位可以终止劳动关系,并支付相应的经济补偿金;如果劳动者拒绝订立书面劳动合同,同时拒绝继续履行的,可以视作劳动者单方终止劳动合同,此时,用人单位无须支付经济补偿金。

对于因劳动合同全部无效而产生的事实劳动关系,由于双方曾经签订过书面合同,只是被认定为无效,因此其处理有别于其他几种情形。此时,劳动者可以依法解除劳动关系,同时可以要求用人单位支付已付出劳动的劳动报酬和解除劳动关系的经济补偿金,劳动报酬的数额参照本单位相同或者相近岗位劳动者的劳动报酬确定。

思考5-2

用人单位在用工后不愿意跟劳动者签订书面劳动合同的情况下,劳动者如何证明自己与用人单位存在事实劳动关系?超过一年还不与劳动者签订劳动合同的,应该如何处理?

三、劳动合同的订立

（一）劳动合同订立的原则

劳动合同的订立是指劳动者与用人单位确立劳动关系、明确双方权利和义务的过程,也是维护劳动者和用人单位合法权益的法律手续。劳动合同法第三条规定:"订立劳动合同,应当遵循合法、公平、平等自愿、协商一致、诚实信用的原则。"因此,劳动合同订立的原则如下:

(1)合法原则。主体资格合法;劳动合同的内容合法;订立劳动合同的程序和形式合法。

(2)公平原则。公平原则要求劳动合同内容公平合理,用人单位不得以强势地位压制劳动者而约定显失公平的合同条款,签订的合同条款不得剥夺劳动者基于法律规定而应得的权利,也不能排除基于社会公德而给予劳动者的公平待遇。

(3)平等自愿原则。劳动者和用人单位在订立劳动合同时法律地位平等,订立劳动合同完全是出于劳动者和用人单位双方的真实意思表示,出于自愿而签订。任何一方可拒绝与对方签订合同,同时任何一方都不得强迫对方与自己签订合同。

(4)协商一致原则。当事人双方就劳动合同的主要条款达成一致意见后,劳动合同才成立。可能双方当事人都有与对方订立劳动合同的意向,但在具体条款上,如工作内容、期限、劳动报酬等,往往意见不一,这时合同就不能成立。劳动合同的订立是当事人共同意志的体现,双方才会认真履行合同的义务,以保障各自的合法权益。因此,订立劳动合同时可以对劳动内容和法律未尽事宜进行充分、详细、具体的协商,以明确双方权利和义务,促进双方全面履行合同,防止劳动纠纷的发生。

(5)诚实信用原则。用人单位和劳动者在订立劳动合同时要诚实,讲信用,不得欺诈、隐瞒对方。根据劳动合同法的规定,用人单位招用劳动者时,应当如实告知劳动者工作内容、工作条件、工作地点、职业危害、安全生产状况、劳动报酬及劳动者要求了解的其他情况;用人单位有权了解劳动者与劳动合同直接相关的基本情况,劳动者应当如实说明。

（二）劳动合同的效力

劳动合同法第二十六条规定,下列劳动合同无效或部分无效:

(1)以欺诈、胁迫的手段或者乘人之危,使对方在违背真实意思的情况下订立或者变更劳动合同的。

(2)用人单位免除自己的法定责任、排除劳动者权利的。通常表现为劳动合同中对用人单位规定的是权利,对劳动者仅规定义务。例如,有的单位规定"不给劳动者交工伤险",要求劳动者同意此条款的规定;规定"单位随时可解除劳动合同";规定"用人单位有权根据生产经营变化及劳动者的工作情况调整其工作岗位,劳动者必须服从单位的安排"等诸如此类的霸王条款。

(3)违反法律、行政法规强制性规定的。其主要包括主体资格不合法、劳动合同的内容直接违反法律法规的规定等。

劳动合同的无效不是当然无效,合同无效的确认权只归劳动争议仲裁委员会或人民法院。劳动合同可以被确认全部无效,也可以被确认部分无效。合同被确认无效,该劳动合同自始没有法律效力,但并不意味着无效劳动合同不发生任何法律后果。劳动者已付出劳动的,用人单位应当向劳动者支付劳动报酬,劳动报酬的数额参考用人单位同类岗位劳动者的劳动报酬确定,用人单位无同类岗位的,按照本单位职工平均工资确定。合同确认无效,给对方造成损害的有过错一方应当承担赔偿责任。

案例分析5-1

2019年3月,某纺织有限公司(下称纺织公司)招工时,许某由于未年满16周岁而借用他人的身份证进行报名,后被纺织公司录用并签订了劳动合同从事浆染工作,但纺织公司并未为许某购买工伤险。2020年1月10日,许某在操作联合机时,右臂受伤,纺织公司拒绝支付医疗费用。之后,许某申请劳动仲裁,劳动争议仲裁委员会裁决纺织公司应赔偿许某医疗费用,纺织公司对裁决不服,以许某欺瞒年龄为由主张劳动合同无效,向法院提起诉讼。

试分析:
(1)许某与纺织公司签订的劳动合同是否有效?为什么?
(2)纺织公司应不应该赔偿许某医疗费用?为什么?

四、劳动合同的内容

劳动合同的内容具体表现为合同条款,是劳动者与用人单位双方享受权利和履行义务的依据。劳动合同的内容一般包括法定条款和约定条款两方面。

(一)法定条款

法定条款是指依照法律规定劳动合同应当具备的条款。根据劳动合同法第十七条的规定,劳动合同应当具备以下条款:
(1)用人单位的名称、住所和法定代表人或者主要负责人;
(2)劳动者的姓名、住址和居民身份证或者其他有效身份证件号码;
(3)劳动合同期限;
(4)工作内容和工作地点;
(5)工作时间和休息休假;
(6)劳动报酬;
(7)社会保险;
(8)劳动保护、劳动条件和职业危害防护;

(9)法律、法规规定应当纳入劳动合同的其他事项。

(二)约定条款

劳动合同法第十七条第二款规定:"劳动合同除前款规定的必备条款外,用人单位与劳动者可以约定试用期、培训、保守秘密、补充保险和福利待遇等其他事项。"约定条款是指除了劳动合同必备条款外,劳动者与用人单位可以在劳动合同中协商议定的其他条款。这种约定条款在法律上不做强行规定,由当事人自己在合同中任意约定。劳动合同缺乏约定条款不影响其效力。约定条款包括试用期条款、服务期条款、竞业限制条款、违约责任条款、保守商业秘密条款、补充保险福利待遇等。

1. 试用期条款

试用期是指用人单位和劳动者为了相互了解,便于用人单位考察劳动者是否符合录用条件及劳动者考察用人单位所介绍的劳动条件等是否符合实际情况,并根据实际情况和法律规定做出是否履行或解除劳动合同的决定而约定的一定期限的考察期。

(1)试用期的期限。劳动合同法第十九条规定,劳动合同期限3个月以上不满1年的,试用期不得超过1个月;劳动合同期限1年以上不满3年的,试用期不得超过2个月;3年以上固定期限和无固定期限劳动合同,试用期不得超过6个月。以完成一定工作任务为期限的劳动合同或者劳动合同期限不满3个月的,不得约定试用期。

(2)约定试用期期限应注意的事项。同一用人单位和同一劳动者只能约定一次试用期。试用期包含在劳动合同期限内。劳动合同仅约定试用期的,试用期不成立,该期限为劳动合同期限。试用期不能单方面延长。

(3)试用期工资。劳动合同法第二十条规定,试用期工资不得低于本单位相同岗位最低档工资或劳动合同约定工资的80%,并且不得低于用人单位所在地的最低工资标准。

(4)违法约定试用期的法律责任。劳动合同法第八十三条规定:"用人单位违反本法规定与劳动者约定试用期的,由劳动行政部门责令改正;违法约定的试用期已经履行的,由用人单位以劳动者试用期满月工资为标准,按已经履行的超过法定试用期的期间向劳动者支付赔偿金。"根据这一规定,用人单位违反规定与劳动者所约定的试用期,如果还没有实际履行,由劳动行政部门责令用人单位予以改正,使之符合规定;如果无效的试用期约定已经实际履行,则由用人单位以劳动合同约定的正式月工资为标准,按已经履行的试用期的期限向劳动者支付赔偿金。

例如,劳动者与用人单位签订的劳动合同期限为4年,按照劳动合同法的规定,试用期不得超过6个月,但该用人单位与劳动者签订了1年的试用期,并约定试用期工资为3800元,试用期满后的月工资为4500元。在这种情况下用人单位约定的试用期是违法的,因为超过了6个月的最高时限,如果劳动者已经实际履行了10个月的试用期,则用人单位应当按照4500元/月向该劳动者支付4个月的赔偿金。支付赔偿金的期间为已经履行的超过法定试用期的期间,即10个月减去法定的最高时限6个月,是4个月。

(5)试用期内劳动合同的解除。劳动合同法第二十一条规定:"在试用期中,除劳动者有本法第三十九条和第四十条第一项、第二项规定的情形外,用人单位不得解除劳动合同。用人单位在试用期解除劳动合同的,应当向劳动者说明理由。"

思考5-3

法律对试用期的规定有何意义？

2. 服务期条款

劳动合同法第二十二条规定："用人单位为劳动者提供专项培训费用，对其进行专业技术培训的，可以与该劳动者订立协议，约定服务期。劳动者违反服务期约定的，应当按照约定向用人单位支付违约金。违约金的数额不得超过用人单位提供的培训费用。用人单位要求劳动者支付的违约金不得超过服务期尚未履行部分所应分摊的培训费用。用人单位与劳动者约定服务期的，不影响按照正常的工资调整机制提高劳动者在服务期期间的劳动报酬。"

服务期指的是用人单位和劳动者在劳动合同签订之时或劳动合同履行的过程之中，用人单位出资培训或者提供特殊待遇后，经双方协商一致确定的劳动者承诺必须为用人单位服务的期限。从服务期的法律规定分析，它更多的是保护用人单位的权益，为单位留住人才、培养人才提供法律保障。劳动合同中服务期条款主要的内容包括三个部分：一为服务期限，即劳动者应为用人单位提供服务的时间；二为用人单位就服务期限应对劳动者提供的培训及其他额外福利待遇；三为劳动者违约应承担的违约责任。目前实际处理中主要的争议在于后两项。

对于劳动者来说，用人单位只有在为其提供了专项培训或特殊待遇的情况下，才有权与其约定服务期，进而约定违约金，用人单位不能随随便便与劳动者签订服务期。用人单位与劳动者约定服务期，服务期条款可以在劳动合同中约定，也可以单独签订服务期协议。

（1）设定服务期的条件。

根据劳动合同法第二十二条的规定，用人单位在劳动合同中设定服务期有如下条件：

①培训费用必须是专项的。

劳动合同法第二十二条规定的培训费用，包括用人单位为了对劳动者进行专业技术培训而支付的有凭证的培训费用、培训期间的差旅费用以及因培训产生的用于该劳动者的其他直接费用。

②培训的性质必须是专业技术培训。

例如，员工是委托全日制大中专院校、科研院所、培训中心、职业学校代培学生，或者参与学历培训、能力培训、出国或异地培训、进（研）修、做访问学者等，对新招聘人员进行劳动安全教育培训，以及单位为调整人员和岗位进行转岗培训等所产生的培训费用，都是用人单位应尽的义务，用人单位应予承担，不能让劳动者承担，即便劳动者辞职，用人单位也无权向劳动者追索这些培训费用。

（2）服务期的期限。

①双方约定的服务期短于劳动合同期限。由于双方已经在劳动合同中明确约定了必备的劳动合同期限条款，该条款对双方均有约束力，用人单位在为劳动者提供某种特殊待遇后与其签订关于服务期的合同，并不影响双方原来劳动合同的履行。如果服务期短于劳动合同期限，应当视为被劳动合同期限吸收。

②双方约定的服务期长于劳动合同期限。这种情况下，劳动合同应顺延至服务期满。劳动合同期满，用人单位要求劳动者继续履行服务期的，双方当事人应当续订劳动合同，如双方续订

劳动合同的条件不能达成一致,双方应按原劳动合同确定的条件继续履行。继续履行期间,如果用人单位不提供工作岗位,视为其放弃对剩余服务期的要求,劳动关系终止;如果劳动者违反服务期约定,应当承担违约责任。但是,如果用人单位在劳动合同到期后不再希望与劳动者续签合同,那么其就自动放弃了服务期的权利并且不得要求劳动者支付违约金和赔偿任何费用。

③双方对服务期限没有特别约定。

如果用人单位为劳动者提供特殊培训或特殊福利待遇,对服务期限没有特别约定,服务期限以不超过5年为限。

(3)违约金的数额。

根据劳动合同法第二十二条的规定,劳动者违反服务期约定的,应当按照约定向用人单位支付违约金。违约金的数额不得超过用人单位提供的培训费用。用人单位要求劳动者支付的违约金不得超过尚未履行部分所应分摊的培训费用。比如,一学校派吴某去美国做访问学者,学习费用为16万元,学校和吴某签订了一个服务期协议,约定吴某接受培训后必须为学校服务8年,否则要赔偿学校培训费。如果吴某回国后在学校工作满6年就想调离该学校,按照规定,吴某需赔偿学校4万元(16万元违约金分摊到8年的服务期上,每年2万元),而不需要赔偿全部培训费。

3. 竞业限制条款

用人单位可以与用人单位的高级管理人员、高级技术人员和其他负有保密义务的劳动者约定,在劳动合同终止或解除后的一定期限内,劳动者不得到生产与本单位同类产品或者经营同类业务的有竞争关系的其他用人单位任职,也不得自己开业生产或者经营与用人单位有竞争关系的同类产品或业务。竞业限制的范围、地域、期限由用人单位与劳动者约定,但竞业限制的约定不得违反法律、法规的规定,如竞业限制的期限最长不得超过2年。竞业限制期间按月给予劳动者经济补偿。劳动者违反竞业限制规定的,应当按照约定向用人单位支付违约金。

4. 违约责任条款

劳动合同法规定,劳动合同中可以设定违约金的情形仅限于以下两种:

(1)劳动者违反服务期约定的,用人单位可以设定违约金。其数额不得超过服务期尚未履行部分所应分摊的费用。

(2)劳动者违反竞业限制条款的,用人单位可以设定违约金。具体的违约金数额法律没有明确规定,需要当事人事先明确约定。用人单位可以而不是必须约定违约金;如果没有约定,则劳动者即使违约,也不承担违约责任。

案例分析5-2

某公司与李某签订了期限自2017年2月11日至2019年12月27日的劳动合同。为提高李某的职业技能,公司于2017年4月派李某到北京参加专业技术培训3个月。培训前,双方签订了员工培训协议,协议第八条约定,李某培训结束后3年内,如因个人原因(包括辞职、辞退、开除等)离开公司,须按培训费用的200%向该公司支付违约金。李某培训共发生费用9万元,包括培训期工资及福利待遇、培训费、交通费、住宿费及餐饮费等。

2019年5月1日李某擅自离职,其后未去公司上班,该公司于2019年6月1日以李某连续旷工为由,对其做出了解除劳动合同决定书,并先后通过快递邮寄、报纸公告的方式向李某送达了该通知。后该公司向合肥市劳动人事争议仲裁委员会申请劳动仲裁,要求裁决李某按照员工培训协议中的约定支付违约金18万元。

试分析:

(1)双方签订的员工培训协议第八条的约定是服务期条款还是竞业限制条款?

(2)协议中约定培训费用的200%的违约金是否合法?为什么?

(3)李某应该支付的违约金是多少?

 知识扩展　竞业限制协议中用人单位的权利与义务

(1)当事人在劳动合同或者保密协议中约定了竞业限制和经济补偿的,当事人解除劳动合同时,除另有规定外,用人单位要求劳动者履行竞业限制义务,人民法院应予支持。

(2)在竞业限制期限内,用人单位请求解除竞业限制协议的,人民法院应予支持。

提示:用人单位在解除竞业限制协议时,劳动者请求用人单位额外支付劳动者3个月的竞业限制经济补偿的,人民法院应予以支持。

(3)因用人单位的原因导致其3个月未支付经济补偿,劳动者请求解除竞业限制的,人民法院应予支持。

 ## 任务二　履行与变更劳动合同

> 活动内容:调查劳动合同履行、变更的情况,收集身边有关拖欠工资、违反单位规章制度等的案例。
>
> 活动一:调查、了解。学生以小组为单位,与上一届毕业生取得联系,了解他们工作和劳动合同履行的情况,然后每组选派一名代表,以微电影的方式,简要展示调查过程和内容。
>
> 活动二:收集、讨论。学生讲述调查、收集的一些现实案例,通过讨论和交流,说出自己的建议和其他想法。

 知识基础

一、劳动合同的履行

1. 劳动合同履行的概念

劳动合同履行是指当事人双方按照劳动合同规定的条件,履行自己所应承担义务的行为。劳动合同法第二十九条规定:"用人单位与劳动者应当按照劳动合同的约定,全面履行各自的义务。"

2.履行劳动合同的原则

履行劳动合同一般遵循以下原则：

(1)亲自履行原则。

(2)权利义务统一原则。

(3)全面履行原则。

(4)协作履行原则。

3.劳动合同履行的要求

用人单位与劳动者应当按照劳动合同的约定，全面履行各自的义务。

(1)用人单位应当按照劳动合同约定和国家规定，向劳动者及时足额支付劳动报酬。用人单位拖欠或者未足额支付劳动报酬的，劳动者可以依法向当地人民法院申请支付令，人民法院应当依法发出支付令。

(2)用人单位应当严格执行劳动定额标准，不得强迫或者变相强迫劳动者加班。

(3)劳动者拒绝用人单位管理人员违章指挥、强令冒险作业的，不视为违反劳动合同。劳动者对危害生命安全和身体健康的劳动条件，有权对用人单位提出批评、检举和控告。

(4)用人单位变更名称、法定代表人、主要负责人或者投资人等事项，不影响劳动合同的履行。

(5)用人单位发生合并或者分立等情况，原劳动合同继续有效，劳动合同由承继其权利和义务的用人单位继续履行。

4.劳动规章制度

用人单位应当依法建立和完善劳动规章制度，保障劳动者享有劳动权利、履行劳动义务。

(1)建立劳动规章制度的程序(核心是民主协商与劳资共识)：①经职工代表大会或全体职工讨论，提出方案和意见；②与工会或职工代表平等协商确定；③用人单位应当将直接涉及劳动者切身利益的规章制度和重大事项决定在单位内公示，或者告知劳动者。如果用人单位的规章制度未经公示或者对劳动者告知，该规章制度对劳动者不生效。企业公示或告知劳动者规章制度可以采用张贴通告、员工手册送达、会议精神传达等方式。

(2)劳动规章制度的监督和法律责任。如果规章制度损害劳动者权益，劳动者可以据此解除劳动合同，用人单位应当向劳动者支付经济补偿；如果规章制度的实施给劳动者造成了损害，用人单位应承担赔偿责任。

二、劳动合同的变更

1.劳动合同变更的概念

劳动合同的变更是指在劳动合同开始履行但尚未完全履行，因订立劳动合同的主客观条件发生了变化，当事人依照法律规定的条件和程序，对原合同中的某些条款进行修改、补充的法律行为。此外，劳动合同的变更无须鉴证。

2.劳动合同变更的内容

劳动合同的变更仅限于合同条款内容的变更，不包括当事人的变更，且必须协商一致，不允许单方面变更劳动合同。劳动合同的变更主要反映在生产工作任务的增加或减少，生产工作任务内容的变化,合同期限长短的变动,劳动工种或岗位的变动,以及劳动报酬的增加或减少。

3. 劳动合同变更的程序
(1)及时提出变更合同的要求。
(2)按期做出答复。
(3)双方达成书面协议,签字盖章生效。

变更劳动合同,应当采用书面形式。变更后的劳动合同文本由用人单位和劳动者各执一份。

用人单位可以对劳动合同进行单方面变更吗?

 知识扩展　劳动合同变更的注意事项

企业在进行劳动合同变更时,应注意以下几个方面:
(1)变更劳动合同必须在劳动合同依法订立之后,在合同没有履行或者未履行完毕的有效时间内进行。
(2)变更劳动合同必须坚持平等自愿、协商一致的原则,即劳动合同变更必须经用人单位和劳动者双方当事人的同意。
(3)变更后的劳动合同必须合法,不得违反法律法规的强制性规定。
(4)变更劳动合同必须采用书面形式。
(5)变更后的劳动合同文本应交付劳动者一份。
未采用书面形式(口头变更),其合法有效的条件为:
①已经实际履行超过1个月;
②变更后的劳动合同内容不违反法律、行政法规、国家政策以及公序良俗。

任务三　解除与终止劳动合同

活动内容:调查各单位与劳动者解除、终止劳动合同的情况,收集解除、终止劳动合同的原因。
活动一:调查、了解。学生以自己的方式了解劳动者被解雇的情况,也可以联系身边熟悉的人,了解他们跳槽的情况,并问清原因及程序。
活动二:讨论。学生对自己收集的劳动合同解除的情况进行讨论,区别哪些合同解除的情况是合法的,哪些是不合法的。

知识基础

一、劳动合同的解除

劳动合同的解除指劳动合同生效后,尚未履行或者尚未全部履行,当事人一方或者双方依法提前消灭劳动法律关系的法律行为,包括协商解除(约定解除)和单方解除(法定解除)两种。

(一)劳动合同的协商解除

劳动合同法第三十六条规定:"用人单位与劳动者协商一致,可以解除劳动合同。"一般来说,劳动合同的双方协议解除是在双方平等自愿的基础上达成的,因而很少发生纠纷。需要注意的是,如果劳动合同的解除是由用人单位提出、劳动者同意的,用人单位应当向劳动者支付经济补偿金;如果是由劳动者提出解除、用人单位同意的,则不需要支付经济补偿金。

(二)劳动者的单方解除

劳动者单方解除劳动合同,即通常所说的"辞职"。

1. 预告解除

(1)提前 30 日以书面形式通知用人单位,劳动者就可以与用人单位解除劳动合同。

(2)试用期内提前 3 日通知用人单位,可以解除合同。

2. 即时解除

有下列情形之一劳动者可以随时通知用人单位解除合同,不需要提前 30 日:

(1)未按照劳动合同约定提供劳动保护或者劳动条件;

(2)未及时足额支付劳动报酬;

(3)未依法为劳动者缴纳社会保险费;

(4)用人单位的规章制度违反法律法规的规定,损害劳动者权益;

(5)以欺诈、胁迫的手段或者乘人之危,使对方在违背真实意思的情况下订立或者变更劳动合同,致使劳动合同无效;

(6)法律、行政法规规定劳动者可以解除劳动合同的其他情形。

以上几种原因解除劳动合同,用人单位需要向劳动者支付经济补偿金。

3. 无须通知立即解除

用人单位以暴力、威胁或者非法限制人身自由的手段强迫劳动者劳动的,或者用人单位违章指挥、强令冒险作业危及劳动者人身安全的,劳动者可以立即解除劳动合同,无须通知用人单位。用人单位需要给劳动者支付经济补偿金。

(三)用人单位解除劳动合同

用人单位单方解除劳动合同又称辞退或解雇,必须符合法定条件和按照法定程序进行。

1. 过失性解除劳动合同

(1)在试用期被证明不符合录用条件的。试用期解除劳动合同对用人单位来说,是有限制条件的:一是单位有相应的岗位录用条件,如学历、身体状况、工作经历、能力素质等;二是员工不符合单位的岗位录用条件;三是单位要证明员工不符合录用条件。

(2)严重违反用人单位的规章制度。员工违规解除劳动合同也是有条件限制的:一是用人单位已制定规章制度并已让劳动者知晓,且规章制度和劳动纪律的制定程序和内容合法;二是劳动者严重违反了用人单位的规章制度。

(3)严重失职,营私舞弊,给用人单位造成重大损害的。

(4)劳动者同时与其他用人单位建立劳动关系,对完成本单位的工作任务造成严重影响,或者经用人单位提出,拒不改正的。

(5)以欺诈、胁迫的手段或者乘人之危,使对方在违背真实意思的情况下订立或者变更劳动合同,致使劳动合同无效的。

(6)被依法追究刑事责任的,包括被人民法院判处刑罚、被人民检察院免予起诉(定罪不起诉)和被人民法院依据《中华人民共和国刑法》第三十七条免予刑事处罚(定罪不处罚)的。

以上情形中,用人单位可以随时解除合同,且不需要支付经济补偿金。

2. 非过失性解除劳动合同

(1)劳动者患病或者非因工负伤,在规定的医疗期满后不能从事原工作,也不能从事由用人单位另行安排的工作的。适用这一规定解除劳动合同需要同时具备两个条件:①医疗期届满;②医疗期满后不能从事原工作,也不能从事由用人单位另行安排的工作。

劳动者患病或非因工负伤,需要停止工作进行治疗时,根据其实际参加工作年限和在本单位的工作年限,给予3~24个月的医疗期,具体为:①实际工作年限10年以下的,在本单位工作年限5年以下的为3个月,5年以上的为6个月;②实际工作年限10年以上的,在本单位工作年限5年以下的为6个月,5年以上10年以下的为9个月,10年以上15年以下的为12个月,15年以上20年以下的为18个月,20年以上的为24个月。另外,根据实际情况,对某些特殊疾病,如癌症、精神疾病、瘫痪等,在24个月内不能痊愈的,经企业和劳动主管部门批准,可以适当延长劳动者的医疗期。

(2)劳动者不能胜任工作,经过培训或者调整工作岗位,仍不能胜任工作的。适用这一规定解除劳动合同需要同时具备以下几个条件:①劳动者被证明不能胜任工作,予以培训或调岗;②培训或调岗后能胜任工作的劳动合同继续;③再次证明劳动者不能胜任工作。

(3)劳动合同订立时所依据的客观情况发生重大变化,致使劳动合同无法履行,经用人单位与劳动者协商,未能就变更劳动合同内容达成协议的。

以上情形中,用人单位可以解除合同,但应提前30日以书面形式通知劳动者本人或者额外支付劳动者1个月工资后可以解除无固定期限的劳动合同,且解除劳动合同时需要支付经济补偿金。

3. 用人单位进行经济性裁员而解除合同

经济性裁员是指由于企业生产经营发生困难,为摆脱困境,而较大规模裁减员工的行为。有下列情形之一,致使劳动合同无法履行,需要裁减人员20人以上或者裁减人员不足20人但占企业职工总数10%以上的,用人单位提前30日向工会或者全体职工说明情况,听取职工会或职工意见后,裁减人员方案经向劳动行政部门报告,可裁减人员:①依照破产法规定进行重整的;②生产经营发生严重困难的;③企业转产、重大技术革新或者经营方式调整,经变更劳动合同后,仍需裁减人员的;④其他因劳动合同订立时所依据的客观经济情况发生重大变化,致使劳动合同无法履行的。

用人单位应当提前30日向工会或者全体职工说明情况,提供有关生产经营状况的资料,提出裁减人员名单,就裁减人员方案征求工会或者全体职工的意见,并对方案进行修改和完善,裁减人员方案经向劳动行政部门报告,可以裁减人员。由用人单位公布裁减人员方案,与被裁减人员办理劳动合同手续,按照规定向被裁减人员本人支付经济补偿金。

裁减人员时,应当优先留用下列劳动者:①与本单位订立较长期限的固定期限劳动合同的;②订立无固定期限劳动合同的;③家庭无其他就业人员,有需要扶养的老人或者未成年人的。用人单位裁员后6个月内再招聘新员工的,应当通知被裁减人员,同等条件下应优先招用被裁减人员。

案例分析5-3

刘先生是某公司技术部门的一名员工,与公司签订了无固定期限的劳动合同。近年来,刘先生所在的公司因市场竞争激烈逐渐陷入经营困难的状况。为摆脱困境,公司经董事会决议,决定采取减人增效的办法。经与企业工会协商,公司职工代表大会通过了一项协商解除劳动合同的方案,其中规定:公司提出与员工协商解除劳动合同,员工在方案公布后一周内书面同意与公司协商解除劳动合同的,公司在法定经济补偿金之外再给予额外奖励金。方案公布一周后,刘先生才向公司递交了协商解除劳动合同的意见书,并要求公司按规定支付法定经济补偿金和额外奖励金。公司表示刘先生提交协商解除劳动合同意见超过了公司规定的期限,公司可以同意与刘先生协商解除劳动合同,但不同意支付经济补偿金和额外奖励金,双方于是发生争议。

试分析:刘先生与公司的劳动合同协商解除后,刘先生是否可以要求公司支付额外奖励金和经济补偿金?

(四)用人单位解除劳动合同的限制

1. 限制用人单位解除劳动合同的情形

劳动合同法第四十二条规定,有下列情形之一的,用人单位不得任意解除劳动合同:

(1)从事接触职业病危害作业的劳动者未进行离岗前职业健康检查,或者疑似职业病病人在诊断或者医学观察期间的。

(2)在本单位患职业病或者因工负伤并被确认丧失或者部分丧失劳动能力的。

(3)患病或者非因工负伤,在规定的医疗期内的。

(4)女职工在孕期、产期、哺乳期的。

(5)在本单位连续工作满15年,且距法定退休年龄不足5年的。

(6)法律、行政法规规定的其他情形。

2. 限制用人单位解除劳动合同的例外

如果出现用人单位可随时解除劳动合同的情形(劳动者有过错),又出现限制解除劳动合同的情形,例如,孕妇严重违反了用人单位的规章制度,给单位造成重大损失,这种情况用人单位有权随时解除劳动合同。

案例分析5-4

2020年5月,李某去一家外企应聘,声称自己是某名牌大学法学硕士毕业,取得了司法考试合格证书,并将自己的证书复印件交给了招聘人员。该外企急需法律顾问,于是以高薪聘请了李某,请其担任法律主管,双方签订了劳动合同,合同期限为5年,试用期为6个月。李某自2020年5月开始工作后,在试用期内经常发生错误,特别是在一项合同审查中,没有对该合同的重大纰漏提出法律意见,导致该外企损失巨大。该外企于2020年12月了解到,李某的司法考试合格证书是伪造的,于是立即主张解除与李某的劳动合同。

试分析:
(1)该外企是否有权解除李某的劳动合同?依据是什么?
(2)假如李某在2020年8月怀孕了,该外企是否能解除与李某的劳动合同?为什么?
(3)该外企是否有权要求李某承担相应的损失?依据是什么?

二、劳动合同的终止

(一)劳动合同终止的法定情形

劳动合同法第四十四条规定,有下列情形之一的,劳动合同终止:
(1)劳动合同期满的;
(2)劳动者开始依法享受基本养老保险待遇的;
(3)劳动者死亡,或者被人民法院宣告死亡或者宣告失踪的;
(4)用人单位被依法宣告破产的;
(5)用人单位被吊销营业执照、责令关闭、撤销或者用人单位决定提前解散的;
(6)法律、行政法规规定的其他情形。

劳动合同法规定,发生第(4)项和第(5)项劳动合同终止情况时,用人单位需要向劳动者支付经济补偿金。

(二)劳动合同终止的限制

劳动合同法在规定了劳动合同终止情形的情况下又对某些劳动者设置了特殊保护制度。劳动合同法第四十五条规定,劳动合同期满,有劳动合同法第四十二条规定的限制解除劳动合同的情形的,劳动合同应当续延至相应的情形消失时终止。另外,在本单位患职业病或者因工负伤并被确认丧失或者部分丧失劳动能力的劳动者的劳动合同的终止,按照国家有关工伤保险的规定执行。

(三)劳动合同终止时双方当事人的义务

(1)劳动者应当按照双方约定,办理工作交接。劳动合同终止后,劳动者依其忠实义务的要求结束其正在进行的事务,同时向用人单位办理事务移交手续,对原归其保管的物品,在交接前继续保管。

(2)用人单位办理人事档案、社会保险关系的转移手续。用人单位应当在解除或终止劳动合同时出具解除或终止劳动合同的证明,并在15日内为劳动者办理档案和社会保险关系转移手续。用人单位依照劳动合同法有关规定应当向劳动者在办结工作交接时支付经济补偿、工伤医疗补助金和伤残就业补助金(用人单位依法终止工伤职工的劳动合同)的,除依照劳动合同法第四十七条支付经济补偿金外,还应依照国家有关工伤保险的规定支付一次性医疗补助金和伤残就业补助金,返还劳动者寄存的财产和证件。

三、经济补偿金

解除劳动合同的经济补偿金是指因解除劳动合同而由用人单位给予劳动者的一次性经济补偿。

(一)经济补偿的范围

劳动合同法第四十六条规定,有下列情形之一的,用人单位应当向劳动者支付经济补偿:

(1)劳动者依照劳动合同法第三十八条规定解除劳动合同的(劳动者单方即时解除合同)。

(2)用人单位依照劳动合同法第三十六条规定向劳动者提出解除劳动合同并与劳动者协商一致解除劳动合同的。

(3)用人单位依照劳动合同法第四十条规定解除劳动合同的(单位非过失性解除劳动合同)。

(4)用人单位依照劳动合同法第四十一条第一款规定解除劳动合同的(单位经济性裁员)。

(5)除用人单位维持或者提高劳动合同约定条件续订劳动合同,劳动者不同意续订的情形外,依照劳动合同法第四十四条第一项规定终止固定期限劳动合同的。

劳动合同期满时,用人单位同意续订劳动合同,且维持或者提高劳动合同约定条件,劳动者不同意续订的,劳动合同终止,用人单位不支付经济补偿。如果用人单位同意续订劳动合同,但降低劳动合同约定条件,劳动者不同意续订的,劳动合同终止,用人单位应当支付经济补偿。如果用人单位不同意续订,无论劳动者是否同意续订,劳动合同终止,用人单位应当支付经济补偿。

(6)依照劳动合同法第四十四条第四项、第五项规定终止劳动合同的。

劳动合同法第四十四条第四项规定,用人单位被依法宣告破产的,劳动合同终止;第四十四条第五项规定,用人单位被吊销营业执照、责令关闭、撤销或者用人单位决定提前解散的,劳动合同终止。《中华人民共和国企业破产法》第一百一十三条规定,破产清偿顺序中第一项为破产企业所欠职工的工资和医疗、伤残补助、抚恤费用,所欠的应当划入职工个人账户的基本养老保险、基本医疗保险费用,以及法律、行政法规规定应当支付给职工的补偿金。用人单位因为有违法行为而被吊销营业执照、责令关闭、撤销时,劳动者是无辜的,其权益应该受到保护。劳动合同终止时,用人单位应该支付经济补偿。

(7)法律、行政法规规定的其他情形。由于立法者无法穷尽并预测一切可能的情形,所以用本条涵盖法律未明确规定的范围,也涵盖了未来其他法律法规做出的相应规定。这也是为了给司法机构或仲裁机构的裁决提供法律适用空间,保证了法律的完整性和严肃性。

需要注意的是,以完成一定工作任务为期限的劳动合同终止时的经济补偿、工伤职工的劳动合同的经济补偿、劳务派遣中的经济补偿,都是要给付的(可参考《中华人民共和国劳动合同法实施条例》)。

(二)经济补偿金的支付标准

1. 经济补偿计算标准

根据劳动合同法第四十七条的规定,经济补偿按劳动者在本单位工作的年限,每满1年支付1个月工资的标准向劳动者支付。6个月以上不满1年的,按1年计算;不满6个月的,向劳动者支付半个月工资的经济补偿。支付经济补偿的年限最高不超过12年。也就是说,劳动者工作年限超过12年的,也只能按12年补偿,即最多支付12个月的工资作为经济补偿。

2. 补偿金中工资计算标准

《中华人民共和国劳动合同法实施条例》第二十七条和劳动合同法第四十七条的第二款、第三款对劳动者的月工资标准做了规定,上述经济补偿计算标准中的月工资是指劳动者在劳动合同解除或者终止前12个月的平均工资。劳动者月工资高于用人单位所在直辖市、设区的市级人民政府公布的本地区上年度职工月平均工资的3倍的,就不能按照实际月工资支付经济补偿,而是按照该地区职工上年度月平均工资的3倍来支付;劳动者在劳动合同解除或者终止前12个月的平均工资低于当地最低工资标准的,按照当地最低工资标准计算。劳动者工作不满12个月的,按照实际工作的月数计算平均工资。

这里的"工资",按照《关于贯彻执行〈中华人民共和国劳动法〉若干问题的意见》第53条的规定,是指用人单位依据国家有关规定或劳动合同的约定,以货币形式直接支付给予本单位劳动者的劳动报酬,一般包括计时工资、计件工资、奖金、津贴和补贴、延长工作时间的工资报酬以及特殊情况下支付的工资等。

在经济补偿金的工资计算标准这一问题上,最容易引发混淆和纠纷的地方常见于计发经济补偿金的工资标准是否包括加班加点劳动报酬。根据上述规定,用人单位在正常生产情况下,支付给职工的加班加点劳动报酬属于工资的组成部分,计发经济补偿金的工资标准应包括加班加点劳动报酬。

劳动者的以下劳动收入不列入经济补偿金基数的范围:

(1)劳动保护费用,如工作服、解毒剂、清凉饮料费用等。

(2)按规定未列入工资总额的各种劳动报酬及其他劳动收入,如创造发明奖、国家星火奖、自然科学奖、科学技术进步奖、合理化建议和技术改进奖、中华技能大奖等,以及稿费、讲课费、翻译费等。

另外,用人单位违法解除或终止劳动合同,劳动者要求继续履行合同的,用人单位应继续履行;合同已无法履行的,要按两倍经济补偿金的标准赔偿劳动者(赔偿金);已支付赔偿金的,不再支付经济补偿。

四、赔偿金

(一)用人单位向劳动者支付赔偿金的情形

(1)用人单位违反劳动合同法规定解除或者终止劳动合同,劳动者要求继续履行劳动合同的,用人单位应当继续履行;劳动者不要求继续履行劳动合同或者劳动合同已经不能继续履行的,用人单位应当依照每满1年支付1个月工资的经济补偿标准的2倍向劳动者支付赔偿金。赔偿金自用工之日起计算年限。

(2)用人单位违反劳动合同法规定与劳动者约定试用期的,由劳动行政部门责令改正;约定的试用期已经履行的,由用人单位以劳动者试用期满的月工资标准,按已经履行的超过法定试用期的期间向劳动者支付赔偿金。

(3)用人单位有下列情形之一的,由劳动行政部门责令限期支付劳动报酬、加班费或者经济补偿;劳动报酬低于当地最低工资标准的,应当支付其差额部分;逾期不支付的,责令用人单位按应付金额百分之五十以上百分之一百以下的标准向劳动者加付赔偿金:

①未按照劳动合同的约定或者国家规定及时足额支付劳动者劳动报酬的；
②低于当地最低工资标准支付劳动者工资的；
③安排加班不支付加班费的；
④解除或者终止劳动合同，未依照劳动合同法规定向劳动者支付经济补偿的。

(4)用人单位克扣或者无故拖欠劳动者工资的，由劳动行政部门责令其支付劳动者的工资报酬、经济补偿，并可以责令支付赔偿金。

(二)用人单位违反劳动合同的其他赔偿责任

(1)劳动合同依照劳动合同法第二十六条规定被确认无效，由于用人单位的原因订立的无效合同，对劳动者造成损害的，应当承担赔偿责任。

(2)用人单位提供的劳动合同文本未载明劳动合同法规定的劳动合同必备条款或者用人单位未将劳动合同文本交付劳动者的，由劳动行政部门责令改正；给劳动者造成损害的，应当承担赔偿责任。

(3)用人单位有下列情形之一的，依法给予行政处罚；构成犯罪的，依法追究刑事责任；给劳动者造成损害的，应当承担赔偿责任：①以暴力、威胁或者非法限制人身自由的手段强迫劳动的；②违章指挥或者强令冒险作业危及劳动者人身安全的；③侮辱、体罚、殴打、非法搜身或者拘禁劳动者的；④劳动条件恶劣、环境污染严重，给劳动者身心造成严重损害的。

(4)用人单位违反劳动合同法规定未向劳动者出具解除或者终止劳动合同的书面证明，由劳动行政部门责令改正；给劳动者造成损害的，应当承担赔偿责任。

(5)对不具备合法经营资格的用人单位的违法犯罪行为，依法追究法律责任；劳动者已经付出劳动的，该单位或者其出资人应当依照劳动合同法有关规定向劳动者支付劳动报酬、经济补偿、赔偿金；给劳动者造成损害的，应当承担赔偿责任。

(6)用人单位违反规定，扣押劳动者居民身份证等证件或以担保及其他名义向劳动者收取财物的，由劳动行政部门责令限期退还劳动者本人，给劳动者造成损害的，应当承担赔偿责任。

(7)用人单位直接涉及劳动者切身利益的规章制度违反法律法规规定的，由劳动行政部门责令改正，给予警告；给劳动者造成损害的，应当承担赔偿责任。

(8)用人单位招用尚未终止或解除劳动合同的劳动者给原用人单位造成损失的，用人单位应当承担连带赔偿责任。

(9)用人单位违反劳动法规定的条件解除劳动合同或者故意拖延不订立劳动合同的，由劳动行政部门责令改正；对劳动者造成损害的，应当承担赔偿责任。

(三)劳动者违反劳动合同的赔偿责任

(1)劳动者违反劳动法中的规定解除劳动合同，或者违反劳动合同中约定的保密义务及竞业限制，给用人单位造成损失的，应当承担赔偿责任。

(2)由于劳动者的原因劳动合同被确认无效，给用人单位造成损害的，劳动者应当承担赔偿责任。

请问经济补偿与赔偿金是同一回事吗？

案例分析5-5

某市劳动行政部门在对甲公司进行例行检查时发现甲公司存在以下问题：

(1)2019年2月1日，甲公司在与王某签订劳动合同时，以工作证押金的名义向王某收取200元，至今尚未退还王某。

(2)张某自2019年4月1日起在甲公司工作，月工资为3000元。直到2019年7月1日，甲公司才与张某签订书面劳动合同。

(3)孙某自2019年1月1日起在甲公司工作，月工资为3000元。截至2020年1月1日，甲公司一直未与孙某签订书面劳动合同。2020年1月2日，孙某要求与甲公司签订无固定期限的劳动合同，遭到甲公司的拒绝。

(4)2019年8月1日，甲公司与周某的劳动合同到期，已在甲公司连续工作12年的周某提出与甲公司签订无固定期限的劳动合同，遭到甲公司的拒绝。

试指出每一项的不合法之处，并分析如何处理。

任务四　了解集体劳动合同和劳务派遣

> 活动内容：了解集体劳动合同的订立和作用，了解劳务派遣中劳动者、用人单位、用工单位三者之间的关系，明确权利义务关系。
>
> 活动一：调查、了解。学生自由组织，联系一些企业的工会，了解集体合同的签订程序、内容及劳动者权益的保障。
>
> 活动二：学生采访一些劳务派遣公司（如家政公司、保洁公司等），了解派遣工作的程序、内容、报酬支付方式、责任等，撰写心得、总结或制作简报。

知识基础

一、集体劳动合同

(一)集体劳动合同的概念

集体劳动合同又称为团体契约、集体协议等，它是经全体职工或者职工代表大会讨论同意，由工会或者职工委托的代表与用人单位为规范劳动关系而订立的，以全体劳动者劳动条件和生活条件为主要内容的协议。

劳动合同法第五十五条规定，用人单位与劳动者订立的劳动合同中劳动报酬和劳动条件等标准不得低于集体劳动合同规定的标准。

如果用人单位违反集体劳动合同，侵犯职工劳动权益，工会可以依法要求用人单位承担责任。因履行集体劳动合同发生争议，经协商解决不成的，工会可以依法申请仲裁、提起诉讼。

我国集体劳动合同期限一般为 1～3 年,期满前 3 个月,任何一方都可以向对方提出续订或重新订立集体劳动合同的要求。

(二)集体劳动合同订立的原则

劳动合同法第五十一条规定:"企业职工一方与用人单位通过平等协商,可以就劳动报酬、工作时间、休息休假、劳动安全卫生、保险福利等事项订立集体合同。集体合同草案应当提交职工代表大会或者全体职工讨论通过。"从法律规定中可以看出,集体劳动合同订立的原则如下:

(1)合法原则。订立集体劳动合同是一种法律行为,必须遵循合法原则。所谓合法,主要包括订立程序和合同内容合法两个方面。

(2)平等原则。集体劳动合同签订时,企业职工一方一般由用人单位的工会代表行使签订合同的权利,在签订集体劳动合同时,工会与单位处于平等的法律地位。尚未建立工会的用人单位,由上级工会指导劳动者推举的代表与用人单位订立集体劳动合同。

(3)协商一致原则。集体劳动合同是当事人双方意思表示一致而达成的协议。协商是我国处理劳动关系的重要方式,也是签订集体劳动合同的基础。当协商不能取得一致意见时,应申请当地政府组织有关各方协调处理。

(三)集体劳动合同的主要内容

集体劳动合同应当包括以下内容:

(1)劳动报酬;

(2)工作时间;

(3)休息休假;

(4)保险福利;

(5)劳动安全与卫生;

(6)合同期限;

(7)变更、解除、终止集体劳动合同的协商程序;

(8)双方履行集体劳动合同的权利和义务;

(9)履行集体劳动合同发生争议时协商处理的约定;

(10)违反集体劳动合同的责任;

(11)双方认为应当协商约定的其他内容。

(四)集体劳动合同订立的程序

集体劳动合同签订程序应根据《集体合同规定》执行,主要包括以下步骤:

(1)确定集体协商代表。集体协商双方的代表人数应当对等,每方至少 3 人,并确定 1 名首席代表。

(2)进行集体协商。经集体协商,双方达成一致的草案,由双方首席代表签字。

(3)提请职工代表大会或全体员工审议通过。草案的讨论应当有三分之二以上职工代表或者职工出席,且须经出席的职工代表或职工半数以上同意,集体合同草案方获通过。

(4)首席代表签字。集体合同草案在职工代表大会或者全体职工大会通过后,由集体协商双方首席代表签字。

(5) 劳动行政部门审查。劳动行政部门自收到集体劳动合同文本之日起15日内未提出异议的，集体劳动合同即行生效。

(6) 向全体人员公布。生效的集体劳动合同应当自生效之日起以适当的形式向全体人员公布。

(五) 集体劳动合同的类型

(1) 根据合同内容的不同可以分为综合性的集体劳动合同和专项集体劳动合同。

综合性的集体劳动合同在内容上几乎涵盖上述集体劳动合同主要内容，而专项集体劳动合同主要针对比较特别的事项。比如，考虑女性职工与男性职工的区别、专门针对女性职工权益保护而签订的集体劳动合同属于专项集体劳动合同。根据劳动合同法，专项集体劳动合同主要有劳动安全卫生、女职工权益保护、工资调整机制等集体劳动合同。

(2) 根据适用范围的不同可以分为企业性集体劳动合同、行业性集体劳动合同和区域性集体劳动合同。

企业性集体劳动合同是指在某一个企业内部签订的集体劳动合同，仅对用人单位和单位内部的劳动者具有约束力，对其他企业和劳动者无约束力。

行业性集体劳动合同是指在一定行业内，由地方工会或者行业性工会联合会与相应行业内企业方面代表，就劳动报酬、工作时间、休息休假、劳动安全卫生、保险福利等事项进行平等协商，所签订的集体合同，其对一定区域内的整个行业的单位和劳动者都有约束力。劳动合同法第五十三条规定："在县级以下区域内，建筑业、采矿业、餐饮服务业等行业可以由工会与企业方面代表订立行业性集体合同，或者订立区域性集体合同。"同一领域的各企业具有行业共同性，在利润和职工工资水平、职业危害状况、劳动者素质等方面往往比较接近，行业性集体劳动合同能够更广泛地保护整个行业内的劳动者的合法权益，同时在和谐稳定劳动关系的基础上使行业整体素质得到提升。

区域性集体劳动合同是指在一定区域（镇、区、街道、村）内，由区域性工会联合会与相应经济组织或区域内企业，就劳动报酬、工作时间、休息休假、劳动安全卫生、保险福利等事项进行平等协商，所签订的集体合同，其仅对本区域的用人单位和劳动者具有约束力，不管单位属于什么行业，只要在本地区就受到约束。

案例分析5-6

周某于2018年1月大学毕业进了一家公司，与公司签订了3年的劳动合同。2018年2月5日，周某偶然从同事那知道，有多项公司福利自己未享有：每月200元的交通补贴、夏季（七、八、九3个月）的高温补贴（每月100元）、未婚者每月360元的租房补贴，另外还有大病医疗补充保险。周某设法找来公司的集体劳动合同，发现这些员工福利都写在集体劳动合同之中，他感到不满，找到公司人力资源部，主张自己也应与其他员工享受同样的待遇。人力资源部拒绝了他的请求，认为那是两年前的合同，针对的是老职工，现在公司实行了改革，新员工都实行新的制度，新员工的待遇在签订的劳动合同中都约定好了。2018年3月28日，周某因一直未达成协议向公司的调解委员会申请调解。

试分析：此案例调解委员会该怎样处理？

二、劳务派遣

（一）劳务派遣的概念

劳务派遣又称人力派遣、人才租赁、劳动派遣、劳动力租赁、雇员租赁，是指由劳务派遣机构与被派遣劳动者订立劳动合同，把劳动者派向其他用工单位，再由用工单位向派遣机构支付一笔服务费用的一种用工形式。劳动合同用工是我国企业的基本用工形式，而劳务派遣用工是补充形式，只能在临时性、辅助性或者替代性的工作岗位上实施。临时性工作岗位存续时间不超过6个月，且用工单位应当严格控制劳务派遣用工数量，不得超过其用工总量的一定比例，具体比例由国务院劳动行政部门规定。

（二）派遣机构、用工单位和被派遣劳动者之间的关系

（1）被派遣劳动者与派遣机构是劳动关系。
（2）被派遣劳动者与用工单位是劳动用工关系。
（3）派遣机构与用工单位是劳务关系。
以上关系如图5-1所示。

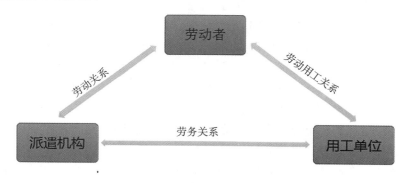

图 5-1

（三）劳务派遣的特点

（1）人才的法定所有权与使用权分离，是劳务派遣的本质特点。人才法定所有权属于人才个体，人才个体与单位或派遣机构签订了契约合同，产权结构就发生裂变，单位或派遣机构就拥有了人才法定所有权。派遣机构按照契约合同将人才交给用工单位临时使用，用工单位就获得了人才的使用权和收益权，但人才的法定所有权仍归派遣机构。

（2）"不求所有，但求所用"的用人理念是劳务派遣的一个显著特点。在计划经济体制下，人才归单位所有，人才能进不能出，人才闲置浪费现象严重。在市场经济条件下，市场运行客观要求人才资源优化配置、合理利用，一些单位在发展过程中需要使用人才，但由于种种原因又不能养着人才。实行劳务派遣用工，打破了人才国家所有、单位所有的传统体制，使用工单位在人才使用上实现了"不求所有，但求所用"。

（3）人才的使用与管理。实行劳务派遣用工后，用工单位只负责对人才的使用和考核，不与人才本人发生任何隶属关系。对人才的管理工作，包括工资的发放、社会保险费的代收代缴、劳资纠纷、劳动争议仲裁处理等问题，都由劳务派遣机构负责。用工单位用人但不养人，可

减少大量因管理人才而带来的工作量和相关的麻烦,可集中精力致力于事业的发展和企业的生产经营。

(4)劳务派遣的基本结构是由三方当事人和两份契约合同组成的。三方当事人是劳务派遣机构、用工单位和被派遣劳动者。两份契约合同,一是用工单位与派遣机构签订的劳务派遣协议;二是派遣机构与被派遣劳动者签订的劳动合同。

(四)劳务派遣的起源与发展

劳务派遣产生于20世纪20年代,当时主要集中在欧美等发达国家。据资料记载,美国在1971年就颁布了人才租赁业的法律,日本在1985年颁布了《人才派遣法》。随着全球市场竞争加剧,越来越多的组织意识到,要在一个动态的市场条件下成为胜利者必须要有配套的柔性流动人才队伍以快速、有效地回应环境的变化,沉重的成本问题和迟钝的响应速度不能使组织成为竞争中的胜利者,这就加剧了对劳务派遣业发展的要求。当前在国外,劳务派遣已是一种常见的用工模式。

在我国,劳务派遣产生于20世纪70年代,近年来,随着我国市场经济的不断深入发展,劳务派遣业务得到了迅速的发展。

(五)劳务派遣的基本程序

(1)根据用工单位的需求,由用工单位与派遣机构协商签订劳务派遣协议。

(2)由劳务派遣机构组织招聘、筛选等,将初选人员名单交给用工单位,由用工单位确定人选。

(3)派遣机构与被派遣劳动者签订劳动合同并办理有关手续。

(4)被派遣劳动者到用工单位入职。

(5)根据用工单位提供的考核结果,派遣机构向被派遣劳动者代发工资、代办社保。

(6)合同期满,派遣机构与用工单位协商续签或终止合同事宜。

(六)派遣机构与用工单位的义务

1. 派遣机构的义务

(1)劳务派遣单位应当履行用人单位对劳动者的义务。劳务派遣单位与被派遣劳动者应当订立2年以上的固定期限劳动合同,除应当载明劳动合同法第十七条规定的事项外,还应当载明被派遣劳动者的用工单位以及派遣期限、工作岗位等情况。

(2)劳务派遣单位应当按月支付劳动报酬;被派遣劳动者在无工作期间,劳务派遣单位应当按照所在地人民政府规定的最低工资标准,向其按月支付报酬。

(3)劳务派遣单位派遣劳动者应当与接受以劳务派遣形式用工的单位(用工单位)订立劳务派遣协议。劳务派遣单位应当将劳务派遣协议的内容告知被派遣劳动者。

(4)劳务派遣单位不得克扣用工单位按照劳务派遣协议支付给被派遣劳动者的劳动报酬。

2. 用工单位的义务

用工单位的义务如下:

(1)执行国家劳动标准,提供相应的劳动条件和劳动保护;

(2)告知被派遣劳动者工作要求和劳动报酬;

(3)支付加班费、绩效奖金,提供与工作岗位相关的福利待遇;

(4)对在岗被派遣劳动者进行工作岗位所必需的培训;

(5)连续用工的,实行正常的工资调整机制;
(6)不得将被派遣劳动者再派遣到其他用人单位;
(7)不得向被派遣劳动者收取费用;
(8)不得剥夺被派遣劳动者享有与用工单位的劳动者同工同酬的权利;
(9)尊重被派遣劳动者在用工单位依法参加或者组织工会的权利,以及维护自身合法权益的权利。

三、非全日制用工制度

非全日制用工制度是指以小时计酬为主,劳动者在同一用人单位一般平均每日工作时长不超过 4 小时,每周工作时间累计不超过 24 小时的用工形式。非全日制用工双方当事人可以口头订立用工协议,也可以书面订立用工协议。从事非全日制用工的劳动者可以与一个或一个以上的用人单位订立劳动合同,具有多重劳动关系,但后订立的劳动合同不得影响先订立的劳动合同的履行。非全日制用工双方当事人不得约定试用期。非全日制用工双方当事人任何一方都可以随时通知对方终止用工。终止用工,用人单位不向劳动者支付经济补偿。非全日制用工小时计酬标准不得低于用人单位所在地人民政府规定的最低小时工资标准。非全日制用工劳动报酬结算支付周期最长不得超过 15 日。

说说劳务派遣与非全日制用工的区别。

知识扩展 劳务派遣对于用工单位的好处

劳务派遣特别受到外资企业、优势企业和国有大企业的欢迎,有如下的因素:

(1)有利于降低招聘成本。通过劳务派遣输入员工,招聘工作完全可由劳务公司来完成,或者由劳务公司来完成招聘中的大部分工作,这样可以减少很大一笔招聘开支。

(2)有利于降低培训成本。通过劳务派遣输入员工,用人单位可以同劳务公司一起完成新员工的岗前培训工作,而劳务公司也愿意配合此项工作,因此,用人单位用较少的人力、财力就可以完成培训工作并使新员工达到工作要求。

(3)有利于降低薪酬支出。通过劳务派遣输入员工的低薪酬支出,往往被作为一种激励制度来体现。派遣员工(又称劳务工)经过努力工作或工作表现优秀的,可以转为正式员工(直接与用人单位签订劳动合同的员工),这也是国家政策的趋向。在实际用工中,劳务工与正式员工工资和福利待遇确实存在差异。劳务工除正常工资、年终双薪及法定的福利外,一般不享受正式员工的福利及奖励。

(4)有利于规避裁员(特别是用人单位大批量裁员)的风险。一旦用人单位在激烈的市场竞争中由于种种原因需要实施人力资源使用数量上的裁减,对于存在劳动关系的员工必然引起劳动关系的解除,这种解除无论在程序上还是在经济补偿方面都有一定的法律强制性规定;而对于劳务派遣人员,用人单位可以用提高管理费或双方约定支付一定的补偿金作为条件,与劳务公司在劳务派遣协议中约定由劳务公司承担因裁员而产生的大部分经济赔偿责任,从而达到转移风险的目的。

(5) 有利于规避或防范其他劳动保护方面的风险。由于劳动者的无过错行为(如因为不胜任工作、非因工疾病等)导致的劳动合同或特殊劳动关系的解除可能对其他员工产生负面影响,而专业劳务派遣机构(劳务公司)具有专业性和对劳动法律的熟悉性,可以有效地帮助用人单位摆脱上述困境,或风险在发生之前就由于有相应的防范措施而得到了化解。

(6) 有利于用人单位人力资源部门职能的变化。专业的劳动保障监督有助于用人单位的人力资源的有效运用。劳务公司不论从自身的经济利益考虑还是在专业的劳动保障政策认知上,都能起到对用人单位进行监督的作用。专业的劳务公司的从业人员往往有很好的专业功底和多年从事劳动保障工作的背景,是用人单位所不及的。因此,对规范和健全用人单位的用人制度(尤其是劳动关系)方面的人力资源工作,劳务公司能起到顾问和指导作用,更能调动员工的积极性,使用人单位把主要精力放在人力资源的开发上,以及放在提升企业核心竞争力上,从而实现人力资源的有效运用及合理配置。

(7) 有利于增强用人单位的用人灵活性和劳动法律保护对其制约的解缚性。

项目小结

本项目旨在使学生掌握劳动合同法知识,正确签订劳动合同,认真履行劳动合同,在学会利用劳动合同法知识维护自身权益和解决劳动纠纷的同时,培养学生认真负责的态度和社会责任感。

项目知识检测

一、单项选择题

1. 周某于2018年4月11日进入甲公司就职,经周某要求,公司于2019年4月11日才与其签订劳动合同。已知周某每月工资为2000元,已按时足额领取。甲公司应向周某支付工资补偿的金额是( )元。
   A. 0   B. 2000   C. 22 000   D. 24 000

2. 韩某在甲公司已工作10年,经甲公司与其协商同意解除劳动合同。已知韩某在劳动合同解除前12个月平均工资为7000元,当地人民政府公布的本地区上年度职工平均工资为2000元。甲公司应向韩某支付的经济补偿金额是( )元。
   A. 20 000   B. 24 000   C. 60 000   D. 70 000

3. 根据劳动合同法律制度的规定,下列关于无效劳动合同的表述中正确的是( )。
   A. 无效劳动合同,从确认其无效时起没有法律约束力
   B. 以欺诈、胁迫的手段,使对方在违背真实意思的情况下订立的劳动合同无效
   C. 劳动合同被确认无效,劳动者已付出劳动的,用人单位无须向劳动者支付劳动报酬
   D. 劳动合同被确认无效,有过错的一方应当承担赔偿责任

4. 根据劳动合同法的规定,下列各项中,劳动者不需要事先告知即可解除劳动合同的是( )。
   A. 用人单位未按照劳动合同约定提供劳动保护或者劳动条件

B. 用人单位违章指挥、强令冒险作业危及劳动者人身安全

C. 用人单位未及时足额支付劳动报酬

D. 用人单位未依法为劳动者缴纳社会保险费

5. 职工患病,在规定的医疗期内劳动合同期满,劳动合同(　　)。

　　A. 即时终止　　　　　　　　　　　B. 续延半年后终止

　　C. 续延一年后终止　　　　　　　　D. 续延到医疗期满时终止

6. 集体劳动合同由(　　)代表企业职工一方与用人单位订立。

　　A. 工会　　　　　　　　　　　　　B. 职工代表大会

　　C. 监事会　　　　　　　　　　　　D. 股东代表大会

二、多项选择题

1. 小王从2017年2月1日起为一家服装公司工作,虽经多次提出,但公司一直未与其签订书面合同,直到2018年2月1日,公司忽然通知小王订立书面劳动合同,但工资减半,小王不同意签订。根据劳动合同法律制度的规定,下列表述中,正确的有(　　)。

　　A. 自2017年2月1日至2018年1月31日,甲公司应当向小王每月支付2倍工资

　　B. 自2017年3月1日至2018年1月31日,甲公司应当向小王每月支付2倍工资

　　C. 视为甲公司自2018年1月1日起已经与小王订立了无固定期限劳动合同

　　D. 视为甲公司自2018年2月1日起已经与小王订立了无固定期限劳动合同

2. 按照劳动合同期限的不同,劳动合同可分为(　　)。

　　A. 固定期限的劳动合同　　　　　　B. 无固定限期的劳动合同

　　C. 长期劳动合同　　　　　　　　　D. 以完成一定工作任务为期限的劳动合同

3. 根据劳动合同法第二十六条的规定,下列(　　)情形下,劳动合同无效或者部分无效。

　　A. 以欺诈、胁迫的手段或者乘人之危,使对方在违背真实意思的情况下订立或者变更劳动合同的

　　B. 用人单位免除自己的法定责任、排除劳动者权利的

　　C. 违反法律、行政法规强制性规定的

　　D. 劳动者被依法追究刑事责任的

4. 用人单位招用劳动者时,不得有以下哪些行为?(　　)。

　　A. 扣押劳动者的居民身份证和其他证件

　　B. 要求劳动者提供担保或者以其他名义向劳动者收取财物

　　C. 了解劳动者与劳动合同直接相关的基本情况

　　D. 验证相关证明文件

5. 老王是甲公司的财务总监,公司与他签订了竞业限制协议,约定合同期满或因其他原因离职后,老王在3年内不得从事与甲公司同类的业务工作,甲公司在老王离职后每月支付2000元补偿金。后老王因身体原因离职,但甲公司并未支付补偿金,经老王多次催要,公司仍不履行。4个月后老王身体康复,去了甲公司的竞争对手乙公司担任相同职务。下列说法中错误的有(　　)。

　　A. 甲公司可以与老王约定竞业限制协议

　　B. 双方约定的竞业限制期限符合法律规定

　　C. 老王不能解除竞业限制协议

D. 老王可以请求解除竞业限制

6. 某公司拟与张某签订为期 3 年的劳动合同,关于该合同试用期约定的下列方案中,符合法律制度的有(　　)。

A. 不约定试用期　　　　　　　　B. 试用期 1 个月

C. 试用期 3 个月　　　　　　　　D. 试用期 6 个月

项目技能训练

一、案例分析

1. 2016 年 8 月,吴某被某公司聘为业务员,并与该公司签订了为期两年的劳动合同,劳动合同约定:吴某需先交 2000 元风险抵押金,如果吴某违约,则 2000 元押金不再退还;吴某试用期为 6 个月,试用期每月工资为 800 元,试用期满后每月工资为 1500 元。劳动合同还规定,如果吴某严重违反公司的劳动纪律或者患病住院、怀孕等,公司有权立即解除劳动合同,并且不需要给吴某任何经济补偿。

试分析:该劳动合同存在哪些违反劳动法规的地方?

2. 28 岁的小吴在一家知名的电子制造企业打工,他负责喷涂一种金属材料,每天在车间工作十几个小时,后来他频频出现咳嗽的现象,以为自己只是患上了感冒,仗着年轻身体好,硬是撑了一年半。2020 年 7 月,小吴出现了严重的咳嗽、气喘,并伴有持续性的发烧,于是在当地住院进行治疗,医院不能明确诊断为何种病因。2020 年 11 月,小吴被转到了南京市某医院。因小吴连续 4 个月未能上班,该电子制造企业欲与其协商解除劳动合同。

试分析:该电子制造企业能否解除其与小吴的劳动合同?为什么?

二、技能训练

草拟一份劳动合同书。

项目六 合法清偿债务

·知识目标·

理解破产的概念,掌握企业破产原因的相关知识;

掌握破产申请的主体、受理过程及法律后果的相关知识;

熟悉管理人的概念、任职条件及职责;

掌握破产财产的范围、破产宣告条件的相关知识;

掌握债权人会议职权、破产财产的变价和分配顺序的相关知识;

了解重整与和解,掌握重整与和解程序的相关知识。

·能力目标·

能准确判定企业是否达到破产界限及企业破产原因;

能分析企业破产申请和受理情况;

能判定管理人的职责;

能对企业的破产财产进行分析和判定;

能对债权人会议及其职责进行辨析;

能正确分析、解决企业重整与和解过程中的问题。

 / 引 导 案 例 /

飞达有限责任公司(以下简称"飞达公司")是生产电视机的中外合资企业,于2010年5月成立。该公司在开业初每年略有盈利。2017年3月,为扩大生产规模、提高经济效益,该公司向中国工商银行某分行贷款1500万元用于开发生产电冰箱和洗衣机。2017年5月,因公司主管人员和经办人员玩忽职守,1500万元贷款被骗。与该公司有业务往来的单位和个人得知此消息后,纷纷中止了与该公司的业务合同,该公司的债权人也纷纷上门索取到期债权,该公司因此陷入困境,出现严重支付不能的状态,生产经营难以继续。部分债权人见索款无望,于2017年8月10日向人民法院申请宣告飞达公司破产。

人民法院经分析认为,飞达公司的到期债务已超过其全部资产,达到了破产界限,于2017年8月16日受理了此案,同时指定了管理人,于2017年8月20日向飞达公司发出了通知,并在报纸上发表了公告,要求该公司的所有债权人申报债权。

飞达公司得知自己被债权人申请破产后,对自己的经营水平、方向和前景进行了分析,认为本公司资不抵债的主要原因是贷款被骗,因此尚有挽救的可能,于2017年9月15日向人民法院提出重整的申请,同时也向债权人会议提出了和解协议草案。

法院接到飞达公司的重整申请后,认为重整申请符合法律规定,裁定债务人重整,重整计划草案经债权人会议讨论同意,经法院审查认可,飞达公司中止破产程序,进行重整。

在债务人重整期间,由于原材料涨价、电视机价格调整、公司领导人更换等原因,该公司的经济状况持续恶化。债权人会议要求停止重整,宣告该公司破产,人民法院裁定终止重整程序,宣告债务人破产。

管理人接管飞达公司后,在清理其债权、债务过程中,发现如下事项:

(1)2016年4月,飞达公司向乙公司采购原材料而欠乙公司80万元货款未付。2017年3月,飞达公司与乙公司签订一份还款协议,该协议约定:飞达公司于2017年9月10日前偿还所欠乙公司货款及利息共计87万元,并以飞达公司所属一间厂房作为抵押。还款协议签订后,双方办理了抵押登记。乙公司在债权申报期内申报了债权。

(2)2016年6月,丙公司向A银行借款120万元,借款期限为1年。飞达公司以所属部分设备为丙公司提供抵押担保,并办理了抵押登记。借款到期后,丙公司未能偿还A银行贷款本息。经飞达公司、丙公司和A银行协商,飞达公司用于抵押的设备被依法变现,所得价款全部用于偿还A银行,但尚有20万元借款本息未能得到清偿。

(3)2016年7月,飞达公司与丁公司签订了一份广告代理合同,该合同约定:丁公司代理发布飞达公司产品广告;期限为2年;一方违约,应当向另一方支付违约金20万元。至飞达公司破产申请被受理时,双方均各自履行了部分合同义务。

(4)2016年8月,飞达公司向李某购买了一项专利,尚欠李某19万元专利转让费未付。李某之子小李创办的戊公司曾于2016年11月向飞达公司采购一批电子产品,尚欠飞达公司货款21万元未付。人民法院受理飞达公司破产申请后,李某与戊公司协商一致,戊公司在向李某支付19万元后,取得李某对飞达公司的19万元债权。戊公司向管理人主张以19万元债权抵销其所欠飞达公司相应的债务。

请问:

(1)飞达公司破产申请的主体有哪些?人民法院的受理程序是否合法?

(2)哪些债权可以申报破产债权?如何清偿?

(3)破产宣告后的财产的清偿顺序是怎样的?

任务一　判断破产界限

活动一:学生查阅资料,了解我国原有破产法的基本情况,和现行破产法进行比较,进一步了解现行破产法的立法背景和颁布意义。

活动二:学生分组讨论,公司出现什么样的问题就是达到破产界限,以及是不是所有资不抵债的公司都是达到破产界限,分组讨论后进行汇报总结。

知识基础

一、破产和破产法

（一）破产的概念与特征

破产是指债务人不能清偿到期债务，并且资产不足以清偿其全部债务或明显缺乏偿债能力，在法院的审理与监督下，强制清算其全部财产，公平清偿全体债权人的法律制度。破产主要具有以下特征。

1. 破产是一种特殊的偿债程序

当债务人的全部或部分债务到期，债务人不能全部清偿时，如果债务人仅为一人，债务纠纷可按普通民事诉讼程序一对一地进行解决，但如果有两个以上或者更多的债权人，这种方式就会导致混乱和不公平，使纠纷不能有效地解决。破产作为一种特殊的偿债程序，其特殊性表现在：①破产还债按照破产法规定的特定程序进行；②破产是以债务人的全部财产作为清偿全体债权人的物质基础，并且清偿是一次性的；③清偿程序结束后，债务人主体资格消灭。未偿还的债务不予偿还。

2. 破产以债务人不能清偿到期债务为前提

虽然对破产的法定原因或条件各国的规定不尽相同，但都将债务人不能清偿到期债务作为破产的基本前提。因为只有债务人不能清偿到期债务，才会严重影响债权人利益的实现，妨碍民事经济活动的安全。

3. 破产的目的是使债权人的债权得到公平的清偿

在现代市场经济活动中，一个债务人往往有多个债权人，债权、债务普遍存在，当债务人的财产不足以清偿多个到期债权时，债权人分别行使权利就会使同一顺序的多个债权人难以获得同等的受偿机会。破产制度将债务人的全部财产集中起来，依法定顺序和债权比例分配给各个债权人，不能清偿的部分也由各债权人共同分担损失，从而使债权人的债权得到较为公平的清偿。

4. 破产是在法院的主持和监督下依法定程序实施的债务清理程序

破产是关系到债权人的利益能否公平实现和债务人"生死存亡"的大事，因此，破产必须在法院的主持和监督下依法定程序进行。为规范债务人的破产行为，维护债权人和债务人的合法权益，实行债务人破产制度的国家都制定有专门的破产法，法院在受理、主持和监督债务人破产时必须严格执行破产法的相关规定。破产程序优于一般民事执行程序。

（二）破产的作用

1. 适应市场经济发展和经济体制改革，是企业优胜劣汰的需要

（1）约束作用。
（2）淘汰作用。
（3）防止社会经济的震荡。
（4）调动经营者和职工的自觉性和主动性。

2. 保护债权人和债务人的合法权益

（1）保障债权人的债权能在最大限度内得到满足。

(2)保障债权人的公平清偿。
(3)使债务人摆脱残余债务的负担。

(三)破产法及其适用范围

1. 破产法的概念

破产法是指调整破产债权人和债务人、法院、管理人以及其他参加人相互之间在破产过程中所发生的法律关系的法律规范的总称。破产法是一个兼具实体规范和程序规范的部门法。破产法的理念偏重的是对企业的拯救,而非简单的债务清偿、破产淘汰。基于这样的理念,重整原因、重整程序的发动主体、重整期间的营业保护措施等内容都比较重要。总体来讲,破产法具有以下特征:

(1)破产法的调整范围仅限于债务人丧失清偿能力、不能清偿到期债务的特别情况。破产法解决的是如何公平执行的问题,当事人之间存在的实体权利义务争议则应在破产程序外通过民事诉讼、仲裁等制度解决。

(2)破产法是集实体与程序内容于一体的综合性法律,破产法的基本内容可分为实体性规范、程序性规范、罚则与复权三大部分。

(3)破产法的基本制度主要源于民事债权和民事诉讼执行制度,同时根据破产程序的特点、原则加以适当变更,对当事人的权利、义务予以必要的扩张或者限制。

2. 我国破产法的适用范围

《中华人民共和国企业破产法》(简称企业破产法)适用于所有的企业法人,包括国有企业、集体企业、私营企业等,但是,没有法人资格的企业、个体工商户、合伙组织、农村承包经营户和自然人不适用。

知识扩展　我国企业破产法立法概况

为促进我国企业法人自主经营、改善经营状况、提高经济效益,保护债权人、债务人的合法权益,全国人民代表大会常务委员会于1986年12月通过了《中华人民共和国企业破产法(试行)》(以下简称《企业破产法(试行)》,现已废止),对我国企业法人的破产行为进行了规定。《企业破产法(试行)》的立法对象是全民所有制企业,后来《中华人民共和国民事诉讼法》(简称民事诉讼法)又将范围扩大到所有的法人型企业。

在现代市场经济中,各国都特别注重破产立法,德国、日本近年根据企业发展情况纷纷修改破产法,我国旧的破产法律体系的存在与市场经济的发展矛盾重重,已经不能适应现代社会需要。于是,第十届全国人大常委会第二十三次会议于2006年8月27日通过了企业破产法,2007年6月1日起正式施行。为保障企业破产法的实施,最高人民法院先后于2011年9月9日、2013年9月5日和2019年3月27日公布了《最高人民法院关于适用〈中华人民共和国企业破产法〉若干问题的规定(一)》《最高人民法院关于适用〈中华人民共和国企业破产法〉若干问题的规定(二)》《最高人民法院关于适用〈中华人民共和国企业破产法〉若干问题的规定(三)》,对规范企业破产程序、公平清理债权债务、保护债权人和债务人的合法权益、维护社会主义市场经济秩序具有重要意义。

二、破产原因

破产原因也称破产界限,是提出破产申请,从而启动破产程序的客观事实,也是人民法院据以宣告债务人破产的法律标准。我国企业破产法确定的破产界限是,企业法人不能清偿到期债务,并且资产不足以清偿全部债务或者明显缺乏清偿能力时,可以宣告债务人破产。因此,企业破产的原因主要有:①债务人不能清偿到期债务,并且资产不足以清偿全部债务;②债务人不能清偿到期债务,并且明显缺乏清偿能力。

所谓"不能清偿到期债务",是指债务人所欠债务已到偿还期限,并未实际履行。不能清偿到期债务应是处于连续状态,而不是因一时的资金周转困难等问题暂时、短期不能清偿。"资产不足以清偿全部债务"也称资不抵债,是指企业因经营管理不善、市场变化等原因出现亏损,导致其全部资产不足以清偿全部债务。"缺乏清偿能力"是指债务人的资产状况表明其明显不具有清偿全部债务的能力,具体表现为多次拖欠他人债务长期不予归还,产品积压,或只能以某些实物偿付债务等。另外,债务人账面资产虽大于负债,但存在下列情形之一的,人民法院应当认定其明显缺乏清偿能力:①因资金严重不足或者财产不能变现等原因,无法清偿债务;②法定代表人下落不明且无其他人员负责管理财产,无法清偿债务;③经人民法院强制执行,无法清偿债务;④长期亏损且经营扭亏困难,无法清偿债务;⑤导致债务人丧失清偿能力的其他情形。

案例分析6-1

(1)甲企业到2018年总资产为7亿元,总负债9.4亿元。2019年、2020年该企业负债继续加大,总资产未变,但企业经营运转正常,能偿还到期债务。债权人认为该企业早已资不抵债,达到破产界限。

(2)乙企业2019年底总资产为2.3亿元,欠银行贷款1.2亿元,欠其他债务1.7亿元,欠大部分单位的债务到期后,基本都能按期偿还,但是欠A公司的债务已逾期1年,仍未偿还,乙企业认为欠A公司1.3亿元,而A公司认为乙企业欠1.8亿元,就债务具体数额双方不能达成一致认识,A公司认为乙企业达到破产界限。

(3)丙企业近3年欠所有债权人(包括B公司在内)的债务,均到期无力偿还,B公司认为丙企业达到破产界限。

试分析:甲、乙、丙公司是否达到破产界限?

三、破产管辖

破产案件由债务人住所地的人民法院管辖。债务人住所地是指债务人的主要办事机构所在地。债务人主要办事机构不明确、存在争议的,由其注册登记地人民法院管辖。

基层人民法院一般管辖县、县级市或者区的工商行政管理机关核准登记的企业的破产案件;中级人民法院一般管辖地区、地级市(含本级)以上的工商行政管理机关核准登记的企业的破产案件;纳入国家计划调整的企业破产案件,由中级人民法院管辖。

根据民事诉讼法的规定,上级人民法院可以审理下级人民法院管辖的企业破产案件,或者将本院管辖的企业破产案件移交下级人民法院审理;下级人民法院需要将自己管辖的企业破产案件交由上级人民法院审理的,可以报请上级人民法院审理;省、自治区、直辖市范围内因特殊情况需对个别企业破产案件的地域管辖做调整的,须经共同上级人民法院批准。

 ## 任务二 熟悉破产程序

活动一:学生进行课前预习,自行绘制一份破产程序示意图。

活动二:学生进行分组,每组查找一个关于企业破产的案例,根据案例资料,分别扮演债权人、债务人、管理人等,模拟演示企业破产程序各环节的操作。

知识基础

一、破产申请与受理

(一)破产申请

1. 破产申请人

依照我国企业破产法中的规定,不同的人在不同的情形下可以向人民法院提出不同的请求:

(1)债务人在不能清偿到期债务,并且资产不足以清偿全部债务或者明显缺乏清偿能力的情形下,可以向人民法院提出重整、和解或者破产清算申请。

(2)债务人不能清偿到期债务,债权人可以向人民法院提出对债务人进行重整或者破产清算的申请。

(3)企业法人已解散但未清算或者未清算完毕,资产不足以清偿债务的,依法负有清算责任的人应当向人民法院申请破产清算。

(4)企业破产法第一百三十四条规定:"商业银行、证券公司、保险公司等金融机构有本法第二条规定情形的,国务院金融监督管理机构可以向人民法院提出对该金融机构进行重整或者破产清算的申请。国务院金融监督管理机构依法对出现重大经营风险的金融机构采取接管、托管等措施的,可以向人民法院申请中止以该金融机构为被告或者被执行人的民事诉讼程序或者执行程序。"

2. 提交的材料

向人民法院提出破产申请,应当提交破产申请书和有关证据。破产申请书应当载明下列事项:①申请人、被申请人的基本情况;②申请目的;③申请的事实和理由;④人民法院认为应当载明的其他事项。

债权人提出申请的,还应当向人民法院提供债权发生事实及有关证据、债权的性质和数额、债权有无财产担保(有财产担保的应当提供证据)及债务人不能清偿到期债务的有关证据。

债务人提出申请的,还应当向人民法院提交财产状况说明、债务清册、债权清册、有关财务会计报告、职工安置预案以及职工工资的支付和社会保险费用的缴纳情况。

人民法院受理破产申请前,申请人可以请求撤回申请。

(二)受理

债权人提出破产申请的,人民法院应当自收到申请之日起 5 日内通知债务人。债务人对申请有异议的,应当自收到人民法院的通知之日起 7 日内向人民法院提出。人民法院应当自异议期满之日起 10 日内裁定是否受理。

其他情形下,人民法院应当自收到申请之日起 15 日内裁定是否受理。

人民法院裁定不受理破产申请的,应当自裁定做出之日起 5 日内送达申请人并说明理由。申请人对裁定不服的,可以自裁定送达之日起 10 日内向上一级人民法院提出上诉。

人民法院受理破产申请的,应当自裁定做出之日起 5 日内送达申请人。债权人提出申请的,人民法院应当自裁定做出之日起 5 日内送达债务人。人民法院应当自裁定受理破产申请之日起 25 日内通知已知债权人,并予以公告。

通知和公告应当载明下列事项:①申请人、被申请人的名称或姓名;②人民法院受理破产申请的时间;③申报债权的期限、地点和注意事项;④管理人的名称或姓名及处理事务的地址;⑤债务人的债务人或者财产持有人应当向管理人清偿债务或者交付财产的要求;⑥第一次债权人会议召开的时间和地点;⑦人民法院认为应当通知和公告的其他事项。

(三)破产申请受理后的法律效力

(1)债务人的有关人员承担义务。自人民法院受理破产申请的裁定送达债务人之日起至破产程序终结之日,债务人的有关人员(企业的法定代表人、财务管理人员和其他经营管理人员)承担下列义务:①妥善保管其占有和管理的财产、印章和账簿、文书等资料;②根据人民法院、管理人的要求进行工作,并如实回答询问;③列席债权人会议并如实回答债权人的询问;④未经人民法院许可,不得离开住所地;⑤不得新任其他企业的董事、监事、高级管理人员。

(2)个别清偿无效。人民法院受理破产申请后,债务人对个别债权人的债务清偿无效。

(3)待履行合同的处理。人民法院受理破产申请后,管理人对破产申请受理前成立而债务人和对方当事人均未履行完毕的合同有权决定解除或者继续履行,并通知对方当事人。管理人自破产申请受理之日起 2 个月内未通知对方当事人,或者自收到对方当事人催告之日起 30 日内未答复的,视为解除合同。

管理人决定继续履行合同的,对方当事人应当履行,但是,对方当事人有权要求管理人提供担保。管理人不提供担保的,视为解除合同。

(4)保全解除和执行中止。破产案件受理后,一切依个别债权人请求而实施的对债务人的财产保全应当中止。对于已经查封、扣押、冻结或者以其他方式予以保全的债务人财产,应当解除保全措施,纳入破产财产的管理。任何关于债务人的个别民事执行程序中止。

(5)民事诉讼或者仲裁中止。

(6)破产程序开始后的民事诉讼。人民法院受理破产申请后,有关债务人的民事诉讼,只能向受理破产申请的人民法院提起。

思考6-1

(多选)人民法院受理了甲公司的破产申请。根据企业破产法律制度的规定,下列已经开始、尚未终结的与甲公司有关的诉讼,不予中止的是( )。

A. 甲公司以拖欠贷款为由,对乙公司提起的诉讼

B. 股东丙以甲公司董事长决策失误导致公司损失为由,对其提起的诉讼

C. 债权人丁公司以甲公司股东戊与甲公司法人人格严重混同为由,主张戊直接承担责任的诉讼

D. 甲公司以总经理庚违反竞业禁止为由,主张其返还不当得利的诉讼

案例分析6-2

云路葡萄酒厂因经营管理不善,不能清偿到期债务,有意向法院申请破产,聘请张某为律师,代理破产中的法律事务。经过一段时间工作后,张某掌握的企业情况如下:

(1)债权人之一A公司因追索2500万元贷款而在一个月前起诉云路葡萄酒厂,此案尚在一审审理中。

(2)云路葡萄酒厂欠当地B农场到期货款600万元,B农场向法院提起民事诉讼,审理已终结,尚在执行过程中。

(3)C公司欠云路葡萄酒厂800万元,债务已到期。

(4)云路葡萄酒厂与D公司签订了一份买卖合同,向D公司采购原材料。由D公司在本年度内分4批发货,货到付款,已履行两期。

张某代理云路葡萄酒厂向人民法院提出了云路葡萄酒厂的破产申请,并提供了相关证据。

试分析:

(1)张某代理云路葡萄酒厂破产中的法律事务是否符合法律规定?

(2)如果法院受理云路葡萄酒厂的破产申请,对案例中的4种情况有何影响?

二、指定管理人

(一)管理人的概念

管理人是提出破产申请后经人民法院指定的,全面接管破产企业并负责破产保管、清算、估价、处理和分配等破产事务的组织。

管理人由人民法院指定,可以由有关部门、机构的人员组成的清算组或者依法设立的律师事务所、会计师事务所、破产清算事务所等社会中介机构担任,除此以外,也可以由自然人担任。企业破产法规定,人民法院根据债务人的实际情况,可以在征询有关社会中介机构的意见后,指定该机构具备相关专业知识并取得执业资格的人员担任管理人。个人担任管理人的,应当参加执业责任保险。

债权人会议认为管理人不能依法、公正执行职务或者有其他不能胜任职务情形的,可以申请人民法院予以更换。管理人的报酬由人民法院确定,债权人会议对管理人报酬有异议的,有权向法院提出。

(二)管理人的任职资格

有下列情形之一的,不得担任管理人:

(1)因故意犯罪受过刑事处罚。

(2)曾被吊销相关专业执业证书。曾被吊销执业证书,表明执业者在执业过程中曾经因为违法行为而被处罚过,不得担任管理人。

(3)与本案有利害关系。主要包括破产企业的债权人、破产企业的管理人员、破产企业的投资人等。

(4)人民法院认为不宜担任管理人的其他情形。

思考6-2

(单选)2013年6月1日,人民法院受理了对甲公司提出的破产申请。根据企业破产法律制度的规定,下列人员中,有资格担任管理人的是( )。

A.3年前被吊销执业证书,但现已重获执业资格的会计师乙

B.曾于2008年1月1日至2009年12月31日担任甲公司法律顾问的丙律师事务所

C.甲公司董事丁

D.甲公司监事会主席的妻子戊

(三)管理人的职责

管理人依照法律规定执行职务,向人民法院报告工作,并接受债权人会议和债权人委员会的监督。管理人应当列席债权人会议,向债权人会议报告职务执行情况,并回答询问。

管理人依据企业破产法应履行的主要职责如下:

(1)接管债务人的财产等资料;

(2)调查债务人的财产情况;

(3)决定债务人的内部管理事务;

(4)决定债务人的日常开支和其他必要开支;

(5)在第一次债权人会议召开之前,决定继续或者停止债务人的营业;

(6)管理和处分债务人的财产;

(7)代表债务人参加诉讼、仲裁或者其他法律程序;

(8)提议召开债权人会议;

(9)人民法院认为管理人应当履行的其他责任。

管理人没有正当理由不得辞去职务。管理人辞去职务应当经人民法院许可。管理人应当勤勉尽责,忠实执行职务。

(四)对管理人职责的限制

为了避免因管理人履行职责不当而危及债权人的利益,企业破产法对管理人履行职责设定了一定的限制。企业破产法规定,在第一次债权人会议召开之前,管理人实施下列行为时,应当及时报告债权人委员会或经人民法院许可:

(1)决定继续或者停止债务人的营业;

(2)涉及土地、房屋等不动产权益的转让;

(3)探矿权、采矿权、知识产权等财产权的转让;

(4)全部库存或者营业的转让;

(5)借款;

(6)设定财产担保;
(7)债权和有价证券的转让;
(8)履行债务人和对方当事人均未履行完毕的合同;
(9)放弃权利;
(10)担保物的取回;
(11)对债权人的利益有重大影响的其他财产处分行为。

(五)管理人的义务

管理人应当勤勉尽责,忠实执行职务。管理人未依照法律规定勤勉尽责、忠实执行职务的,人民法院可以依法处以罚款;给债权人、债务人或者第三人造成损失的,依法承担赔偿责任。

三、债务人财产

(一)债务人财产的概念

债务人财产是指破产申请受理时属于债务人的全部财产,破产申请受理后至破产程序终结前债务人取得的财产,以及应当由债务人行使的其他财产。已经作为担保物的财产也属于债务人财产。

根据企业破产法,债务人财产应该具体包括以下几部分:

(1)破产申请受理时属于债务人的全部财产,包括动产、不动产、财产权利。其中,动产主要有债务人的货币资金、机器设备、办公用品、原材料、尚未出售的在产品和完工产品或商品、交通工具等;不动产主要有房屋、建筑物等;财产权利主要是指土地使用权、债权、知识产权、票据权利、股权、物权等。无论是通过国家财政拨款、企业积累、银行贷款形成的,还是通过法律规定的其他任何方式形成的,都属于债务人财产的规定范围。

(2)破产申请受理后至破产程序终结前债务人取得的财产。在破产申请受理后至破产程序终结前,债务人的财产仍然可以处在变化的状态,在这期间因继续经营、管理人依法追回或者第三方交付而取得的财产,都应属于债务人财产。

案例分析6-3

人民法院依法受理了某公司的破产申请,管理人在清理公司财产的过程中,将下列财产归入了债务人财产:①债务人依照合同约定将于1个月后取得的一笔货款;②债务人所拥有的对某大桥未来1年的收费权;③债务人从A租赁公司租赁的一套设备;④该公司的一栋在建的楼房;⑤债务人向B公司购买的正在运输途中的一批原材料。

试分析:管理人将案例中的5项财产均归入债务人财产的行为是否符合法律规定?

(二)对债务人财产的特别规定

1. 撤销权

撤销权是指管理人对债务人在法院受理破产申请前一定期限内所为的有损于债务人财产从而损害破产债权人利益的行为,有权请求法院予以撤销,使其归于无效的权利。可撤销行为有以下几种:

(1)破产申请受理前1年内,涉及债务人财产的下列行为,管理人有权请求人民法院予以撤销:①无偿转让财产的;②以明显不合理的价格进行交易的;③对没有财产担保的债务提供财产担保的;④对未到期的债务提前清偿的;⑤放弃债权的。

(2)破产申请受理前6个月内,债务人不能清偿到期债务且资产不足以清偿全部债务或者明显缺乏清偿能力,仍对个别债权人进行清偿的,管理人有权请求人民法院予以撤销。

同时,涉及债务人财产的下列行为无效:①为逃避债务而隐匿、转移财产的;②虚构债务或者承认不真实债务的。

对于管理人行使撤销权以及债务人的无效行为所涉及的财产,管理人有权追回。

案例分析6-4

甲公司因经营管理不善,不能清偿到期债务,于2020年9月10日被其债权人A公司向人民法院申请破产,人民法院于9月15日裁定受理该破产申请,在破产程序中,A公司向管理人提供了两个信息:①甲公司在2019年5月放弃了一项30万元的债权;②甲公司于2020年7月提前清偿了一项应于2020年11月到期的债权50万元。

试分析:对于案例中甲公司放弃30万元债权和提前清偿50万元债权的两项行为,管理人是否可以请求人民法院撤销?

2. 取回权

人民法院受理破产申请后,对于债务人占有的不属于债务人的财产,该财产的权利人可以通过管理人取回。

行使取回权的情形包括:①破产案件受理前,债务人有合法根据占有的他人财产,如基于仓储、保管、加工承揽、委托交易、代销、借用、寄存、租赁等法律关系占有、使用的他人财产,及依所有权保留买卖取得占有但尚未取得所有权的财产等;②破产案件受理前,债务人无合法根据而占有的他人财产,如非法侵占的财产、受领他人基于错误给付的财产、拾得的遗失物等;③出卖人已向作为买受人的债务人发运的、债务人尚未收到且未付清全部价款的在运途中的标的物。除了所有权专属于国家且不得转让的财产外,国家对于授权给企业经营管理的财产不得享有取回权。

取回权的行使只限于原物。债务人占有的他人财产被违法转让给第三人,因第三人已善意取得财产所有权而原权利人无法取回该财产的,若转让行为发生在破产申请受理前,原权利人因财产损失而形成的债权,应作为普通破产债权清偿;转让行为发生在破产申请受理后的,因管理人或者相关人员执行职务导致原权利人遭受损害而产生的债务,应作为共益债务清偿。

3. 抵销权

抵销权是指破产债权人在破产申请受理前对债务人负有债务的,不论其债权同所负债务的种类是否相同,债权是否已到期,均可不依破产程序,享有向管理人申请以其债权抵销其所负债务的权利。管理人不得主动抵销债务人与债权人互负的债务,但抵销使债务人财产受益的除外。

有下列情形之一的,不得抵销:①债务人的债务人在破产申请受理后取得他人对债务人的债权的;②债权人已知债务人有不能清偿到期债务或者破产申请的事实,对债务人负担债务的;③债务人的债务人已知债务人有不能清偿到期债务或者破产申请的事实,仍对债务人取得债权的;④债务人股东因欠缴债务人的出资或者抽逃出资对债务人所负的债务与债务人对该股东负有的债务;⑤债务人股东滥用股东权利或者关联关系损害公司利益对债务人所负的债务与债务人对该股东负有的债务。

思考6-3

(单选)根据企业破产法律制度的规定,下列情形中,债权人可以行使抵销权的是( )。

A. 甲享有债务人120万元的债权,同时又是债务人股东,在债务人破产时,甲尚有100万元的分期出资额未缴纳

B. 乙享有债务人120万元的债权,但在听说债务人申请破产后,购买了债务人100万元的货物并拒绝支付货款而形成债务

C. 丙应付债务人100万元的货款,在债务人的破产申请被受理后,从另一债权人手中以六折的价格买入了100万元的债权

D. 丁应付债务人100万元的货款,债务人应付丁80万元的欠款

4. 别除权

别除权是指就破产人的特定财产享有担保权的权利人,不依破产清算程序而对该特定财产所享有的优先受偿的权利。

别除权人行使别除权,不受破产程序的约束。别除权人占有担保物的,可不经管理人同意,依担保法和其他法律的规定行使权利。别除权人未占有担保物的,应当向管理人主张权利,经管理人查证属实后取得担保物,并按法定程序优先受偿。债权人行使优先受偿权利未能完全受偿的,其未受偿的债权作为普通债权;放弃优先受偿权利的,其债权作为普通债权。

案例分析6-5

甲公司由于经营管理不善,资不抵债,向人民法院申请破产,人民法院受理了破产申请,并指定了破产管理人。在执行破产程序过程中,管理人受理了以下事项:

(1)A公司是甲公司的债权人,同时也对甲公司负有债务,请求将其所负的债务与其享有的债权相互抵销;

(2)B公司请求行使对甲公司的一批货物的留置权。

试分析:管理人应当如何处理案例中的两个事项?

(三)破产费用与共益债务

1. 破产费用

破产费用,是指在破产程序进行中,为全体债权人的共同利益而由破产财产随时清偿的、旨在保障破产程序顺利进行所必需的程序上的费用,包括:①破产案件的诉讼费用;②管理、变价和分配债务人财产的费用;③管理人执行职务的费用、报酬和聘用工作人员的费用;④人民法院裁定受理破产申请的,此前债务人尚未支付的公司强制清算费用、未终结的执行程序中产生的评估费、公告费、保管费等执行费用。

2. 共益债务

共益债务，是指为全体债权人的共同利益以及破产程序的顺利进行，在人民法院受理破产申请后所发生的而应由破产财产随时清偿的债务，包括：①因管理人或者债务人请求对方当事人履行双方均未履行完毕的合同所产生的债务；②债务人财产受无因管理所产生的债务；③因债务人不当得利所产生的债务；④为债务人继续营业而应支付的劳动报酬和社会保险费用以及由此产生的其他债务；⑤管理人或者相关人员执行职务致人损害所产生的债务；⑥债务人财产致人损害所产生的债务；⑦基于其他原因发生的债务。

破产费用和共益债务由债务人财产随时清偿。债务人财产不足以清偿所有破产费用和共益债务的，先行清偿破产费用；债务人财产不足以清偿所有破产费用或者共益债务的，按照比例清偿。债务人财产不足以清偿破产费用的，管理人应当提请人民法院终结破产程序，人民法院应当自收到请求之日起 15 日内裁定终结破产程序，并予以公告。

四、债权的申报与确认

(一)债权申报的概念与期限

债权申报是指债务人的债权人在接到人民法院关于破产申请的受理裁定通知或看到公告后，向人民法院依破产程序申报债权并依法取得受偿地位的行为。

债权申报期限自人民法院发布受理破产申请公告之日起计算，最短不得少于 30 日，最长不得超过 3 个月。在人民法院确定的债权申报期限内，债权人向管理人申报债权。债权人未申报债权的，可以在破产财产最后分配前补充申报。但是，此前已进行的分配，不再对其补充分配。为审查和确认补充申报债权的费用，由补充申报人承担。

(二)债权申报的种类

债权人应当在人民法院确定的债权人申报期限内向管理人申报债权。债权人申报债权时，应当书面说明债权的数额和有无财产担保，并提交有关证据。

(1)对破产人的特定财产享有担保权的债权，在行使优先受偿权利未能完全受偿或放弃优先受偿权利的，由债权人作为普通债权申报。

(2)未到期的债权，在破产申请受理时视为到期；附利息的债权自破产申请受理时起停止计息。

(3)附条件、附期限的债权和诉讼、仲裁未决的债权，债权人可以申报。

(4)连带债权。连带债权人可以由其中一人代表全体连带债权人申报债权，也可以共同申报债权。

(5)债务人的保证人或者其他连带债务人已经代替债务人清偿债务的，以其对债务人的求偿权申报债权；尚未代替债务人清偿债务的，以其对债务人的将来求偿权申报债权。但是，债权人已经向管理人申报全部债权的除外。

(6)管理人依照企业破产法规定解除合同的，对方当事人以因合同解除所产生的损害赔偿请求权申报债权。可申报的债权以实际损失为限，违约金不属于破产债权。

(7)债务人是委托合同的委托人，被裁定适用企业破产法规定的程序，受托人不知该事实，继续处理委托事务的，受托人以由此产生的请求权申报债权。

(8)债务人是票据的出票人，被裁定破产，该票据的付款人继续付款或者承兑的，付款人以由此产生的请求权申报债权。

另外,债务人所欠职工的工资和医疗、伤残补助、抚恤费用,所欠的应当划入职工个人账户的基本养老保险、基本医疗保险费用,以及法律、行政法规规定应当支付给职工的补偿金等,都属于职工债权,不必申报,由管理人调查后列出清单并予以公示。职工对清单记载有异议的,可以要求管理人更正;管理人不予更正的,职工可以向人民法院提起诉讼。

(三)债权的确认

管理人收到债权申报材料后,应当登记造册,对申报的债权进行审查,并编制债权表。债权表和债权申报材料由管理人保存,供利害关系人查阅。

管理人编制的债权表应当提交第一次债权人会议核查。债务人、债权人对债权表记载的债权无异议的,列入债权表,债权表由人民法院裁定确认。债务人、债权人对债权表记载的债权有异议的,可以向受理破产申请的人民法院提起诉讼。

思考6-4

(多选)根据企业破产法律制度的规定,下列各项中,免于申报的破产债权是( )。

A. 社会保障债权
B. 税收债权
C. 对债务人特定财产享有担保权的债权
D. 职工劳动债权

五、债权人会议

债权人会议,是指在破产程序中,由全体债权人依法组成的,表达全体债权人共同意志,参与并监督破产程序,对破产事项进行讨论和表决的程序性机构。债权人会议不是独立的民事主体,只是具有自治性质的机构;债权人会议不是常设机构,而是临时机构;债权人会议仅为决议机构,无执行功能。

(一)债权人会议的成员及其权利

依法申报债权的债权人都是债权人会议的成员,有权参加债权人会议,在法院监督下讨论决定有关破产事宜,但在债权人会议上因其身份不同而享有不同的表决权。

1. 无财产担保的债权人

无财产担保的债权人即通常所称的破产债权人。依法申报债权的无财产担保的债权人是完整意义上的债权人,其债权被确认后,在债权人会议上享有完全的表决权。

2. 对债务人的特定财产享有担保权且未放弃优先受偿权利的债权人

对债务人的特定财产享有担保权且未放弃优先受偿权利的债权人即破产法理论上所称别除权人。别除权人因未放弃对特定的财产享有的优先受偿的权利,而在债权人会议上享有不完全的表决权,即其对和解协议、破产财产的分配方案之外的事项享有表决权。如果别除权人放弃优先受偿权利,其相应的债权就转化为破产债权,在债权人会议上就享有完全表决权。如果别除权人的债权存在担保物价款不足清偿的部分,债权人就兼有别除权人与破产债权人双重身份,在债权人会议中享有表决权,但其行使表决权的债权数额仅限于从担保物价款上不能受偿的部分。

3. 债权尚未确定的债权人

凡是申报债权的债权人均有权参加第一次债权人会议,有权参加对其债权的审查、确认,并可以依法提出异议。第一次会议以后的债权人会议,就只有债权得到确认的债权人才有权参加。债权上存在争议的债权人,除了人民法院以裁定方式确认其享有表决权,或为其行使表决权而临时确定债权数额之外,在债权人会议上不得行使表决权。

4. 债务人的担保人

担保人等依法预先行使追偿权而申报债权时,也属于债权人会议的成员,其是否享有表决权以及行使表决权代表的债权数额由人民法院确定。

5. 债务人的职工和工会的代表

债务人的职工和工会可以派代表参加债权人会议,对有关事项发表意见。

在债权人会议上,除了作为会议成员出席的债权人外,还有其他列席人员。列席人员在债权人会议上无发言权和表决权。列席人员包括:①债务人的法定代表人;②债务人的财务管理人员;③管理人;④人民法院指派的人。

(二)债权人会议的职权

债权人会议行使下列职权:①核查债权;②向人民法院申请更换管理人,审查管理人的费用和报酬;③监督管理人;④选任和更换债权人委员会成员;⑤决定继续或者停止债务人的营业;⑥通过重整计划;⑦通过和解协议;⑧通过债务人财产的管理方案;⑨通过破产财产的变价方案;⑩通过破产财产的分配方案;⑪人民法院认为应当由债权人会议行使的其他职权。

(三)债权人会议的召集

债权人会议设主席1人,由人民法院从有表决权的债权人中指定,通常是无优先权的债权人。债权人会议主席主持债权人会议。

第一次债权人会议由人民法院召集,应当在债权申报期限届满后15日内召开。以后的债权人会议,在人民法院认为必要时,或者管理人、债权人委员会、占债权总额1/4以上的债权人向债权人会议主席提议时召开。召开债权人会议,管理人应当提前15日通知已知的债权人。

(四)债权人会议的决议

债权人会议的决议是债权人对有关事项做出的决定,对于全体债权人均有约束力。

债权尚未确定的债权人,除人民法院能够为其行使表决权而临时确定债权额的外,不得行使表决权;对债务人的特定财产享有担保权的债权人,未放弃优先受偿权利的,其对通过和解协议和破产财产的分配方案的事项不享有表决权。

债权人会议的决议,应当由出席会议的有表决权的债权人过半数通过,并且这些债权人所代表的债权额必须占无财产担保债权总额的1/2以上。"过半数"是指按照出席会议的有表决权的人数计算,有表决权的债权人不出席会议,应视为已经放弃了自己的表决权。"1/2以上"指的是金额,即过半数的有表决权的债权人所代表的经过债权人会议确认的债权金额占无财产担保债权金额总和的1/2以上。"无财产担保债权总额"以债权人会议确认的无财产担保债权总额为准,且无论债权人是否出席会议。

和解协议草案的决议,除了要由出席会议的有表决权的债权人过半数通过外,还要求其所代表的债权额必须占无财产担保债权总额的2/3以上。

对债务人财产的管理方案和破产财产的变价方案的决议,经债权人会议表决未通过的,由人民法院裁定。

对破产财产的分配方案,经债权人会议二次表决未通过的,由人民法院裁定。

思考6-5

(多选)对债务人的特定财产享有担保权且未放弃优先受偿权利的债权人享有表决权的有( )。

A. 通过重整计划
B. 通过和解协议
C. 通过破产财产的分配方案
D. 通过破产财产的变价方案

(五)债权人委员会

债权人委员会是指代表债权人会议,维护债权人的共同利益,负责对管理人的活动以及破产程序的日常监督,并依法处理破产程序中有关事项的常设机构。

债权人委员会由债权人会议选任的债权人代表和1名债务人的职工代表或者工会代表组成。债权人委员会成员不得超过9人,应当经人民法院书面决定认可。

债权人委员会行使下列职权:①监督债务人财产的管理和处分;②监督破产财产分配;③提议召开债权人会议;④债权人会议依法委托行使的向人民法院申请更换管理人、审查管理人的费用和报酬、监督管理人、决定继续或者停止债务人的营业的职权,但债权人会议不得做出概括性授权,委托其行使债权人会议所有职权。

债权人委员会执行职务时,有权要求管理人、债务人的有关人员对其职权范围内的事务做出说明或者提供有关文件。

债权人委员会决定所议事项应获得全体成员过半数通过,并做成议事记录。债权人委员会行使职权应当接受债权人会议的监督,以适当的方式向债权人会议及时汇报工作,并接受人民法院的指导。

案例分析6-6

2020年10月11日,北京市某进出口公司因企业经营管理不善,不能清偿到期债务,向北京市第一中级人民法院正式提出破产申请。人民法院依法受理了该项破产申请并指定了管理人,发布了通知和公告。在债权申报期限届满后第8日,人民法院召开了第一次债权人会议。债权人会议核查了债权;对于债务人财产的管理方案,出席会议的有表决权的债权人过半数通过,其代表的债权额占出席会议的有表决权的债权人债权总金额的 2/3,但是不足无财产担保债权总额的 1/2。部分债权人提出应当设立债权人委员会,不设立债权人委员会就违反了法律规定。

试分析:
(1)本案例中,债务人财产管理方案是否可以通过?
(2)是否一定要设立债权人委员会?

六、重整与和解

(一)重整概述

1. 重整的含义

重整是通过推迟债务、注入资本、对企业的债务和经营进行必要的整合、采取措施消除企业经营困难的原因等方式,使濒临破产的企业起死回生的行为。具体来说,重整制度是指,当企业法人不能清偿到期债务时,不立即对该企业法人进行清算,而是在法院主持下由债务人与债权人达成协议,制订重整计划,规定在一定期限内债务人按一定方式全部或部分清偿债务,同时债务人可以继续经营的制度。

为了处理好重整期间的各种关系,企业破产法对重整行为做出了一系列的规定。

2. 重整的申请

企业破产法规定,债务人或者债权人可以依照企业破产法的规定,直接向人民法院申请对债务人进行重整。债权人申请对债务人进行破产清算的,在人民法院受理破产申请后、宣告债务人破产前,债务人或者出资额占债务人注册资本 1/10 以上的出资人,可以向人民法院申请重整。国务院金融监督管理机构可以向人民法院提出对金融机构进行重整的申请。由此可见,有权申请对债务人进行重整的有四种人:一是债权人;二是债务人;三是出资额占债务人注册资本 1/10 以上的出资人;四是国务院金融监督管理机构。

人民法院经审查认为重整申请符合法律规定的,应当裁定债务人重整,并予以公告。

3. 重整期间

自人民法院裁定债务人重整之日起至重整程序终止,为重整期间。

(1)在重整期间,经债务人申请,人民法院批准,债务人可以在管理人的监督下自行管理财产和营业事务。

(2)在重整期间,对债务人的特定财产享有的担保权暂停行使。但是,担保物有损坏或者价值明显减少的可能,足以危害担保权人权利的,担保权人可以向人民法院请求恢复行使担保权。

(3)在重整期间,债务人或者管理人为继续营业而借款的,可以为该借款设定担保。

(4)债务人合法占有的他人财产,该财产的权利人在重整期间要求取回的,应当符合事先约定的条件。

(5)在重整期间,债务人的出资人不得请求投资收益分配。

(6)在重整期间,债务人的董事、监事、高级管理人员不得向第三人转让其持有的债务人的股权。但是,经人民法院同意的除外。

在重整期间,有下列情形之一的,经管理人或者利害关系人请求,人民法院应当裁定终止重整程序,并宣告债务人破产:①债务人的经营状况和财产状况继续恶化,缺乏挽救的可能性;②债务人有欺诈、恶意减少债务人财产或者其他显著不利于债权人的行为;③债务人的行为致使管理人无法执行职务。

4. 重整计划的制订和批准

(1)重整计划草案的制作。债务人自行管理财产和营业事务的,由债务人制作重整计划草案;管理人负责管理财产和营业事务的,由管理人制作重整计划草案。

债务人或者管理人应当自人民法院裁定债务人重整之日起6个月内,同时向人民法院和债权人会议提交重整计划草案。经债务人或者管理人请求,有正当理由的,人民法院可以裁定延期3个月。债务人或者管理人未按期提出重整计划草案的,人民法院应当裁定终止重整程序,并宣告债务人破产。

重整计划草案的内容包括:①债务人的经营方案;②债权分类;③债权调整方案;④债权受偿方案;⑤重整计划的执行期限;⑥重整计划执行的监督期限;⑦有利于债务人重整的其他方案。

(2)重整计划草案的表决与通过。根据企业破产法中的规定,债权人会议根据债权的种类,按照以下分组对重整计划草案进行表决:①对债务人的特定财产享有担保权的债权;②债务人所欠职工的工资和医疗、伤残补助、抚恤费用,所欠的应当划入职工个人账户的基本养老保险、基本医疗保险费用,以及法律、行政法规规定应当支付给职工的补偿金;③债务人所欠税款;④普通债权。

部分表决组未通过重整计划草案的,债务人或者管理人可以同未通过重整计划草案的表决组协商。该表决组可以在协商后再表决一次。双方协商的结果不得损害其他表决组的利益。人民法院在必要时可以决定在普通债权组中设小额债权组对重整计划草案进行表决。

人民法院应当自收到重整计划草案之日起30日内召开债权人会议,对重整计划草案进行表决。出席会议的同一表决组的债权人过半数同意重整计划草案,并且其所代表的债权额占该组债权总额的2/3以上的,即为该组通过重整计划草案。债务人或者管理人应当向债权人会议就重整计划草案做出说明,并回答询问。

债务人的出资人代表可以列席讨论重整计划草案的债权人会议。重整计划草案涉及出资人权益调整事项的,应当设立出资人组,对该事项进行表决。

(3)重整计划的批准和效力。各表决组均通过重整计划草案时,重整计划即为通过。自重整计划通过之日起10日内,债务人或者管理人应当向人民法院提出批准重整计划的申请。人民法院经审查认为符合法律规定的,应当自收到申请之日起30日内裁定批准,终止重整程序,并予以公告。

经人民法院批准的重整计划,对债务人和全体债权人均有约束力。未申报债权的债权人在重整计划执行期间不得行使权利,在重整计划执行完毕后,可按照重整计划规定的同类债权的清偿条件行使权利。

按照重整计划减免的债务,自重整计划执行完毕起,债务人不再承担清偿责任。

重整计划未获得通过或者已通过的重整计划未获批准的,人民法院应当裁定终止重整程序,并宣告债务人破产。

5. 重整计划的执行和监督

重整计划被批准后由债务人负责执行,已接管财产和营业的管理人应当向债务人移交财产和营业事务。

在重整计划规定的监督期内,由管理人监督重整计划的执行,债务人应当向管理人报告重整计划执行情况和债务人财务状况。监督期届满时,管理人应当向人民法院提交监督报告。自监督报告提交之日起,管理人的监督职责终止。

债务人不能执行或者不执行重整计划,人民法院裁定终止重整计划执行的,债权人在重整计划中做出的债权调整的承诺失去效力。债权人因执行重整计划所受的清偿仍然有效,债权未受清偿的部分作为破产债权。此处规定的债权人,只有在其他同顺位债权人同自己所受的清偿达到同一比例时,才能继续接受分配。

(二)和解概述

1. 和解申请的提出

和解是债务人与债权人经过协商,就债务人延期清偿债务、减少债务数额等事项达成协议,以解决债务人债务危机的行为。

债务人可以依法直接向人民法院申请和解,也可以在人民法院受理破产申请后、宣告债务人破产前,向人民法院申请和解。人民法院经审查认为和解申请符合法律规定的,应当裁定和解,予以公告。

2. 和解协议的表决

(1)债权人会议通过和解协议的,由人民法院裁定认可,终止和解程序,并予以公告。管理人应当向债务人移交财产和营业事务,并向人民法院提交执行职务的报告。

(2)债务人申请和解,应当提出和解协议草案。和解协议草案由债权人会议表决,通过方式为:出席债权人会议有表决权的债权人过半数同意,并且其所代表的债权额占无财产担保债权总额的 2/3 以上。

3. 和解的效力

和解协议的法律效力体现在以下几个方面:①经人民法院裁定认可的和解协议,对债务人和全体和解债权人均有约束力;②和解债权人对债务人的保证人和其他连带债务人所享有的权利,不受和解协议的影响;③债务人应当按照和解协议规定的条件清偿债务;④和解协议没有强制执行的效力。债务人不履行和解协议时,债权人只能向法院申请终止和解协议,宣告其破产,而不能提起对和解协议的强制执行程序。

和解债权人未依照企业破产法规定申报债权的,在和解协议执行期间不得行使权利;在和解协议执行完毕后,可以按照和解协议规定的清偿条件行使权利。

和解协议因人民法院依法裁定无效的,和解债权人因执行和解协议所受的清偿,在其他债权人所受清偿同等比例的范围内,不予返还。按照和解协议减免的债务,自和解协议执行完毕时起,债务人不再承担清偿责任。

思考6-6

(多选)下列关于和解协议的表述中,符合企业破产法律制度规定的是(　　)。
A. 和解申请只能由债务人一方提出
B. 和解申请只能由债权人一方提出
C. 在和解程序中,对债务人特定财产享有的担保权暂停行使
D. 和解债权人未依法申报债权的,在和解协议执行完毕后,仍可按照和解协议规定的清偿条件行使权力

七、破产清算程序

(一)破产宣告

破产宣告是指人民法院根据当事人的申请或依法定职权裁定宣告债务人进入破产清算程序,通过该程序清理债权债务关系的活动。

1. 破产宣告的情形

根据企业破产法的规定,有下列情形之一的,人民法院应当以书面形式裁定宣告债务人进入破产清算程序:

(1)债务人不能清偿到期债务,并且资产不足以清偿全部债务或明显缺乏偿债能力的,债务人直接向人民法院提出破产清算申请。

(2)债务人不能清偿到期债务,债权人向人民法院提出对债务人进行破产清算的申请。

(3)企业法人已经解散但未进行清算或未清算完毕,资产不足以清偿债务的,依法负有清算责任的人向人民法院申请破产清算。

(4)在重整期间,具备法定情形的,经利害关系人申请,人民法院审理确认后,裁定终止重整程序,宣告债务人破产。

(5)在和解期间,具备法定情形的,人民法院裁定宣告债务人破产。

人民法院宣告债务人破产,应当自裁定做出之日起5日内送达债务人和管理人,自裁定做出之日起10日内通知已知债权人,并予以公告。但破产宣告前,有下列情形之一的,人民法院应当裁定终结破产程序,并予以公告:①第三人为债务人提供足额担保或者为债务人清偿全部到期债务的;②债务人已清偿全部到期债务的。

2. 破产宣告的法律效果

(1)对破产案件的效果。

破产宣告对于破产案件的效果,就是破产案件转入破产清算程序。在破产案件被受理后、破产宣告以前,债务人还可以通过重整、和解或者其他方式(如取得担保、在短期内清偿债务)而避免破产倒闭。一旦破产宣告,破产案件则不可逆转地进入清算程序。

(2)对债务人的效果。

①债务人成为破产企业。

②债务人财产成为破产财产。破产宣告后,债务人的财产成为破产财产,即成为由管理人占有、处分并用于破产分配的财产。破产财产在归属、用途和处置方法上都服从于破产清算的

目的。破产财产作为一个财产集合体,受到企业破产法有关规则的保护。

③债务人丧失对财产和事务的管理权。

(3)对债权人的效果。

对债权人来说,破产宣告使其获得了特别许可。在破产宣告以前,所有的债权请求都处于冻结状态。破产宣告后,因破产宣告以前的原因而发生的请求权,得依照破产程序的规定接受清偿。有财产担保的债权人即别除权人可以由担保物获得清偿;无财产担保的债权人依破产分配方案获得清偿。

(二)破产财产的变价和分配

1. 破产财产的变价

管理人应当按照债权人会议通过的或者人民法院依法裁定的破产财产变价方案,适时变价出售破产财产。企业变价出售时,应当通过拍卖进行。国家规定不能拍卖或者限制转让的财产,应当按照国家规定的方式处理。

2. 破产财产的分配

破产财产在优先清偿破产费用和共益债务后,依照下列顺序清偿:

(1)破产人所欠职工的工资和医疗、伤残补助、抚恤费用,所欠的应当划入职工个人账户的基本养老保险、基本医疗保险费用,以及法律、行政法规规定应当支付给职工的补偿金。破产企业的董事、监事和高级管理人员的工资按照该企业职工的平均工资计算。

(2)破产人欠缴的除前项规定以外的社会保险费用和破产人所欠税款。

(3)普通破产债权,包括应纳欠缴税款的滞纳金。

破产财产不足以清偿同一顺序的清偿要求的,按照比例分配。

案例分析6—7

甲企业因经营管理不善,不能清偿到期债务,依法宣告破产。经查,甲企业现有现金及实物共100万元,房地产500万元,其中有一处200万元的房地产抵押给A银行,贷款150万元,另有一处100万元的房地产抵押给B银行,贷款130万元。另有两企业分别欠了甲企业70万元、30万元;甲企业还分别欠了乙企业、丙企业、丁企业100万元、200万元、300万元,欠国家税款250万元,欠职工工资、劳动保险费用50万元,破产费用20万元。

试分析甲企业的破产清偿顺序。

(三)破产程序终结

破产人无财产可供分配的,管理人应当请求人民法院裁定终结破产程序。

管理人在最后分配完结后,应当及时向人民法院提交破产财产分配报告,并提请人民法院裁定终结破产程序。人民法院应当自收到管理人终结破产程序的请求之日起15日内做出是否终结破产程序的裁定。裁定终结的,应当予以公告。

管理人应当自破产程序终结之日起10日内,持人民法院终结破产程序的裁定,向破产人的原登记机关办理注销登记。

破产人的保证人和其他连带债务人,在破产程序终结后,对债权人依照破产清算程序未受清偿的债权,依法继续承担清偿责任。

任务三　了解破产法律责任

活动内容:学生分组,每组查找一个典型破产案例,对破产程序进行分析,并且讨论在破产程序执行过程中所涉及的各当事人应当承担哪些法律责任,讨论后每组形成一份案例分析报告。

一、破产企业的董事、监事和高级管理人员的法律责任

企业董事、监事或者高级管理人员违反忠实义务、勤勉义务,导致所在企业破产的,依法承担民事责任,至破产程序终结之日起3年内不得担任任何企业的董事、监事、高级管理人员。

二、债务人及其相关人员的法律责任

债务人违反企业破产法规定,拒不向人民法院提交或者提交不真实的财产状况说明、债务清册、有关财务会计报告以及职工工资的支付情况和社会保险费用的缴纳情况的,人民法院可以对直接责任人员依法处以罚款。

债务人违反企业破产法规定,拒不向管理人移交财产、印章和账簿、文书等资料,或者伪造、销毁有关财产证据材料而使财产状况不明的,人民法院可以对直接责任人处以罚款。

债务人在破产程序中有隐匿财产、转移财产、虚构债务等损害债权人利益行为的,债务人的法定代表人和其他直接责任人员依法承担赔偿责任。

债务人的有关人员违反企业破产法中的规定,擅自离开住所地的,人民法院可以予以训诫、拘留,可以依法并处罚款。

三、管理人的法律责任

管理人未依照企业破产法中的规定勤勉尽责、忠实执行职务的,人民法院可以依法处以罚款;给债权人、债务人或者第三人造成损失的,依法承担赔偿责任。

 项目知识检测

一、单项选择题

1. 破产案件由(　　)住所地人民法院管辖。
 A. 债权人　　　　　　　　　　B. 债务人
 C. 清算人　　　　　　　　　　D. 国务院金融管理机构

2. 人民法院受理破产申请后,应当确定债权人申报债权的期限。债权申报期限自人民法

院发布受理破产申请公告之日起计算,最短不得少于30日,最长不得超过(　　)。

　　A.2个月　　　　B.3个月　　　　C.5个月　　　　D.6个月

3.人民法院依法宣告债务人破产的,应当自裁定做出之日起(　　)内送达债务人和管理人,自裁定做出之日起10日内通知债权人,并予以公告。

　　A.3日　　　　B.5日　　　　C.10日　　　　D.15日

4.债权人对破产人的特定财产享有担保权的,有权就该担保物优先受偿的权利是(　　)。

　　A.别除权　　　　B.取回权　　　　C.抵销权　　　　D.追回权

5.根据企业破产法律制度的规定,下列债务中,在清偿破产费用和共益债务后,应从破产财产中按第一顺位获得清偿的是(　　)。

　　A.破产人所欠职工的伤残补助

　　B.破产人所欠税款

　　C.破产人所欠红十字会的捐款

　　D.破产人所欠环保部门的罚款

6.A公司因不能清偿到期债务,被债权人B公司申请破产,法院指定甲律师事务所为管理人。根据破产法律制度的规定,下列各项中,错误的是(　　)。

　　A.甲律师事务所在第一次债权人会议召开之前,经人民法院许可,有权决定继续或者停止A公司的营业

　　B.甲律师事务所有权处分A公司的财产

　　C.甲律师事务所有权因担任管理人而获得报酬

　　D.如甲律师事务所不能胜任职务,债权人会议有权罢免其管理人资格

二、多项选择题

1.根据企业破产法对债权人会议的职权规定,属于债权人会议的职权的是(　　)。

　　A.核查债权　　　　　　　　B.监督管理人

　　C.通过重整计划　　　　　　D.通过债务人财产的管理方案

2.根据企业破产法的规定,(　　)有权向人民法院申请对债务人进行重整。

　　A.债权人

　　B.债务人

　　C.出资额占债务人注册资本1/10以上的出资人

　　D.国务院金融监督管理机构

3.破产费用是在破产程序中为全体债权人的共同利益而支付的各项费用。破产费用包括(　　)。

　　A.破产案件的诉讼费用

　　B.管理、变价和分配债务人财产的费用

　　C.管理人执行职务的费用、报酬

　　D.管理人执行职务致人损害所产生的费用

4.下列选项中,可以作为破产债权申报的有(　　)。

　　A.破产宣告时尚未到期的债权

　　B.破产宣告时附条件的债权

　　C.破产案件受理前成立的有财产担保的债权

D. 管理人决定解除破产企业未履行的合同,除实际损失之外,依合同约定应支付给对方当事人的违约金

项目技能训练

案例分析

1. 某面粉厂因经营管理不善,无力偿还到期债务,于2020年6月14日向当地法院提交书面破产申请,人民法院于6月20日裁定受理,并于6月23日将裁定书面通知该厂,7月5日通知已知债权人并发布公告,同时指定某会计师事务所作为管理人接管该厂。

在9月12日召开的第一次债权人会议上,管理人将该厂的财产、债务等情况汇报如下:

(1)该厂全部财产的变现价值为2675万元。其中包括:①已作为银行贷款等值担保物的财产价值260万元;②7月18日管理人发现该厂于上一年度1月5日无偿转让作价为140万元的财产,遂向法院申请予以撤销、追回财产,并于8月25日将该财产全部追回;③该厂综合办公楼价值800万元,已用于对欠乙企业货款500万元的抵押担保,款项尚未支付。

(2)该厂全部债务为7246万元,其中包括:①欠发职工工资和社会保险费用240万元,欠缴税款80万元;②管理人于7月15日解除了该厂与甲企业所签的一份合同,给甲企业造成了120万元的经济损失;③诉讼费20万元,管理人报酬20万元,律师费等30万元,评估费30万元,为继续营业而支付的职工工资及社会保险15万元。

试分析:

(1)该厂的破产申请人、受理时间、宣告破产的条件、管理人的产生是否符合法律规定?

(2)本破产案件中哪些属于破产费用?哪些属于共益债务?如何清偿?

(3)说明本破产案件的清偿顺序。

(4)债权人甲企业的破产债权能获得清偿的数额是多少?

2.2021年3月19日,因甲有限责任公司(简称甲公司)出现无法清偿到期债务的事实,人民法院受理了由债权人提出的对甲公司进行破产清算的申请。管理人接管甲公司后,对其债权、债务进行了清理。其中包括以下事实:

(1)2020年1月7日,鉴于与乙公司之间的长期业务合作关系,甲公司向乙公司赠送复印机一台,价值2.5万元。

(2)2020年1月15日,甲公司以其部分设备作为抵押,为乙公司所欠丙公司80万元货款提供了担保,并办理了抵押登记。后乙公司未能在约定期限内清偿所欠丙公司货款。2020年3月30日,经甲、乙、丙三方协商,甲公司将抵押设备依法变现70万元,价款全部用于偿还丙公司,丙公司仍有10万元货款未得到清偿。

(3)2020年5月7日,甲公司与丁公司订立合同,从丁公司处租赁机床一台,双方约定租期1年,租金为5万元。当日,甲公司向丁公司支付5万元租金,丁公司向甲公司交付机床。2021年3月8日,甲公司故意隐瞒事实,以机床所有人的身份将该机床以20万元的市场价格卖给戊公司,双方约定,戊公司应于2021年5月1日前付清全部价款。当日,甲公司向戊公司交付了机床。人民法院受理甲公司破产清算申请后,丁公司向管理人要求返还其出租给甲公司的机床时,得知机床已被甲公司卖给戊公司而戊公司尚未支付20万元价款的事实。

(4)2020年12月1日,甲公司向A银行借款100万元,期限为1年,庚公司为该笔借款向A银行提供了连带责任保证。

(5)2021年4月5日,甲公司由于申请的一项国家一类新药获得批准,经营出现转机,遂向人民法院申请和解,同时提交了和解协议草案。人民法院审查后受理了甲公司的和解申请,并裁定和解。

(6)2021年6月23日,债权人会议通过了和解协议,主要内容如下:①除对甲公司特定财产享有担保物权的债权人外,其他债权人均按30%的比例减免甲公司债务;②自和解协议执行完毕之日起,甲公司不再承担清偿责任;③甲公司与主要债权人建立战略性合作安排等。

(7)2021年8月31日,和解协议执行完毕。A银行就甲公司所欠其100万元借款本息申报债权后,通过和解程序获偿70%。随后,A银行致函庚公司,要求其承担保证责任,清偿其剩余30%未获偿借款本息,庚公司回函拒绝,理由为,A银行等债权人已与甲公司达成减免债务的和解协议,主债务减免后,保证债务也应按相应比例减免。

试分析:

(1)管理人是否有权请求人民法院撤销甲公司向乙公司赠送复印机的行为?说明理由。

(2)丙公司是否有权就其未获清偿的10万元货款向管理人申报债权,要求甲公司继续偿还?说明理由。

(3)丁公司是否有权要求戊公司返还机床?说明理由。

(4)丁公司是否有权要求管理人请求人民法院撤销甲公司与戊公司之间的机床买卖行为?说明理由。

(5)丁公司是否有权要求戊公司将20万元机床价款直接支付给自己?说明理由。

(6)庚公司拒绝对A银行未获清偿的30%借款本息承担保证责任的理由是否成立?说明理由。

项目七 正确填制并使用票据

知识目标

理解票据的概念与特征；
掌握票据行为的概念、特征及种类的相关知识；
掌握票据关系当事人的划分的相关知识，明确票据权利的概念及取得；
理解票据权利的补救；
掌握汇票的概念，掌握出票、提示、背书、承兑、付款、追索权等票据行为的法律规定；
了解本票、支票基本知识，掌握其特殊的票据行为制度。

能力目标

能在实际的经济活动中正确选择、使用各种票据；
能准确分析判断各种票据行为是否具备法律效力；
能分析判断各个票据关系人的票据权利及责任；
能在现实的经济关系中正确、规范地使用汇票、支票和本票。

引导案例

2020年4月1日，G市某煤炭公司与该市AST公司订立了一份购销合同。合同约定：由煤炭公司供给AST公司煤炭一批，价值128万元人民币。4月2日，AST公司签发了一张以其开户银行为付款人、以煤炭公司为收款人、票面金额为128万元、见票后30天付款的商业汇票，并将汇票交付煤炭公司。4月27日，煤炭公司持该汇票向AST公司的开户银行提示承兑，该银行经审查后同意承兑，在汇票上做了相应的记载后，交还煤炭公司。5月3日，煤炭公司财务室被盗，由于当日为假日，财务室无人值班，故直至5月8日财务室工作人员上班时，才发现财务室被盗，并向公安机关报案。经查明，除被盗走现金5万余元外，另有13张汇票、支票失窃，票面总金额约396万元，其中包括该已经承兑的汇票。8日下午，煤炭公司将汇票被盗的情况通知AST公司的开户行。开户行告知煤炭公司，该汇票已于上午经人向其提示付款，并已足额支付，对此银行不承担责任。经多次交涉无果，煤炭（集团）公司以该银行为被告向法院起诉，以银行审查有过错为由要求其承担付款责任。

请问：银行是否应该承担责任？

任务一　熟悉票据及其法律制度

活动一：展示、认识。由教师为学生提供常见的票据实物，增强学生的感性认识，使学生能从实体上初步区分票据，进而熟悉汇票、本票和支票。

活动二：分析、思考。学生分析"引导案例"中的票据当事人、票据行为、票据权利和票据责任，对相关票据概念和术语进行理解。

活动三：调查、分析。学生以小组为单位，与企业单位联系并调研，了解企业单位常使用的票据种类及使用规则，在此基础上对票据的实际使用有初步了解，提交相关的调研报告，由教师进行评析。

知识基础

一、票据与票据法概述

（一）票据的概念

票据是在长期的商品经济生活中形成的一种信用工具，是一种可以代替现金支付和流通的工具，具有汇兑、支付、信用、结算、融资等功能，在现代经济生活中起着非常重要的作用。

票据有广义、狭义之分。广义的票据是指各种表彰财产权的有价证券，如股票、仓单、提单、车票、债券、本票、车船票、借据等。狭义的票据是指发票人依法签发，由自己无条件支付或委托他人无条件支付一定金额的有价证券。根据《中华人民共和国票据法》（简称票据法）的规定，票据包括汇票、本票、支票。

知识扩展　票据的起源

在罗马帝国时代，产生了票据的雏形。本票的起源可能为12世纪意大利兑换商发行的兑换证书。当时意大利贸易极盛，商人云集，货币兑换十分重要，兑换商不仅从事即时兑换货币业务，而且兼营汇款。甲地兑换商收受商人货币后，向商人签发兑换证书，商人持此证书，向兑换商在乙地的分店或者代理店请求支付款项，支取乙地通用的货币。这种兑换证书，相当于现代的异地付款的本票，被认为是欧洲国家票据的起源。

我国在唐代出现了一种名为"飞钱"的票券，它被认为是我国现代汇票的起源。唐宪宗时期（806—820年），各地茶商交易往来频繁，但交通不便，携带款项困难，为方便起见，创制了飞钱。商人在京城长安（今西安）把现金支付给地方驻京的进奏院等机关或在各地方设有联号的富商，从而取得半联票券，另外半联票券则及时送往有关的院、号等，持票券的商人到目的地时，凭半联票券与地方的有关院、号进行"合券"，然后支取现金。

(二)票据的特点

(1)票据是一种完全有价证券。有价证券是指表彰某种权利的证券,而票据上体现的是票据权利,并且这种票据权利与票据本身是不可分开的。

(2)票据是一种设权证券。在票据做成之前,票据权利是不存在的,只有做成票据,才能产生票据权利,因此,票据是设权证券而非证权证券。

(3)票据是一种金钱债权证券。票据当事人之间是一种债权债务关系。票据是以支付一定金钱为目的的证券,票据持有人可以就票据记载的一定数额的金钱向票据的特定债务人行使请求付款权,因此,票据被称为金钱债权证券。

(4)票据是一种要式证券。票据格式和票据记载事项必须严格依照票据法的规定进行,否则就会影响票据的效力甚至导致票据无效。另外,在票据上进行的一切票据行为,也必须严格依照票据法规定的程序和方式进行,否则无效。这就是票据的要式性。

(5)票据是一种无因证券。票据的无因性是指票据行为只要符合法定要件,票据权利即告成立。至于票据行为如何发生,持票人如何取得票据,都可不必过问。任何人只要持有票据就可以行使票据权利,而无须说明自己取得票据的原因。

(6)票据是一种流通证券。票据可以通过背书或者直接交付而进行流通转让。流通性是票据的基本特征,是票据的最高目的所在。票据法中的有关票据的各种规定都是为了保证票据能顺利流通,票据若不能流通,就丧失了其应有的法律意义。

(7)票据是一种文义证券。票据上的权利、义务必须依据票据上记载的文义来确定,不允许依据票据记载以外的事实对行为人的意思做出与票据记载文义相反的解释;也不能对票据记载文义进行补充或变更。

案例分析7-1

甲服装加工有限公司从乙纺织有限公司购进布料一批,总价款为30万元。布料运抵后,甲签发了一张以甲公司为出票人和付款人,以乙公司为收款人的三个月后到期的商业承兑汇票。一个月后,乙公司从丙有限责任公司购进一批棉花,总价款为35万元。乙公司就把甲公司开的汇票背书转让给丙公司,余下的5万元用支票方式支付完毕。之后,甲公司发现布料中有一半质量不合格,与乙公司发生纠纷。汇票到期时,丙公司把汇票提交甲公司要求付款,甲公司以乙公司提供的布料不合格为由拒绝付款。

试分析:前进公司可以拒绝付款吗?说明理由。

(三)票据法的概念

票据法的概念有广义和狭义之分。广义的票据法是指各种法律规范中有关票据规定的总称,包括专门的票据法律以及其他法律中有关票据的规定,如刑法中有关伪造有价证券罪的规定,民事诉讼法中有关票据诉讼、公示催告等的规定等。狭义的票据法则仅指票据的专门立法。

我国的票据法律制度主要包括:①1995年5月10日第八届全国人大常委会第十三次会议通过、2004年8月28日第十届全国人大常委会第十一次会议修订、自1996年1月1日起施行的《中华人民共和国票据法》(以下简称票据法);②1997年6月23日经国务院批准、中国人民银行于 1997 年 8 月 21 日发布的《票据管理实施办法》;③1997 年 9 月 19 日中国人民银行发布的《支付结算办法》;④2000 年 2 月 24 日最高人民法院通过的《最高人民法院关于审理票据纠纷案件若干问题的规定》。最新的对票据法律法规的修改是,自 2020 年 6 月,最高人民法院对中华人民共和国成立以来现行的 591 件司法解释及相关规范性文件进行了全面梳理,修改了 111 件司法解释及相关规范性文件,商事类司法解释里第十项就是"修改《最高人民法院关于审理票据纠纷案件若干问题的规定》"。

二、票据法律关系

(一)票据关系

票据关系是指票据当事人基于票据行为而发生的债权债务关系。由于票据行为有出票、背书、承兑、保证等,票据关系也就有发票关系、背书关系、承兑关系、保证关系等,从而在票据当事人之间产生了票据上的权利义务关系。票据关系的实质是持票人与票据上签章者之间的债权债务关系,表现为:凡是票据持有人即取得票据权利,可以依据所持票据行使票据权利;同时,凡是在票据上签章的人,都是票据债务人,应承担相应的票据义务或票据责任。

(二)与票据有关的非票据关系

(1)票据法中的非票据关系。票据法中的非票据关系是指不是由票据行为直接产生,而是由票据法直接规定的法律关系。在这种法律关系中,权利人享有的权利不是票据权利,而是一般的民事权利,例如,票据付款人付款后请求持票人交还票据的关系等。

(2)票据基础关系。它是指不是由票据行为直接产生,而是由民法规定调整的与票据有关的法律关系,是导致票据关系产生的民事基础关系。它可以分为以下三种关系:①票据原因关系,它是票据当事人之间授受票据的原因,如买卖、赠予、借贷等;②票据预约关系,它是以票据的授受为目的而成立的合同关系,如出票前就票据的种类、金额、到期日、付款地等事项给予约定;③票据资金关系,它是指汇票或支票的出票人与付款人之间的基础关系,如付款人处存有出票人的资金或付款人对出票人欠有债务等。

票据关系一经形成,就与基础关系相分离,基础关系是否存在、是否有效对票据关系都不起影响作用。

案例分析7-2

甲公司与乙公司签订了一份标的额为 100 万元的买卖合同,乙公司向甲公司发货,甲公司是债务人,乙公司是债权人,甲公司向乙公司签发了一张以某银行为付款人的汇票。

试分析:本案例中的票据基础关系是什么?票据关系是什么?票据关系中的票据基本当事人有哪些?

三、票据行为

(一)票据行为的种类

根据我国票据法的规定,票据行为包括出票、背书、承兑、保证和付款。

(1)出票。票据出票是指出票人签发票据并将其交付给收款人的票据行为。其中,签发票据即在原始票据上记载法定事项并签章。

(2)背书。票据背书是指在票据背面或者粘单上记载有关事项并签章的票据行为。依背书目的不同,背书可分为转让背书和非转让背书。

(3)承兑。票据承兑是指汇票付款人承诺在汇票到期日支付汇票金额并签章的票据行为,该行为只存在于汇票中。承兑人是汇票的付款人,付款人承兑汇票后,就要承担到期付款的责任。

(4)保证。票据保证是指票据债务人以外的人,为担保特定债务人履行票据债务而在票据上记载有关事项并签章的票据行为。被保证的票据由保证人与被保证人对持票人承担连带责任。

(5)付款。票据付款指票据付款人或其代理付款人支付票据金额,以终止票据关系的行为。

(二)票据行为有效条件

票据行为只有同时具备以下四个条件,才能发生法律效力,否则,票据行为即为无效。

1. 行为人必须具有从事票据行为的能力

在票据上签章的自然人必须是具有完全民事行为能力的人,否则该签章不具有任何效力,签章者不因此成为票据上的债务人,其他票据当事人也不得据此签章向无行为能力人或限制行为能力人主张任何票据债权。

无民事行为能力人或者限制民事行为能力人在票据上签章的,其签章无效,但是不影响其他签章的效力。

2. 行为人的意思表示必须真实

以欺诈、偷盗或者胁迫等手段取得票据的,或者明知有前列情形,出于恶意取得票据的,不得享有票据权利。持票人因重大过失取得不符合票据法规定的票据的,也不得享有票据权利。

3. 票据行为的内容必须合法

票据活动应当遵守法律、行政法规,不得损害社会公共利益。"合法"主要是指票据行为本身必须合法,即票据行为的进行程序、记载的内容等合法,至于票据的基础关系涉及的行为是否合法,则与此无关。

4. 票据行为必须符合法定形式

(1)签章。票据上的签章,为签名、盖章或者签名加盖章。

法人和其他使用票据的单位在票据上的签章,为该法人或者该单位的盖章加其法定代表人或者其授权的代理人的签章。

个人在票据上的签章,应为该个人的签名或者盖章;支票的出票人和商业承兑汇票的承兑人在票据上的签章,应为其预留银行的签章。

出票人在票据上的签章不符合规定的,票据无效;承兑人、保证人在票据上的签章不符合规定的,或者无民事行为能力人、限制民事行为能力人在票据上签章的,其签章无效,但不影响其他符合规定签章的效力;背书人在票据上的签章不符合规定的,其签章无效,但不影响其前手符合规定签章的效力。

(2)票据记载事项。票据记载事项一般分为绝对应记载事项、相对应记载事项、任意记载事项等。

绝对应记载事项是指票据法明文规定必须记载的,如不记载,票据即为无效的事项。其包括票据种类的记载、票据金额的记载、票据收款人的记载和年月日的记载。

相对应记载事项是指除了必须记载的事项外,票据法规定的其他应记载的事项。相对应记载事项可以记载,也可以不记载。记载的,按照记载的具体事项履行权利和义务;未记载的,适用法律的统一认定。例如,票据法规定背书由背书人签章并记载背书日期;背书未记载日期的,视为在票据到期日前背书。这里的"背书日期"就属于相对应记载事项。

任意记载事项是不强制当事人必须记载而允许当事人自行选择,不记载时不影响票据效力,记载时则产生票据效力的事项。例如,出票人在汇票上记载"不得转让"字样的,汇票不得转让,其中的"不得转让"事项即为任意记载事项。

票据金额以中文大写和数码同时记载,二者必须一致;二者不一致的,票据无效。

票据金额、日期、收款人名称不得更改,更改的票据无效。

思考7-1

根据票据法律制度的规定,下列票据行为人中,其签章不符合票据法规定可导致票据无效的是( )。

A. 出票人　　　B. 保证人　　　C. 背书人　　　D. 承兑人

四、票据权利与抗辩

(一)票据权利

1. 票据权利的概念

票据权利是指持票人向票据债务人请求支付票据金额的权利。根据我国票据法的规定,票据权利包括付款请求权和追索权。

付款请求权是持票人对主债务人所享有的、依票据而请求支付票据所载金额的权利。

追索权是指在付款请求权未能实现时发生的、持票人对从债务人所享有的、请求偿还票据所载金额及其他有关金额的权利。

2. 票据权利的取得

当事人取得票据的情形主要有:第一,出票取得,出票是创设票据权利的票据行为,从出票人处取得票据,即取得票据权利;第二,转让取得,票据通过背书或交付等方式可以转让他人,取得票据即获得票据权利;第三,通过税收、继承、赠予、企业合并等方式取得票据。

行为人依法取得票据权利,必须注意以下几个问题。一是票据的取得,必须给付对价,即应当给付票据双方当事人认可的相对应的代价。无对价或无相当对价取得票据的,如果属于善意取得,仍然享有票据权利,但票据持有人必须承担其前手的权利瑕疵,即该票据权利不得优于其前手。如果前手的权利因违法或有瑕疵而受影响或丧失,该持票人的权利也因此受影响或丧失。前手是指在票据签章人或者持票人之前签章的其他票据债务人。二是因税收、继承、赠予可以依法无偿取得票据的,不受给付对价的限制,但是,所享有的票据权利不得优于其前手。三是因欺诈、偷盗、胁迫、恶意取得票据或因重大过失取得不符合法律规定的票据的,不得享有票据权利。

案例分析7-3

甲保管不善,致使一张金额为100万元的支票为乙窃取。乙将该支票背书转让给丙,丙不知道乙无权处分该支票,向乙支付了相应的对价后取得该支票。

试分析:丙是否取得了票据权利?甲能否要求丙返还支票?法律依据是什么?

3. 票据权利的消灭

票据权利的消灭是指因一定的事由而使票据上的付款请求权和追索权丧失其法律意义。票据权利的消灭也相应使得票据义务(或票据责任)归于消灭,其实质就是票据法律关系的消灭。根据我国票据法的规定,票据权利基于下列事由消灭:①付款;②票据时效期间届满;③票据缺乏法定记载事项;④其他法定情形。

票据权利在下列期限内不行使而消灭:①持票人对票据的出票人和承兑人的权利(包括付款请求权和追索权),自票据到期日起2年。见票即付的汇票、本票,自出票日起2年。②持票人对支票出票人的权利(包括付款请求权和追索权),自出票日起6个月。③持票人对前手(不包括出票人)的追索权,自被拒绝承兑或者被拒绝付款之日起6个月。④持票人对前手(不包括出票人)的再追索权,自清偿日或者被提起诉讼之日起3个月。

4. 票据权利的补救

(1)挂失止付。

挂失止付是指在票据丧失时,失票人将丧失票据的情况通知付款人,并请求付款人停止付款,接受挂失止付的付款人在查明挂失票据确未付款时,决定暂停支付票据款项的一种失票补救措施。

我国票据法规定:票据丧失,失票人可以及时通知票据的付款人挂失止付,但是,未记载付款人或者无法确定付款人及其代理付款人的票据除外。失票人在通知票据的付款人或者代理付款人挂失止付时,应当填写挂失止付通知书并签章。收到挂失止付通知的付款人,应当暂停支付,否则应承担民事赔偿责任。付款人或者代理付款人自收到挂失止付通知书之日起12日内没有收到人民法院的止付通知书的,自第13日起,挂失止付通知书失效。如果付款人或者代理付款人在收到挂失止付通知书前,已经依法向持票人付款,其不再接受挂失止付;但是,付款人或者代理付款人以恶意或者重大过失付款的除外。挂失止付并不是票据丧失后票据权利补救的必经程序,它仅是失票人在丧失票据后可以采取的一种暂时的预防措施,以防止票据被冒领或骗取。

(2)公示催告。

公示催告是指在票据丧失后,由失票人向人民法院提出申请,请求人民法院以公告方法通知不确定的利害关系人限期申报权利,逾期未申报者,由人民法院通过除权判决宣告所丧失票据无效的一种制度。失票人应当在通知挂失止付后3日内,也可以在票据丧失后,依法向人民法院申请公示催告。票据丧失后的公示催告程序如下:

①失票人向票据支付地的基层人民法院提出公示催告的申请。失票人向人民法院递交公示催告申请书时,应当写明票据金额、出票人、持票人、背书人等主要内容和申请的理由以及事实等。

②人民法院决定受理申请后,应当同时向付款人及其代理付款人发出止付通知,并自立案之日起3日内发出公告。付款人接到停止付款通知后,应当停止支付,直至公示催告程序终结。公示催告的期间不得少于60日,涉外票据可根据情况适当延长,但最长不得超过90日。

③人民法院收到利害关系人的申报后,应当裁定终结公示催告程序。

④公示催告期间届满以及在判决做出前,没有利害关系人申报权利的,公示催告申请人应当自申报权利期间届满的次日起1个月内申请法院做出除权判决,判决丧失的票据无效。判决应当公告,并通知付款人。判决生效后,公示催告申请人有权依据该判决向付款人请求付款或向其他票据债务人行使追索权。

(3)普通票据诉讼。

票据诉讼,是指票据丧失后,失票人在票据权利时效届满以前,在提供了相应的担保的情况下,请求出票人补发票据或者请求债务人付款却遭到拒绝时,向人民法院提起的请求法院责令出票人补发票据或者责令债务人付款的诉讼。失票人应当在通知挂失止付后3日内,也可以在票据丧失后,依法向人民法院申请公示催告,或者向人民法院提起诉讼。

(二)票据抗辩

1. 票据抗辩的概念

票据抗辩是指票据债务人依照票据法的规定,对票据债权人拒绝履行义务的行为。票据抗辩是票据债务人的一种权利,是债务人保护自己的一种手段。

2. 票据抗辩的种类

根据抗辩原因及抗辩效力的不同,票据抗辩可分为对物抗辩和对人抗辩。

(1)对物抗辩。

对物抗辩,是指基于票据本身内容而发生的事由所进行的抗辩。这一抗辩可以对任何持票人提出。对物抗辩主要包括以下情形:

①票据行为不成立而为的抗辩,如票据应记载的内容有欠缺,票据债务人无行为能力、无权代理或超越代理权进行票据行为,票据上有禁止记载的事项,背书不连续,持票人的票据权利有瑕疵等。

②依票据记载不能提出请求而为的抗辩,如票据未到期、付款地不符等。

③票据载明的权利已消灭或已失效而为的抗辩,如票据债权因付款、抵销、提存、除权判决、时效届满而消灭等。

④票据权利的保全手续欠缺而为的抗辩,如应做成拒绝证书而未做等。

⑤票据上有伪造、变造情形而为的抗辩。

(2)对人抗辩。

对人抗辩,是指票据债务人对抗特定债权人的抗辩。票据债务人可以对不履行约定义务的与自己有直接债权债务关系的持票人进行抗辩。如果该票据已被不履行约定义务的持票人转让给第三人,而该第三人属善意、已对价取得票据的持票人,则票据债务人不能对其进行抗辩。

3. 票据抗辩的限制

(1)票据债务人不得以自己与出票人之间的抗辩事由对抗持票人。

(2)票据债务人不得以自己与持票人的前手之间的抗辩事由对抗持票人。

（3）凡是善意的、已付对价的正当持票人可以向票据上的一切债务人请求付款,不受前手权利瑕疵和前手相互间抗辩的影响。

（4）持票人取得的票据是无对价或不相当对价的,其享有的权利不能优于其前手,故票据债务人可以对抗持票人前手的抗辩事由对抗该持票人。

思考7-2

（单选）根据票据法律制度的规定,下列各项中,汇票债务人可以对持票人行使抗辩权的事由是（　　）。

A. 汇票债务人与出票人之间存在合同纠纷
B. 汇票债务人与持票人的前手存在抵销关系
C. 背书不连续
D. 出票人存入汇票债务人的资金不够

五、票据的伪造和变造

(一) 票据的伪造

1. 票据伪造的概念

票据的伪造是指假冒他人名义而实施的票据行为。票据伪造包括票据的伪造和票据上签章的伪造两种。前者是指假冒他人的名义进行出票行为,如在空白票据上伪造出票人的签章而进行出票。后者则是指假冒他人名义而进行出票行为之外的其他票据行为,如伪造背书签章、承兑签章、保证签章等。通常票据伪造会符合票据行为的形式要件构成,但其本质就是一种搅乱票据正常流通秩序的违法行为。

2. 票据伪造的法律后果

持票人即使是善意取得,对被伪造人也不能行使票据权利。对伪造人而言,票据上没有以自己名义所做的签章,因此其也不承担票据责任。但是,如果伪造人的行为给他人造成损害,应承担民事责任;构成犯罪的,还应承担刑事责任。

票据上有伪造签章的,不影响票据上其他真实签章的效力。持票人依法提示承兑、提示付款或行使追索权时,在票据上真实签章人不能以票据伪造为由进行抗辩。

(二) 票据的变造

1. 票据变造的概念

票据的变造是指没有变更权的人对票据内容进行了变更的行为。票据的变造也是一种违法行为,是没有变更权的人而为的变更行为;否则为合法的变更。另外,票据变造是对票据签章以外的票据内容的变更,不包括签章,这也是票据伪造同票据变造的区别之所在。

2. 票据变造的法律后果

票据的变造应依照签章是在变造之前还是在变造之后来承担责任。如果当事人签章在变造之前,应按原记载的内容负责;如果当事人签章在变造之后,则应按变造后的记载内容负责;如果无法辨别是在票据被变造之前还是之后签章的,视同在变造之前签章。同时,尽管被变造的票据仍为有效,但是,票据的变造是一种违法行为,所以变造人的变造行为给他人造成经济损失的,应对此承担赔偿责任,构成犯罪的,应承担刑事责任。

思考7-3

(单选)甲签发一张票面金额为2万元的转账支票给乙,乙将该支票背书转让给丙,丙将票面金额改为5万元后背书转让给丁,丁又背书转让给戊。下列关于票据责任承担的表述中,正确的是(　　)。

A. 甲、乙、丁对2万元负责,丙对5万元负责
B. 乙、丙、丁对5万元负责,甲对2万元负责
C. 甲、乙对2万元负责,丙、丁对5万元负责
D. 甲、乙对5万元负责,丙、丁对2万元负责

知识扩展　善意持票人的权利

善意持票人对伪造人有赔偿请求权,对真实签章人有追索权。恶意取得票据者,不能享有票据权利;在出票伪造或签章伪造的场合也是如此。善意持票人受善意取得制度的特别保护,在票据形式合法的条件下,能够享有票据权利,但是,在票据伪造的场合,被伪造人如行使特定债务人的对物抗辩权,善意持票人也不能幸免。此时,善意持票人的合法利益受到伪造行为的损害。

为保护善意持票人,票据法规定:

(1)善意持票人直接从伪造人手中取得伪造的票据的,对伪造人有民法上的赔偿请求权。

(2)善意持票人间接取得伪造的票据的,即从真实签章人手中取得票据的,对真实签章直接前手和其他真实签章前手,可以行使追索权。直接从伪造人手中取得伪造票据的真实签章人,在被追索而清偿票据债务后,有权要求伪造人赔偿损失。

任务二　填制并使用汇票

活动一:认识、填制。由教师提供汇票的样本,指导学生进行规范出票,加强学生对汇票记载事项的理解。

活动二:模拟、展示。每4~5名学生分一组,每组查找一个关于汇票使用的案例,分别扮演其中的当事人,展示整个汇票的流通过程,并对案例中的票据行为效力、当事人应当承担的票据责任和法律责任等进行归纳总结,形成案例分析报告。

 **知识基础**

一、汇票概述

(一)汇票的概念与特点

汇票是出票人签发的,委托付款人在见票时或者在指定日期无条件支付确定的金额给收款人或者持票人的票据。汇票具有如下特点:

(1)汇票具有三个基本票据当事人。伴随汇票的出票产生三方票据基本当事人,即出票人、付款人和收款人,而本票只有两个票据基本当事人。

(2)汇票是委托他人支付的票据。汇票的出票人仅仅是签发票据的人,而不是汇票的付款人,付款人需由出票人另行委托。因此,汇票是一种委付证券,区别于自付证券的本票。

(3)汇票是在见票时或者在指定日期支付的票据。我国汇票原则上多是远期汇票,体现了汇票的信用功能;而我国的支票、本票均采用即期票据,体现票据的支付功能。

(4)汇票须是无条件的支付。汇票作为一种支付工具,在支付时是不能附加条件的,否则将影响汇票的支付功能。我国票据法也明确规定,附条件的汇票是无效的。

(5)汇票上应是确定的金额。票据是一种文义性、体现金钱债权的证券,票据权利义务集中体现在票据金额上,因此票据金额必须是确定的,否则票据无效。

(二)汇票的种类

依照不同的标准,可以对汇票做出不同的划分。

1. 根据汇票当事人的不同,汇票可分为银行汇票和商业汇票

银行汇票是以银行为出票人,同时以银行为付款人的汇票。一般来说,银行汇票中的出票人和付款人为同一银行,特殊情况下也可以不是同一银行。

商业汇票是以银行以外的其他公司、企业或者个人为出票人,以银行或者其他公司、企业等为付款人的汇票。其中,根据承兑人的不同,商业汇票又可以划分为银行承兑汇票和商业承兑汇票。前者是指付款人是银行并进行了承兑的汇票;后者是指以银行以外的公司、企业等为付款人并进行了承兑的汇票。

2. 依照汇票付款时间的不同,汇票可分为即期汇票和远期汇票

即期汇票是指汇票上没有到期日的记载或者明确记载见票即付,收款人或持票人一经向付款人提示付款,该汇票即为到期,付款人就应当承担付款责任的汇票。

远期汇票是指汇票上记载了到期日,付款人在票据到期时承担付款责任的汇票。根据到期日的不同,远期汇票又可以分为:①定日付款的汇票,即以汇票签发时确定的日期为到期日的汇票,如甲于2020年4月1日签发汇票,汇票上记载2020年5月15日为到期日,该汇票即为定日付款的汇票;②出票后定期付款的汇票,即以出票日后的一段期间届满时为到期日的汇票,如甲于2020年4月1日签发汇票,约定出票后3个月付款,则自4月1日起算的3个月届满时为到期日;③见票后定期付款的汇票,即以见票日后的一段期间届满时为到期日的汇票,如甲于2020年4月1日签发汇票,4月20日持票人向付款人提示承兑,付款人在汇票上进行承兑并注明见票的时间,约定见票后3个月付款,则自4月20日起算的3个月届满时为到期日。

3. 依照汇票上权利人记载方式的不同,汇票可分为记名汇票、指示汇票和无记名汇票

记名汇票是指出票人在汇票上记载收款人的姓名或名称的汇票。这种汇票必须以背书方式进行转让。

指示汇票是指出票人在汇票上记载收款人的姓名或名称,而且附加"或其指定的人"字样的汇票。这种汇票也必须以背书方式进行转让。

无记名汇票是指出票人在汇票上没有记载收款人的姓名或名称,或在汇票上记载将票据金额"交来人"或者"交持票人"字样的汇票。这种汇票仅依交付就可以进行转让。我国票据法禁止无记名汇票。

二、汇票的出票

(一)出票的概念

出票是指出票人签发票据并将其交付给收款人的票据行为。作为一种基本票据行为,出票实际上包括两个行为:一是出票人依照票据法的规定做成票据;二是交付票据。只有完成这两个过程才是进行了一个有效的出票行为,票据权利义务关系也就此产生。

(二)汇票的记载事项

(1)绝对应记载事项:若无记载,票据无效。

①表明"汇票"的字样。

②无条件支付的委托。

③确定的金额。票据金额以中文大写和数码同时记载,两者必须一致;两者不一致的,票据无效。票据金额、日期、收款人名称不得更改,更改的票据无效。汇票上记载的金额必须是固定的数额;汇票上记载的金额不确定的,汇票无效。

④付款人名称。

⑤收款人名称。

⑥出票日期。

⑦出票人签章。

(2)相对应记载事项:若无记载,适用法律的有关推定。

①付款日期未记载的,视为见票即付,银行汇票限于见票即付。

②付款地未记载的,以付款人的营业场所、住所或者经常居住地为付款地。

③出票地未记载的,以出票人的营业场所、住所或者经常居住地为出票地。

(3)任意记载事项:出票人可以选择是否记载的事项,但该事项一经记载即发生票据法上的效力。如出票人在汇票上记载"不得转让"字样,汇票不得转让。

(三)出票的效力

(1)对收款人:成为汇票的主债权人,取得票据权利。

(2)对付款人:出票行为是单方行为,付款人并不因此而有付款义务,付款人对汇票进行承兑后,才成为汇票的主债务人,承担付款义务。

(3)对出票人:出票人签发汇票后,即承担保证该汇票承兑和付款的责任;出票人在汇票得不到承兑或者付款时,应当依法向持票人清偿票据金额、相关的利息和费用,在付款人承兑之前,出票人是票据的主债务人。

思考7-4

（单选）根据票据法律制度的规定，某公司签发汇票时出现的下列情形中，导致该汇票无效的是（　　）。

A. 汇票上未记载付款日期
B. 汇票上金额记载为"不超过50万元"
C. 汇票上记载了该票据项下交易的合同号码
D. 签章时加盖了本公司公章，公司负责人仅签名而未盖章

三、汇票的背书

（一）背书的概念

按照我国票据法的规定，票据转让是通过背书的方式进行的。背书是指持票人在票据背面或者粘单上记载有关事项，写上自己和（或）受让人的名字并将汇票交付给受让人，从而将汇票权利转让给他人或者将一定的汇票权利授予他人行使的票据行为。其中，出让票据的人称为背书人，受让票据的人称为被背书人。

（二）背书的记载事项与效力

绝对应记载事项为背书人和被背书人，如未记载，汇票背书无效。

相对应记载事项为背书日期，如未记载，视为在汇票到期日前背书。

任意记载事项为"不得转让""委托收款""质押"等。背书人在汇票上记载"不得转让"字样，其后手再背书转让的，原背书人对后手的被背书人不承担保证责任。背书记载"委托收款"字样的，被背书人有权代背书人行使被委托的汇票权利；但是，被背书人不得再以背书转让汇票权利。背书记载"质押"字样的，被背书人依法实现其质权时，可以行使汇票权利。

附条件的背书，所附条件不具有汇票上的效力。票据金额的部分转让背书和分别转让背书（多头背书）无效。

（三）背书连续

以背书转让的汇票，背书应当连续。背书连续是指在票据转让中，转让汇票的背书人与受让汇票的被背书人在汇票上的签章依次前后衔接。如果背书不连续，付款人可以拒绝向持票人付款，否则付款人自行承担责任。

背书连续主要是指背书在形式上连续，如果背书在实质上不连续，如有伪造签章等，付款人仍应对持票人付款。但是，如果付款人明知持票人不是真正票据权利人，则不得向持票人付款，否则应自行承担责任。

对于非经背书转让，而以其他合法方式取得汇票的，不涉及背书连续的问题。该其他合法方式主要是指因税收、继承、赠予等方式而取得票据的形式。取得票据的人只要依法举证，表现其合法取得票据的方式，证明其汇票权利，就能享有票据上的权利。

（四）委托收款背书和质押背书

委托收款背书是指持票人以行使票据上的权利为目的，而授予被背书人代理权的背书。

该背书方式不以转让票据权利为目的,而是以授予他人一定的代理权为目的,其确立的法律关系不属于票据上的权利转让与被转让关系,而是背书人(原持票人)与被背书人(代理人)之间在民法上的代理关系,该关系形成后,被背书人可以代理行使票据上的一切权利。在此情形下,被背书人只是代理人,而未取得票据权利,背书人仍是票据权利人。

质押背书是指持票人为了以票据权利设定质权而在票据上做成的背书。背书人是原持票人,也是出质人,被背书人则是质权人。质押背书确立的是一种担保关系,即在背书人(原持票人)与被背书人之间产生一种质押关系,而不是票据权利的转让与被转让关系。因此,质押背书成立后,背书人仍然是票据权利人,被背书人并不因此而取得票据权利。但是,被背书人取得质权人地位后,在背书人不履行其债务的情况下,可以行使票据权利,并从票据金额中按担保债权的数额优先得到偿还。如果背书人履行了所担保的债务,被背书人则必须将票据返还背书人。

以汇票设定质押时,出质人在汇票上只记载了"质押"字样而未在票据上签章的,或者出质人未在汇票、粘单上记载"质押"字样而另行签订质押合同、质押条款的,不构成票据质押。

(五)法定禁止背书的汇票

(1)被拒绝承兑的汇票。这是指持票人在汇票到期日前,向付款人提示承兑而遭拒绝的汇票。

(2)被拒绝付款的汇票。这是指对不需承兑的汇票或者业已经付款人承兑的汇票,持票人于汇票到期日向付款人提示付款而被拒绝的汇票。

(3)超过付款提示期限的汇票。这是指持票人未在法定付款提示期间向付款人提示付款的汇票。法定付款提示期间是法律规定的由收款人或者持票人行使付款请求权的期限。收款人或者持票人应当在汇票到期日起至法定提示期间届满前行使付款请求权,如果收款人或持票人未在此期间行使付款请求权,即丧失对其前手的追索权。

思考7—5

(单选)汇票背书人在票据上记载了"不得转让"字样,但其后手仍进行了背书转让。下列关于票据责任承担的表述中,错误的是( )。

A. 不影响承兑人的票据责任

B. 不影响出票人的票据责任

C. 不影响原背书人之前手的票据责任

D. 不影响原背书人对后手的被背书人承担票据责任

案例分析7—4

甲签发汇票一张,汇票上记载乙为收款人,某商业银行为付款人,金额为50万元,汇票到期日为2020年4月10日。乙持票后将汇票背书给丙,丙没有背书,直接交付给丁,丁又背书给戊,戊再背书给庚。庚在票据到期日去某商业银行提示付款遭拒。

试分析:该商业银行的做法有无法律依据?

四、汇票的承兑

(一)承兑的概念

承兑,是指汇票付款人承诺在汇票到期日支付汇票金额的票据行为。付款人承兑汇票后,作为汇票承兑人,便成为汇票的主债务人,应当承担到期付款的责任。承兑是汇票特有的制度,本票和支票都没有承兑。

(二)承兑的程序

1. 提示承兑

提示承兑,是指持票人向付款人出示汇票,并要求付款人承诺付款的行为。因汇票付款日期不同,提示承兑的期限也不一样。

(1)见票即付的汇票:无须提示承兑。

(2)定日付款或者出票后定期付款的汇票:到期日前提示承兑。

(3)见票后定期付款的汇票:自出票之日起1个月内提示承兑。

如果持票人超过法定期限提示承兑,即丧失对其前手(不包括对出票人)的追索权。

2. 承兑

付款人在收到持票人提示承兑的汇票时,应当给持票人签发收到汇票的回单。付款人应当在收到提示承兑的汇票之日起3日内承兑或拒绝承兑。

付款人如果决定承兑,应当在汇票正面记载以下事项:

(1)"承兑"字样;

(2)付款人签章;

(3)承兑日期。

付款人对向其提示承兑的汇票,应当自收到提示承兑的汇票之日起3日内承兑或者拒绝承兑。如果付款人在3日内不做出承兑与否表示,则视为拒绝承兑。

付款人承兑汇票,不得附有条件;承兑附有条件的,视为拒绝承兑。

3. 交还汇票

付款人在汇票正面记载"承兑"字样并签章后,应当立即将汇票交给持票人,以便持票人行使转让权或在到期日行使付款请求权。

(三)承兑的法律效力

(1)承兑人于汇票到期日必须向持票人无条件地支付汇票上的金额,否则其必须承担延迟付款责任。

(2)承兑人必须对汇票上的一切权利人承担责任,包括付款请求权人和追索权人。

(3)承兑人不得以其与出票人之间的资金关系来对抗持票人而拒绝支付汇票金额。

(4)承兑人的票据责任不因持票人未在法定期限(到期日起10日)内提示付款而解除,在做出说明后,承兑人仍要对持票人承担票据责任。

五、汇票的保证

(一) 保证的概念

保证是指票据债务人以外的他人充当保证人,担保票据债务履行的票据行为。保证的作用在于加强持票人票据权利的实现,确保票据付款义务的履行,促进票据流通。

(二)保证的记载事项

保证应记载事项分为绝对必要记载事项与相对必要记载事项两种。

绝对必要记载事项有:①表明"保证"的字样;②保证人签章。

相对必要记载事项有:①保证人名称和住所;②被保证人的名称;③保证日期。缺少保证人的名称和住所的,保证人名称可由其签章认定,保证人住所可以推定为保证人的营业场所、住所。缺少被保证人的名称,已承兑的汇票,承兑人为被保证人;未承兑的汇票,出票人为被保证人。缺少保证日期的,以出票日为保证日期。

为出票人、承兑人保证的,应记载于汇票的正面;为背书人保证的,应记载于汇票的背面或粘单上。

保证不得附有条件;附有条件的,所附条件无效,保证有效。

(三)保证的效力

(1)保证人对合法取得汇票的持票人所享有的汇票权利承担保证责任;但被保证人的债务因票据记载事项欠缺而无效的除外。

(2)保证人应当与被保证人对持票人承担连带责任。

(3)保证人为2人以上的,保证人之间承担连带责任。

(4)保证人清偿汇票债务后,可以对被保证人及其前手行使追索权。

六、汇票的付款

(一)付款的概念

付款是指付款人依据票据文义支付票据金额,以消灭票据关系的行为。

(二)付款的程序

1. 付款提示

付款提示是指持票人向付款人出示票据,请求付款的行为。持票人应当按照下列期限提示付款:

(1)见票即付的汇票,自出票日起1个月内向付款人提示付款。

(2)定日付款、出票后定期付款或者见票后定期付款的汇票,自到期日起10日内向承兑人提示付款。通过委托收款银行或者通过票据交换系统向付款人提示付款的,视同持票人提示付款。

2. 支付票款

持票人向付款人进行付款提示后,付款人无条件地在当日按票据金额足额支付给持票人。

(三)付款的效力

我国票据法第六十条规定:"付款人依法足额付款后,全体汇票债务人的责任解除。"由此可见,汇票一经付款,汇票权利人的票据权利得以实现,汇票上所有债务人的义务得以解除,票据当事人之间不存在票据权利义务关系,票据关系也就此消灭。

七、汇票的追索权

(一)汇票追索权的概念

汇票追索权,是指付款人拒绝付款,或者拒绝承兑,或者由于其他法定原因预计在票据到期时不能付款的,由持票人向其前手请求偿还票据金额、利息以及有关费用的一种票据权利。持票人只有在行使第一次权利未获实现时才能行使第二次权利。

(二)追索权行使的原因

汇票到期日前,有下列情形之一的,持票人可以行使追索权:
(1)汇票到期被拒绝付款;
(2)汇票在到期日前被拒绝承兑;
(3)在汇票到期日前,承兑人或付款人死亡、逃匿的;
(4)在汇票到期日前,承兑人或付款人被依法宣告破产或因违法被责令终止业务活动。

汇票到期后持票人行使追索权的原因有:①汇票的付款人、承兑人或代理付款人拒绝支付;②持票人提示付款时,汇票上记载的付款地不存在或付款人不存在、下落不明,导致无法提示。

(三)行使追索权的程序

1. 付款人或承兑人拒付时,须出具拒绝证明或退票理由书

持票人提示承兑或者提示付款被拒绝的,承兑人或者付款人必须出具拒绝证明,或者出具退票理由书。未出具拒绝证明或者退票理由书的,应当承担由此产生的民事责任。持票人因承兑人或者付款人死亡、逃匿或者其他原因,不能取得拒绝证明的,可以依法取得其他有关证明。承兑人或者付款人被人民法院依法宣告破产的,人民法院的有关司法文书具有拒绝证明的效力。承兑人或者付款人因违法被责令终止业务活动的,有关行政主管部门的处罚决定具有拒绝证明的效力。持票人不能出示拒绝证明、退票理由书或者未按照规定期限提供其他合法证明的,丧失对其前手的追索权。但是,承兑人或者付款人仍应当对持票人承担责任。

2. 持票人将拒绝事由通知前手,进行追索

持票人应当自收到被拒绝承兑或者被拒绝付款的有关证明之日起3日内,将被拒绝事由书面通知其前手;其前手应当自收到通知之日起3日内书面通知其再前手。持票人也可以同时向各汇票债务人发出书面通知。通知应当以书面形式发出。未按上述期限通知的,持票人仍可以行使追索权。但是,因延期通知给其前手或者出票人造成损失的,持票人须承担相应的赔偿责任,赔偿的金额以汇票金额为限。

(四)追索的对象及责任

被追索人包括出票人、背书人、承兑人和保证人。

被追索人对持票人承担连带责任。持票人可以不按照汇票债务人的先后顺序,对其中任何一人、数人或者全体行使追索权。持票人对票据债务人中的一人或者数人已经进行追索的,对其他票据债务人仍可以行使追索权。但是,持票人为出票人的,对其前手无追索权。持票人为背书人的,对其后手无追索权。被追索人清偿债务后,与持票人享有同一追索权利,可以向其他汇票债务人行使再追索权,请求其他汇票债务人支付相应的金额和费用。

持票人行使追索权,可以请求被追索人支付下列金额和费用:

(1)被拒绝付款的汇票金额。

(2)汇票金额自到期日或者提示付款日起至清偿日止,按照中国人民银行规定的利率计算的利息。

(3)取得有关拒绝证明和发出通知书的费用。被追索人清偿债务时,持票人应当交出汇票和有关拒绝证明,并出具所收到利息和费用的收据。

案例分析7-5

A企业从B企业购进一批设备,价款为90万元。A企业开出一张付款期限为6个月的承兑商业汇票给B企业,C企业在该汇票的正面记载了保证事项。B企业取得汇票后,将该汇票背书转让给了D企业。汇票到期,D企业委托银行收款时得知A的存款账户不足以支付。银行将付款人未付款通知书和该商业承兑汇票一同交给D企业。D企业遂向B企业要求付款。

试分析:

(1)D企业在票据未获付款的情况下是否有权向B企业要求付款?

(2)D企业在B企业拒绝付款的情况下是否可向A企业、C企业要求付款?

(3)如果C企业代为履行票据付款义务,则C企业可向谁行使追索权?

任务三 填制并使用本票和支票

活动一:认识、填制。由教师提供本票和支票的样本,指导学生进行规范出票,加强学生对本票和支票记载事项的理解。

活动二:收集、整理。学生通过各种途径,收集我国近年来本票、支票违规违法的案例,分析原因,并进行归纳总结。

知识基础

本票、支票同汇票一样,都是票据的一种,都是由票据法来调整的。三者不但在不同的程度上体现了票据的信用、支付、结算和融资等作用,具有共同的经济职能,而且在背书、保证、付款、追索权等方面适用共同的法律规则。因此,我国票据法同世界上大多数国家的立法模式一样,以汇票为中心,本票、支票除有特别规定者外,适用汇票的相关规定。

一、本票

(一)本票的概念和特点

本票是出票人签发的,承诺自己在见票时无条件支付确定的金额给收款人或者持票人的票据。国际上的本票,有即期本票和远期本票、银行本票和商业本票、企业本票和个人本票之分,但我国票据法上的本票仅指银行本票,且均为即期本票,没有商业本票和远期本票。

本票相对于汇票来说具有以下特点:

(1)本票是票据的一种,具有票据的一切特征和性质,如无因性、要式性、流通性、文义性等;

(2)本票是自付证券,是由出票人自己对收款人支付并承担绝对付款责任的票据;

(3)本票无须承兑,出票人本人就是付款人,没有委托他人付款,因此无须承兑就能保证付款。

(二)本票的出票

本票的出票与汇票一样,包括做成票据和交付票据。本票的出票行为是以自己负担支付本票金额的债务为目的的票据行为。

1. **本票的出票人**

本票的出票人必须具有支付本票金额的可靠资金来源,并保证支付。银行本票的出票人,为经中国人民银行当地分支行批准办理银行本票业务的银行机构。

2. **本票的记载事项**

与汇票一样,本票的记载事项也包括绝对应记载事项和相对应记载事项。

(1)本票的绝对应记载事项包括以下内容:①表明"银行本票"的字样;②无条件支付的承诺;③确定的金额;④收款人名称;⑤出票日期;⑥出票人签章。欠缺记载这些事项之一的,银行本票无效。

(2)本票的相对应记载事项包括付款地和出票地。本票上未记载付款地的,出票人的营业场所为付款地。本票上未记载出票地的,出票人的营业场所为出票地。

(三)本票的付款

根据票据法的规定,银行本票是见票付款的票据,收款人或持票人在取得银行本票后,随时可以向出票人请求付款。

本票自出票日起,付款期限最长不得超过2个月。持票人在规定的期限提示付款的,出票人必须承担付款的责任。如果持票人超过提示付款期限未提示付款,在票据权利时效内向出票银行做出说明,并提供本人身份证或单位证明,可持银行本票向出票银行请求付款。

二、支票

(一)支票的概念和特点

支票是出票人签发的,委托办理支票存款业务的银行或者其他金融机构在见票时无条件支付确定的金额给收款人或者持票人的票据。

支票具有以下特点:

(1)支票是票据的一种,同汇票、本票一样具有票据的共同特征;

(2)支票是见票即付的票据,是支付证券,代替现金进行支付,因此支票都是即期的;

(3)支票付款人资格有严格限制,只能是银行或其他金融机构,不能是法人或个人,汇票是完全没有此限制的;

(4)支票是无条件支付的票据。

(二)支票的种类

按照支付票款方式可将支票分为现金支票、转账支票和普通支票。

1. 现金支票

支票上印有"现金"字样的为现金支票,现金支票只能用于支取现金。

2. 转账支票

支票上印有"转账"字样的为转账支票,转账支票只能用于转账,不得支取现金。

3. 普通支票

支票上未印有"现金"或"转账"字样的为普通支票,普通支票可以用于支取现金,也可以用于转账。在普通支票左上角画两条平行线的,为划线支票,划线支票只能用于转账,不得支取现金。

支票的背书、付款行为和追索权的行使,适用汇票的有关规定。

(三)支票的出票

1. 出票的概念

支票的出票就是出票人做成支票并交付给收款人的票据行为。支票的出票人只有在银行等金融机构开立支票账户,才能签发支票。

我国票据法第八十三条规定:"开立支票存款账户,申请人必须使用其本名,并提交证明其身份的合法证件。开立支票存款账户和领用支票,应当有可靠的资信,并存入一定的资金。开立支票存款账户,申请人应当预留其本名的签名式样和印鉴。"

票据法规定,支票的出票人所签发的支票金额不得超过其付款时在付款人处实有的存款金额。出票人签发的支票金额超过其付款时在付款人处实有的存款金额的,为空头支票。出票人不得签发空头支票。

2. 支票的记载事项

绝对应记载事项:①表明"支票"的字样;②无条件支付的委托;③确定的金额;④付款人名称;⑤出票日期;⑥出票人签章。绝对应记载事项是票据法规定必填的记载事项,如欠缺某一项记载事项则该票据无效。另外,支票的金额、收款人名称可以通过出票人授权补记,未补记不得使用。

相对应记载事项:①付款地(如果支票上未记载付款地,则付款地为付款人的营业场所);②出票地(支票上未记载出票地的,出票人的营业场所、住所、经常居住地为出票地)。相对应记载事项是指票据法规定应当记载而没有记载,可以通过法律规定进行推定而不会导致票据无效的事项。

3. 出票的效力

(1)对出票人的效力:出票人必须按照签发的支票金额承担保证向该持票人付款的责任。

(2)对持票人的效力:一经出票,支票的持票人即获得向付款人请求付款和向其前手进行追索的权利。

(3)对付款人的效力:出票行为对付款人没有拘束力。付款人不是支票关系的债务人,其是否付款取决于出票人是否提供了足够的资金。

(四)支票的付款

1. 付款提示

支票的持票人应当自出票日起 10 日内提示付款;异地使用的支票,其提示付款的期限由中国人民银行另行规定。超过提示付款期限的,付款人可以不予付款;付款人不予付款的,出票人仍应对持票人承担票据责任。

2. 付款人的责任

支票限于见票即付,出票人在付款人处的存款足以支付支票金额时,付款人应当在当日足额付款。付款人依法支付支票金额的,对出票人不再承担受委托付款的责任,对持票人不再承担付款的责任。但是,付款人以恶意或者重大过失付款的除外。

案例分析 7-6

2020 年 5 月 20 日,A 公司向 B 公司购买货物,并签发一张转账支票给 B 公司。A 公司在开出支票时,未记载收款人名称,约定由 B 公司自行填写。B 公司取得支票后,在支票收款人处填写上 B 公司名称,并于 7 月 22 日将该支票背书转让给 C 公司。C 公司于 8 月 5 日向付款银行提示付款。A 公司在付款银行的存款足以支付支票金额。

试分析:

(1)A 公司签发的未记载收款人名称的支票是否有效?

(2)A 公司签发的支票能否向付款银行支取现金?

(3)付款银行能否拒绝向 C 公司付款?

项目小结

我国票据法中规定的"票据",包括汇票、本票和支票。本项目主要分为三个任务,要求学生熟悉票据的基本法律制度,能够正确填制汇票、本票和支票,能按照票据法要求正确使用票据以及判断并分析票据使用过程中的问题。

项目知识检测

一、单项选择题

1. 单位、个人、银行在票据上签章时,必须按照规定进行,下列签章不符合规定的是(　　)。

A. 单位在票据上使用该单位的财务专用章加其法定代表人或授权的代理人的盖章

B. 个人在票据上使用该个人的签名

C. 银行本票的出票人在票据上只使用经中国人民银行批准使用的该银行本票专用章

D. 商业承兑汇票的承兑人在票据上使用其预留的银行签章

2. 甲公司为购买货物而将所持有的汇票背书转让给乙公司,但因担心以此方式付款后对方不交货,在背书栏中记载了"乙公司必须按期保质交货,否则不付款"的字样。乙公司在收到票据后没有按期交货。根据票据法律制度的规定,下列表述中,正确的是(　　)。

　　A.背书无效

　　B.背书有效,乙的后手持票人应受上述记载约束

　　C.背书有效,但是上述记载没有汇票上的效力

　　D.票据无效

　3.下列有关汇票的表述中,正确的是(　　)。

　　A.汇票未记载收款人名称的,可由出票人授权补记

　　B.汇票未记载付款日期的,为出票后10日内付款

　　C.汇票未记载出票日期的,汇票无效

　　D.汇票未记载付款地的,以出票人的营业场所、住所或经常居住地为付款地

　4.背书人甲将一张100万元的汇票分别背书转让给乙和丙(各50万元),下列有关该背书效力的表述中,正确的是(　　)。

　　A.背书无效

　　B.背书有效

　　C.背书转让给乙50万元有效,转让给丙50万元无效

　　D.背书转让给乙50万元无效,转让给丙50万元有效

　5.汇票的保证不得附有条件,附有条件的,(　　)。

　　A.该保证无效　　　　　　　　　　B.视为未保证

　　C.不影响对汇票的保证责任　　　　D.保证人对所附条件承担责任

二、多项选择题

　1.下列各项中,可以导致汇票无效的情形有(　　)。

　　A.汇票上未记载付款日期

　　B.汇票上未记载出票日期

　　C.汇票上未记载收款人名称

　　D.汇票金额的中文大写和数码记载不一致

　2.下列有关票据背书的表述中,正确的有(　　)。

　　A.背书人在背书时记载"不得转让"字样的,被背书人再行背书无效

　　B.背书附条件的,背书无效

　　C.部分转让票据权利的背书无效

　　D.分别转让票据权利的背书无效

　3.下列各项中,属于支票上可以由出票人授权补记的事项有(　　)。

　　A.金额　　　　　　　　　　　　B.收款人名称

　　C.付款人名称　　　　　　　　　D.出票日期

　4.下列事项中,汇票必须记载的有(　　)。

　　A.确定的金额　　　　　　　　　B.必须或不得提示承兑

C.无条件支付的委托　　　　　　　D.利息及利率
5.下列选项中,不得进行背书转让的有(　　)。
　A.被拒绝承兑的汇票　　　　　　B.被拒绝付款的汇票
　C.超过付款提示期限的汇票　　　D.记载"不得转让"字样的汇票

项目技能训练

案例分析

1.A公司为支付所欠B公司货款,于2020年5月5日开出一张50万元的商业承兑汇票。B公司用此汇票进行背书转让给C公司,以购买一批原材料。事后不久,B公司发现C公司根本无货可供,完全是一场骗局,于是马上通知付款人停止向C公司付款。C公司获此票据后,又将该票据背书转让给了D公司,以支付其所欠工程款。D公司用此汇票向E公司购买了一批钢丝,背书时注明了"货到后此汇票方生效"。E公司于2020年7月5日向付款人请求付款。付款人在对该汇票审查后拒绝付款,理由是:

(1)C公司以欺诈行为从B公司取得该汇票,B公司已通知付款人停止付款;

(2)该汇票未记载付款日期,且背书附有条件,为无效票据。

随即付款人做成退票理由书,交付E公司。

试分析:

(1)付款人可否以C公司的欺诈行为为由拒绝向E公司支付票款?为什么?

(2)A公司开出的汇票未记载付款日期,是否为无效票据,为什么?

(3)D公司的背书是否有效?该条件是否影响汇票效力?

(4)E公司的付款请求权得不到实现时,可以向本案例中哪些当事人行使追索权?

2.乙向丙购入了一批材料,由于手头没有足够的现金,乙开出了一张金额为10万元的汇票,出票后3个月付款,甲为付款人,丙为收款人。丙拿到汇票后向甲进行了承兑,2周后,丙将汇票背书转让给某餐饮公司,后该餐饮公司不慎将背书栏签有单位公章的该汇票丢失,该单位负责人立即向甲办理了挂失止付手续。该汇票遗失后被丁拾到,并以被背书人的名义到某机械公司购买了一批机械,将汇票背书给机械公司。该机械公司在汇票到期时持汇票请求甲付款,甲以汇票已挂失止付为由拒不付款,机械公司遂对所有前手发出了追索通知。

试分析:

(1)机械公司是否享有该汇票的票据权利?

(2)机械公司是否可以对所有前手行使追索权?

(3)甲是否可以以挂失止付为由拒绝付款?

3.A公司为支付货款,2020年3月1日向B公司签发一张金额为45万元、见票后1个月付款的银行承兑汇票。B公司取得汇票后,将汇票背书转让给C公司。C公司在汇票的背面记载"不得转让"字样后,将汇票背书转让给D公司。其后,D公司将汇票背书转让给E公司,但D公司在汇票粘单上记载"只有E公司交货后,该汇票才发生背书转让效力"。后E公司又将汇票背书转让给F公司。2020年3月25日,F公司持汇票向承兑人甲银行提示承兑,甲银行以 A 公司未足额交存票款为由拒绝承兑,且于当日签发拒绝证明。2020 年 3 月 27 日,F 公司向 A、B、C、D、E 公司同时发出追索通知。B 公司以 F 公司应先向 C、D、E 公司追索为由拒绝承担票据责任,C 公司以自己在背书时记载"不得转让"字样为由拒绝承担票据责任。

试分析:

(1)D 公司背书所附条件是否具有票据上的效力?说明理由。

(2)B 公司拒绝承担票据责任的主张是否符合法律规定?为什么?

(3)C 公司拒绝承担票据责任的主张是否符合法律规定?为什么?

项目八 保护工业产权

▪ 知识目标 ▪

了解申请专利和商标注册的基本程序；
掌握专利申请人、专利权人、专利权客体等概念和授予专利权的条件；
掌握商标注册的有关内容；
明确注册商标的续展、转让和使用许可；
了解对侵犯商标权和专利权行为的处罚。

▪ 能力目标 ▪

能够识别市场中的商标侵权行为；
能够识别市场中的专利侵权行为。

引导案例

以下为珠海格力电器股份有限公司与宁波奥克斯空调有限公司、广州晶东贸易有限公司侵害实用新型专利权纠纷案（2017年）部分信息。

原告：珠海格力电器股份有限公司（下称格力公司）。

被告：宁波奥克斯空调有限公司（下称奥克斯公司）、广州晶东贸易有限公司（下称晶东公司）。

格力公司是一种空调机的室内机的实用新型专利权人。该专利申请日是2008年4月25日，授权公告日是2009年5月20日。奥克斯公司未经许可，制造、销售、许诺销售了使用格力公司上述专利技术的八个型号被诉侵权产品。晶东公司在京东商城销售、许诺销售了上述被诉侵权产品。格力公司遂诉至法院，请求晶东公司停止侵权，奥克斯公司停止侵权、销毁库存及模具并赔偿格力公司4000万元。

请问：格力公司的要求合理吗？

评析：法院裁判要旨是，格力公司是涉案实用新型专利权人，其专利权应受法律保护。法院二审判决内容：经对比，被诉产品落入格力公司专利权的保护范围，奥克斯公司提出的现有技术抗辩不成立。由于格力公司已就奥克斯公司侵权获利初步举证，被诉产品获利的账簿、资料主要由奥克斯公司掌握，法院责令奥克斯公司限期提交财务账册。然而，奥克斯公司提交的统计表及明细仅涉及四个型号被诉产品，并以封存或内部规定为由明确拒绝提供统计数据所依据的原始凭证。法院认为奥克斯公司应承担举证妨碍责任。在本案发生前,奥克斯公司因侵害格力公司同一专利权被一审判决停止侵权,生效判决也已在本案审理过程中做出,奥克斯公司非但未及时修改侵权技术方案,反而大量制造销售本案八个型号侵权产品,主观恶意十分明显。法院着重考虑以上两个因素,并结合被诉产品线上及线下销售额、利润率、贡献率、合理费用等因素,判令晶东公司停止侵权,奥克斯公司停止侵权、销毁库存及专用模具并赔偿格力公司4000万元。

工业产权,是指人们依法对应用于商品生产和流通过程中的创造发明和显著标记等智力成果,在一定地区和期限内享有的专有权,是发明专利、实用新型、外观设计、商标的所有权的统称。工业产权与版权统称为知识产权。

工业产权属于无形财产权,与有形财产权相比具有以下特征。

1. 专有性

工业产权是国家赋予专利权人和商标专用权人,在有效期内对其专利和商标享有的独占、使用、收益和处分的权利。未经权利人许可,任何第三人皆不得使用,否则即构成侵权。

2. 地域性

所谓工业产权的地域性,是指工业产权的地域限制,即一个国家法律所确认和保护的工业产权,只在该国范围内有效,对其他国家不发生效力,即不具有域外效力。如想获得其他国家的保护,必须依照对应国家的法律取得相应的知识产权或根据共同签订的国际条约取得保护。

3. 时间性

所谓工业产权的时间性,是指工业产权的时间限制,即工业产权的保护是有一定期限的,这也就是工业产权的有效期。法律规定的期限届满,工业产权的专有权即告终止,权利人即丧失其专有权,这些智力成果即成为社会财富。

在以创新带动发展的市场环境下,越来越多的企业投入巨大的人力、物力进行产品创新和技术更新,当然也都非常重视知识产权的保护问题。

任务一　保护商标权

活动一:收集资料。学生以小组为单位查阅资料,收集我国驰名商标被抢注的案例资料,结合商标法的立法情况,讨论实施商标法对保护商标权的现实意义。

活动二:讨论问答。学生分为若干组,各组分别根据商标的构成要素,分析哪些要素不能在商标中使用,以及商标权人的权利和义务有哪些,举例讨论,然后每两组进行互问互答,最后由教师点评。

活动三:案例分析。学生3~4人为一组,查询关于商标权的实际案例,进行案例分析,同时运用关于商标的法律制度知识,并结合课外阅读或资料查阅,总结规避商标侵权风险的途径,形成文本。

一、商标与商标法

(一)商标的概念

商标俗称牌子,是指生产经营者在其商品或服务项目上使用的特定标志,通常用汉字、图形、字母、数字、三维标志、颜色、声音以及上述要素的组合来表示,并置于商品表面或其包装上、服务场所及服务说明书上。

(二)商标的分类

商标可以按不同角度进行分类,常见的分类方式如下:

(1)按商标的构成分类,可分为平面商标和立体商标。平面商标是指使用汉字、图形、字母、数字、色彩或者上述要素的相互组合构成的商标。立体商标是指由产品的容器、包装、外形,以及其他具有立体外观的三维标志构成的商标。

(2)按商标的适用对象分类,可分为商品商标和服务商标。商品商标是指使用于各种商品、用来区别不同生产者和经营者的商标,如"海尔""SONY"等。服务商标,是指使用于服务项目、用来区别服务提供者的商标。

(3)按商标的作用分类,可分为集体商标和证明商标。集体商标是指以团体、协会或者其他组织名义注册,供该组织成员在商事活动中使用,以表明使用者在该组织中的成员资格的标志,例如合作社、行业协会注册的商标。证明商标是指由对某种商品或服务具有监督能力的组织所控制,而由该组织以外的单位或个人使用于其商品或服务,用以证明该商品或服务的原产地、原料、制造方法、质量或其他特定品种的标志。例如,国际羊毛局注册并负责管理的纯羊毛标志就是著名的证明商标。

(4)按是否注册分类,可分为注册商标和未注册商标。注册商标是指由当事人申请,经国家主管机关审查核准,予以注册的商标。注册商标是商标法保护的对象,其所有人享有商标专用权。未注册商标是指其使用人未申请注册或注册申请未被核准、未给予注册的商标。未注册商标可以在市场上使用,但其使用人不享有商标专用权,一般情况下,无权禁止他人使用相同商标,也无权组织他人就相同商标提出注册申请;相反,他人若将相同商标取得注册则有权禁止使用人继续使用该未注册商标。

(三)商标的功能

一般认为,现代商标具有识别、品质保证、广告及竞争等基本功能。

(1)识别功能,也称区别功能或认知功能。商标是商品的标志,是商品的生产者、经营者或服务的提供者为了标明自己、区别他人在自己的商品或服务上使用的标志。

(2)品质保证功能,也称质量保证或担保功能,是指以同一商标所表彰的商品或服务具有同样的品质,即具有品质的同一性。商标的这一功能虽不是商标最初始的功能,却是在市场经济活动中最主要的功能。它表明同一商标所标识的商品具有一致的品质标准和一定的质量水平。

(3)广告及竞争功能。商标是经营者与消费者联系的纽带和桥梁。利用商标进行广告宣传,对于引导和刺激消费都能收到良好的效果。商标的竞争功能体现为经营者在市场竞争中的地位。商标信誉良好,竞争力就强,经营者所占有的市场份额就会逐渐扩大;而商标信誉不良,竞争力就弱,经营者的市场占有份额就会缩小,乃至被淘汰出局。

(四)商标法

广义的商标法是调整因商标的注册、使用管理及保护而产生的各种社会关系的法律规范的总称。

现行的《中华人民共和国商标法》(简称商标法)于1982年8月23日第五届全国人民代表大会常务委员会第二十四次会议通过。该法自1983年3月1日起施行。它是新中国制定的第一部保护知识产权的法律。1993年2月22日第七届全国人民代表大会常务委员会第三十次会议第一次修正,2001年10月27日第九届全国人民代表大会常务委员会第二十四次会议第二次修正,同时国务院也及时修订了《中华人民共和国商标法实施细则》,使商标法律制度更加完善,并且也更加符合世贸组织相关规则的要求。2013年8月30日,第十二届全国人民代表大会常务委员会第四次会议表决通过了关于修改商标法的决定,新修订的商标法针对当前商标注册程序比较烦琐、商标确权时间过长、恶意侵犯商标权屡禁不止等问题做出了一系列修改和调整,不仅进一步完善了商标法律制度,同时还完善了与商标法律匹配的法规体系,如完善驰名商标、著名商标的有关立法工作。2019年4月23日,第十三届全国人民代表大会常务委员会第十次会议通过了《全国人民代表大会常务委员会关于修改〈中华人民共和国建筑法〉等八部法律的决定》,对商标法进行第四次修正。

二、商标注册

(一)商标注册的概念

商标注册是指自然人、法人或者其他组织在生产经营活动中,对其商品或者服务需要取得商标专用权,依照法定程序向国家商标局提出申请,经过审核予以注册的法律活动。经商标局注册的商标为注册商标,商标注册人享有商标专用权,受法律保护。

(二)商标注册的原则

1. 自愿注册与强制注册相结合的原则

我国对大部分商品或服务项目使用的商标采取自愿注册的原则,由商标使用人自主决定是否进行商标注册;未经注册的商标,可以在生产和服务中使用,但其使用人不享有专用权,无权禁止他人在同类或类似商品上使用与其商标相同或近似的商标,但驰名商标除外。

与此同时,我国商标法规定,极少数商品实行强制注册的原则。目前,国家规定必须使用注册商标的商品有两大类:一是人用药品;二是烟草制品,包括卷烟、雪茄烟和有包装的烟丝。这些商品使用未注册商标的,一律禁止销售。

2. 先申请原则

两个或者两个以上的商标注册申请人,在同一种商品或者类似商品上,以相同或者近似的商标申请注册的,初步审定并公告申请在先的商标;同一天申请的,初步审定并公告使用在先的商标,驳回其他人的申请,不予公告。

两个或者两个以上的申请人,在同一种商品或者类似商品上,分别以相同或者近似的商标在同一天申请注册的,各申请人应当自收到商标局通知之日起30日内提交其申请注册前在先使用该商标的证据。同日使用或者均未使用的,各申请人可以自收到商标局通知之日起30日内自行协商,并将书面协议报送商标局;不愿协商或者协商不成的,商标局通知各申请人以抽签的方式确定一个申请人,驳回其他人的注册申请。

3."一类商品,一个商标,一份申请"的原则

申请人应当根据国家工商总局公布的商标注册用商品和服务国际分类表规定的类别,按照"一类商品,一个商标,一份申请"的原则提出申请。申请人如果在不同类别的商品上使用同一商标,必须分别提出注册申请,并分别提交有关文件。

(三)商标注册的条件

1. 申请人的条件

申请人必须拥有与商标相适应的商品或服务,应对其使用商标的商品或服务质量负责。

(1)自然人、法人或者其他组织。自然人、法人或者其他组织对其生产制造、加工、拣选或者经销的商品或提供的服务项目,需要取得商标专用权的,应当向商标局申请商品商标注册。

(2)共同申请人。两个或以上的自然人、法人或者其他组织可以共同向商标局申请注册同一商标,共同享有和行使该商标专用权。

(3)外国人或外国企业。外国人或外国企业在中国申请商标注册的,应按其所属国和我国签订的协议或共同参加的国际条约办理,也可按照对等原则办理。

2. 商标的构成条件

(1)商标的必备条件。商标的必备条件包括3项。①商标应具有可识别性,汉字、图形、字母、数字、三维标志、颜色和声音,以及上述要素的组合,均可以作为商标申请注册。②商标应具有显著性,商标是区别商品的标志,无论是用文字商标、图形商标、组合商标,还是立体商标,都必须具有显著特征,使之成为区别于他人同类商品的明显标志。商标的显著性在于商标是否为新创的、是否具有个性。③商标不得与他人的注册商标相混同,也不得与被商标局撤销或注销未满一年的商标相混同。混同是指商标与他人的商标相同或者近似的情形。

(2)商标的禁止条件。下列标志不得作为商标使用:①同中华人民共和国的国家名称、国旗、国徽、国歌、军旗、军徽、军歌、勋章等相同或者近似的,以及同中央国家机关的名称、标志、所在地特定地点的名称或者标志性建筑物的名称、图形相同的;②同外国的国家名称、国旗、国徽、军旗等相同或者近似的,但经该国政府同意的除外;③同政府间国际组织的名称、旗帜、徽记等相同或者近似的,但经该组织同意或者不易误导公众的除外;④与表明实施控制、予以保证的官方标志、检验印记相同或者近似的,但经授权的除外;⑤同"红十字""红新月"的名称、标志相同或者近似的;⑥带有民族歧视性的;⑦带有欺骗性,容易使公众对商品的质量等特点或者产地产生误认的;⑧有害于社会主义道德风尚或者有其他不良影响的。

另外,县级以上行政区划的地名或者公众知晓的外国地名,不得作为商标。但是,地名具有其他含义或者作为集体商标、证明商标组成部分的除外;已经注册的使用地名的商标继续有效。

思考8-1

(多选)根据商标法规定,下列选项中,不得作为注册商标的有(　　)。

A. 三维标志　　　　　　　　B. 气味标志
C. 植物名称　　　　　　　　D. 与"红十字"近似的标志

(四)商标注册的程序

(1)商标注册的申请。申请人应向所在地的市、县工商行政管理部门提出注册申请。每一个商标注册申请交送商标注册申请书一份、商标图样一份及有关证明文件。市、县工商行政管理部门接受申请后,应依法进行初审,并对同意申请注册的商标签署意见后转报国家商标局审查。

(2)商标注册的审核。凡符合我国商标法规定的商标注册申请,国家商标局应予以受理且进行初步审查,经审查符合商标法规定的,由商标局初步审定并予以公告。自公告之日起3个月内,任何人均可提出异议。在异议审查期内,无人提出异议,或虽有异议但经裁定异议不能成立的,商标局应予以核准注册,发给申请人商标注册证,并予以公告。

知识扩展　申请商标注册应提交的文件

申请商标注册,应当按照公布的商品和服务分类表填报。每一个商标注册申请应当向商标局提交商标注册申请书1份、商标图样1份;以颜色组合或者着色图样申请商标注册的,应当提交着色图样,并提交黑白稿1份;不指定颜色的,应当提交黑白图样。

商标图样应当清晰,便于粘贴,用光洁耐用的纸张印制或者用照片代替,长和宽应不大于10厘米,不小于5厘米。

以三维标志申请商标注册的,应当在申请书中予以声明,说明商标的使用方式,并提交能够确定三维形状的图样,提交的商标图样应当至少包含三面视图。

以颜色组合申请商标注册的,应当在申请书中予以声明,说明商标的使用方式。

以声音标志申请商标注册的,应当在申请书中予以声明,提交符合要求的声音样本,对申请注册的声音商标进行描述,说明商标的使用方式。对声音商标进行描述,应当以五线谱或者简谱对申请用作商标的声音加以描述并附加文字说明;无法以五线谱或者简谱描述的,应当以文字加以描述;商标描述与声音样本应当一致。

三、注册商标的续展、变更、转让和使用许可

(一)注册商标的续展

注册商标的有效期为10年,自核准注册之日起计算。注册商标有效期满,需要继续使用的,商标注册人应当在期满前12个月内按照规定办理续展手续;在此期间未能办理的,可以给予6个月的宽展期。宽展期满仍未提出申请的,注销其注册商标。每次注册的有效期为10年。续展注册经核准后,予以公告。

思考8-2

(单选)甲公司于2008年12月10日申请注册A商标,2010年3月20日该商标被核准注册。根据商标法的规定,甲公司申请商标续展注册的最迟日期是(　　)。

A.2018年12月10日　　　　　　　B.2019年6月10日
C.2020年3月20日　　　　　　　 D.2020年9月20日

(二)注册商标的变更

注册商标需要变更注册人的名义、地址或者其他注册事项的,应当提出变更申请。

(三)注册商标的转让

转让注册商标的,转让人和受让人应当签订转让协议,并共同向商标局提出申请。受让人应当保证使用该注册商标的商品质量。转让注册商标的,商标注册人对其在同一种商品上注册的近似的商标,或者在类似商品上注册的相同或者近似的商标,应当一并转让。转让注册商标经核准后,予以公告。受让人自公告之日起享有商标专用权。

(四)注册商标的使用许可

商标注册人可以通过签订商标使用许可合同,许可他人使用其注册商标。许可人应当监督被许可人使用其注册商标的商品质量。被许可人应当保证使用该注册商标的商品质量。经许可使用他人注册商标的,必须在使用该注册商标的商品上标明许可人的名称和商品产地。许可他人使用其注册商标的,许可人应当将其商标使用许可报商标局备案,由商标局公告。商标使用许可未经备案不得对抗善意第三人。

四、商标权及对商标权的保护

商标权是指商标注册人在法定的期限内对其注册商标所享有的受国家保护的各种权利,商标权是商标法的核心。商标权的主体是注册商标所有人,客体是注册商标。

(一)商标权人的权利和义务

1. 商标权人的权利

(1)商标专用权,即注册商标所有人对其注册商标享有的独占使用权。具体内容包括两项:一是商标使用权,商标权人有权在其注册核准范围内使用注册商标并获得合法的经济利益,以及利用注册商标进行广告宣传;二是禁止权,商标权人有权排除任何其他人在相同或类似的商品或服务上使用与其注册商标相同或近似的商标。这是商标权人的基本权利。

(2)许可权,是指商标权人可以通过签订商标使用许可合同,许可他人使用其注册商标的权利。许可人依法监督被许可人使用其注册商标的商品的质量,被许可人必须在使用该注册商标商品上标明许可人的名称和商品的产地。商标使用许可合同应当报商标局备案。

(3)转让权,是指商标权人依法将其注册商标转让给他人的权利。转让注册商标的,转让人和受让人应签订转让协议,并共同向商标局提出申请。转让注册商标经核准后予以公告,受让人自公告之日起享有商标专用权。注册商标的转让不影响转让前已经生效的商标使用许可合同的效力,但是商标使用许可合同另有约定的除外。

(4)请求保护权。商标权人有权在自己的商标权受到侵害时请求国家机关予以保护。

2. 商标权人的义务

(1)依法使用注册商标。连续 3 年不使用或停止使用的,商标局有权撤销其注册商标。使用注册商标时应在商标上标明注册标记,即标明"注册商标"字样或其简化的注册标记。在商品上不便标记的,应当在商品包装或者说明书及其他附着物上标明。

(2)保证产品和服务的质量。商标权人既要保证自己使用注册商标的产品和服务的质量,许可他人使用时,还要监督被许可人使用其注册商标的产品和服务的质量。

(3)按时缴纳各项费用。

(二)商标权的保护范围与期限

商标法规定,注册商标的专用权,以核准注册的商标和核定使用的商品为限。这表明了商标权人行使商标权的范围。但是,法律对商标权实行了扩大保护的原则,商标保护的范围以商标权的范围为基础,延伸到了与注册商标相同或近似的商标和核定使用的商品或类似的商品。

注册商标只有在有效期限内才受到法律保护。注册商标的有效期限为10年,自核准注册之日起计算。注册商标有效期满,需要继续使用的,应当按规定申请续展。每次续展注册的有效期为10年,续展的次数不受限制。

(三)商标侵权行为及处理

我国商标法将商标侵权行为归纳为以下几种:①未经商标注册人的许可,在同一种商品上使用与其注册商标相同的商标的;②未经商标注册人的许可,在同一种商品上使用与其注册商标近似的商标,或者在类似商品上使用与其注册商标相同或者近似的商标,容易导致混淆的;③销售侵犯注册商标专用权的商品的;④伪造、擅自制造他人注册商标标识或者销售伪造、擅自制造的注册商标标识的;⑤未经商标注册人同意,更换其注册商标并将该更换商标的商品又投入市场的;⑥故意为侵犯他人商标专用权行为提供便利条件,帮助他人实施侵犯商标专用权行为的;⑦给他人的注册商标专用权造成其他损害的。

根据商标法规定,对商标侵权行为,国家机关应视情节轻重追究责任人的民事责任、行政责任直至刑事责任。其中,承担民事责任的方式主要有停止侵害、消除影响、赔偿损失;承担行政责任的方式主要有罚款、收缴或销毁侵权物品、责令停止侵权等;承担刑事责任的方式主要有有期徒刑、拘役、管制、罚金等。

案例分析8-1

株式会社不二家是"不二家""POKO""Peko"等商标的权利人。该公司许可不二家(杭州)食品有限公司(以下简称不二家公司)使用上述注册商标,并授权其以自己的名义进行维权。不二家公司认为钱某某未经许可将钱某某公司生产的糖果擅自分装到带有涉案商标的三种规格包装盒中,并在实体店以及浙江淘宝网络有限公司(以下简称淘宝公司)开设的网店中销售的行为,侵害了其商标权,遂诉至法院,请求判令:钱某某赔偿经济损失15万元及合理开支1.5万元;淘宝公司对上述赔偿责任承担连带赔偿责任。

试分析:钱某某是否构成侵权?淘宝公司是否应当承担连带赔偿责任?

知识扩展 侵犯商标专用权的赔偿数额

侵犯商标专用权的赔偿数额,按照权利人因被侵权所受到的实际损失确定;实际损失难以确定的,可以按照侵权人因侵权所获得的利益确定。

权利人的损失或者侵权人获得的利益难以确定的,参照商标许可使用费的倍数合理确定。对恶意侵犯商标专用权,情节严重的,可以按照上述方法确定数额的一倍以上五倍以下为赔偿数额。

(四)驰名商标的保护

驰名商标是指在市场上具有一定知名度和美誉度,并为相关公众知晓的商标。

1. 驰名商标的认定

(1)认定机关。国家工商行政管理局商标局负责驰名商标的认定与管理工作。

(2)认定原则。认定驰名商标应当遵循公开、公正的原则。认定时应当征询有关部门和专家的意见。

(3)认定驰名商标应当考虑下列因素:①相关公众对该商标的知晓程度;②该商标使用的持续时间;③该商标的任何宣传工作的持续时间、程度和地理范围;④该商标作为驰名商标受保护的记录;⑤该商标驰名的其他因素。

2. 特殊保护措施

(1)禁止他人在相同或类似商品及其他类别商品上使用与该驰名商标相同或近似的商标。

(2)对恶意注册的驰名商标,驰名商标所有人可以请求商标评审委员会裁定撤销该注册商标,并且不受5年的时间限制。

五、商标的管理

(一)注册商标的撤销

凡使用注册商标,有下列行为之一的,由商标局责令限期改正或撤销其注册商标:①自行改变注册商标的;②自行改变注册商标的注册人名义、地址或其他注册事项的;③自行转让注册商标的;④连续3年停止使用注册商标的。

对于使用注册商标的商品粗制滥造、以次充好、欺骗消费者的,由各级工商行政管理部门分不同情况,责令限期改正,并予以通报或处以罚款,或由商标局撤销其注册商标。对于国家规定必须使用注册商标的商品,未使用注册商标在市场上销售的,地方工商行政管理机关可责令限期申请注册,同时可以处以罚款。

(二)注册商标的注销

注销商标是指因商标权主体消灭或商标权人自愿放弃商标权等原因,而由商标局采取的终止其商标权的一种形式。经商标局注销的注册商标,其专用权随之消失。为了保护消费者利益,以免产生误认,在注销1年内,他人不得以相同或近似商标再进行注册。

 知识扩展 注册商标的注销与撤销的异同

相同点:两者均应由商标主管机关收缴其注册证,并予以公告,商标权即告终止。

不同点:①注销注册商标是当事人自愿终止其商标权;撤销注册商标是有关机关采取强制手段终止其商标权。②发生注销情形时,商标权从注销公告之日起终止,注销公告以前的商标权是有效的;发生争议撤销和不正当注册撤销情形时,商标权视为自始不存在;发生违法撤销情形时,从撤销之日起终止商标权。

(三)未注册商标的使用管理

未注册商标如果不是法律规定必须注册的,可以使用,但使用人不具有商标专用权,因而也不受法律保护。使用未注册商标,有下列行为之一的,由地方工商行政管理部门予以制止,限期改正,并可予以通报并处罚款:①冒充注册商标的;②商标的文字、图形等及其组合违反商标标志禁用规定的;③粗制滥造,以次充好,欺骗消费者的。

此外,凡使用未注册商标却不标明企业名称和地址的商品,不得在市场上销售。

案例分析8-2

2019年3月帅美西服厂以"风歌"作为商标文字予以注册,用于本厂生产的西服产品。2020年5月腾达服装有限公司(以下简称腾达公司)以"风哥"作为商标文字予以注册,用于本公司生产的25类服装商品。帅美西服厂发觉后,即致函腾达公司,说明自己的商标已经注册,认为这两个商标构成了近似商标,要求对方停止使用;而腾达公司则认为自己的商标也已注册,且与对方的商标并不相同,没有侵害帅美西服厂的商标权,因此置之不理。

试分析:

(1)帅美西服厂是否可以要求撤销腾达公司的注册商标?如果可以,应该向谁提出?

(2)帅美西服厂直接向法院起诉,请求法院判决撤销腾达公司的注册商标,法院应不应受理?帅美西服厂可否要求腾达公司承担商标侵权的法律责任?

任务二 保护专利权

活动一:讨论与归纳。学生观看课前预习视频,教师提出问题线索:专利权主体、客体分别有哪些?职务发明和非职务发明的区别是什么?专利权申请的原则是什么?专利撤销与无效的区别是什么?为什么实行强制许可制度?学生先分组讨论,进行归纳,发表看法,后由教师总结。

活动二:案例分析。学生3~4人为一组,查询关于专利权的实际案例,进行案例分析,并结合课外阅读或资料查阅,总结规避专利侵权风险的途径,形成文本。

 知识基础

一、专利和专利法

"专利"一词可以有很多含义,一般来说,专利即指专利权,它是国家专利主管机关依照法律规定的条件和程序,授予申请人在一定期限内对某项发明创造享有的独占权。有时,人们把获得专利权的发明创造成果视为专利。

《中华人民共和国专利法》(简称专利法)是为了保护专利权人的合法权益,鼓励发明创造,推动发明创造的应用,提高创新能力,促进科学技术进步和经济社会发展,特制定的法律,于1984年3月12日第六届全国人民代表大会常务委员会第四次会议通过,3月20日公布,1985年4月1日起施行,并于1992年、2000年、2008年、2020年四次修正。

二、专利权的客体、主体和内容

(一)专利权的客体

专利权的客体,是指专利权指向的智力成果。并非所有的发明创造都可以被授予专利权。

1. 授予专利权的客体

根据我国专利法律制度的相关规定,专利权的客体包括发明、实用新型和外观设计三类。这三类客体统称为发明创造。

发明是指对产品、方法或者其改进所提出的新的技术方案。发明必须是前所未有的技术方案,有一定的进步或者难度,并且必须是利用自然规律或者自然现象的技术方案。根据发明的客体的不同,发明可以分为产品发明和方法发明两种。产品发明是发明人通过智力活动创造出的关于某种新产品、新材料、新物质的技术方案;方法发明是发明人为制造某种产品或者解决某个技术难题而研究开发出的操作方法、制造方法以及工艺流程等技术方案。

实用新型是指对产品的形状、构造或者其结合所提出的适于实用的新的技术方案。由于其创新要求比发明低,因此实用新型被称为"小发明"。

外观设计,是指对产品的整体或者局部的形状、图案或者其结合以及色彩与形状、图案的结合所做出的富有美感并适于工业应用的新设计。外观设计的载体是相对独立的产品,它是形状、图案或形状、图案的结合以及色彩与形状、图案的结合,富有美感或者具有装饰性,并且适于工业应用。

2. 不授予专利权的客体

专利法第二十五条规定,对下列各项,不授予专利权:
(1)科学发现;
(2)智力活动的规则和方法;
(3)疾病的诊断和治疗方法;
(4)动物和植物品种;
(5)原子核变换方法以及用原子核变换方法获得的物质;
(6)对平面印刷品的图案、色彩或者二者的结合做出的主要起标识作用的设计。

对第(4)项所列产品的生产方法,可以依照专利法规定授予专利权。

思考8-3

(单选)根据专利法的规定,某汽车制造厂完成的下列新技术成果中,可能获得实用新型专利的是(   )。

A. 汽车新燃料　　　　　　　B. 汽车防冻液
C. 汽车发动机　　　　　　　D. 汽车节能方法

(二)专利权的主体

1. 专利申请人

专利申请人是指按照法律规定有权对发明创造或者设计提出专利申请的人。申请人与发明人、设计人不一定相同。发明人、设计人是对已经完成的发明创造或者外观设计的实质性特点做出创造性贡献的人。在完成发明创造、设计过程中,只负责组织工作的人、为物质技术条件的利用提供方便的人或者从事其他辅助工作的人,不是发明人、设计人。

发明人、设计人必须是自然人,发明人、设计人不要求必须具有完全的民事行为能力。限制民事行为能力和无民事行为能力的发明人、设计人申请专利的,应该按照民事法律行为的有关规定进行。

对于已经完成的发明创造的实质性特点做出创造性贡献的人有两个以上的,可以作为共同申请人提出专利申请。

(1)非职务发明创造的申请人。非职务发明创造,申请专利的权利属于发明人或者设计人;申请被批准后,该发明人或者设计人为专利权人。

(2)职务发明创造的申请人。职务发明创造,是指执行本单位的任务或者主要是利用本单位的物质技术条件所完成的发明创造。执行本单位的任务所完成的职务发明创造是指:①在本职工作中做出的发明创造;②履行本单位交付的本职工作之外的任务所做出的发明创造;③退休、调离原单位后或者劳动、人事关系终止后1年内做出的,与其在原单位承担的本职工作或者原单位分配的任务有关的发明创造。职务发明创造申请专利的权利属于该单位,申请被批准后,该单位为专利权人。该单位可以依法处置其职务发明创造申请专利的权利和专利权,促进相关发明创造的实施和运用。利用本单位的物质技术条件所完成的发明创造,单位与发明人或者设计人订立合同,对申请专利的权利和专利权的归属做出约定的,从其约定。

(3)继受取得申请权的专利申请人。转让专利申请权的,当事人应当订立书面合同,并向国务院专利行政部门登记,由国务院专利行政部门予以公告。专利申请权的转让自登记之日起生效。

若拥有专利申请权的自然人死亡,其专利申请权可以作为一项民事权利由其继承人继承。

(4)外国申请人。在中国没有经常居所或者营业场所的外国人、外国企业或者其他外国组织在中国申请专利或者办理其他专利事务时,应当委托依法设立的专利代理机构办理。

同样的发明创造只能授予一项专利权。但是,同一申请人同日对同样的发明创造既申请实用新型专利又申请发明专利,先获得的实用新型专利权尚未终止,且申请人声明放弃该实用新型专利权的,可以授予发明专利权。

两个或以上的申请人分别就同样的发明创造申请专利的,专利权授予最先申请的人。

2. 专利权人

专利权人是指对于国务院专利行政部门授予的专利享有独占、使用、收益和处分权的人。专利权人是专利申请人,但专利申请人可以是发明人、设计人个人,也可以是职务发明创造的单位,还可以是共同完成人或委托完成人,或者是外国申请人。

思考8-4

（多选）甲是乙公司的研发人员，经长期研究，完成单位交付的研发任务，开发出了一种抗癌新药，现欲申请专利，以下关于该成果权利归属的说法中，正确的有（　　）。

A. 专利申请权及专利权均归乙公司
B. 专利申请权归乙公司，专利权归甲
C. 专利申请权归甲，专利权归乙公司
D. 乙公司转让专利权利，甲在同等条件下有优先受让权

（三）专利权的内容

专利权的内容是专利权所指的专利权人的权利和义务。

1. 专利权人的主要权利

（1）专有实施权，又称独占实施权。这是专利权的核心，是专利权人享有其他权利的基础，其他各项权利基本上都是从这项权利派生出来的。专有实施权包括两方面内容：一是专利权人对自己的发明创造享有实施权，即制造、使用、销售专利产品和使用专利方法；二是有权禁止他人未经许可实施其专利。

（2）专利许可权。它是指专利权人享有的许可他人实施其专利并获得专利使用费的权利。专利法规定，任何单位或者个人实施专利权人的专利产品或者专利方法都必须得到专利权人的许可，签订书面实施许可合同，且被许可人无权允许合同规定以外的任何单位或个人实施该专利。

（3）专利转让权。专利权的转让，即专利权主体的变更。专利权人有权将专利所有权或持有权转让给他人，但当事人必须签订书面转让合同，合同经专利局登记和公告后，转让才发生法律效力。此外，我国单位或个人向外国人转让专利申请权或专利权的，必须经国务院有关主管部门批准。

（4）标记权。专利权人有权在其专利产品或该产品的包装上标明专利标记和专利号。使用专利标记，一方面可以使公众知悉产品是专利产品，防止他人无意侵权；另一方面可以起到对自己产品的宣传作用。

（5）放弃权。专利权人有权在专利权保护期限届满前的任何时候，以书面形式声明或以不缴年费的方式放弃其专利权。

（6）请求保护权。在发生专利侵权的情况下，专利权人有权请求专利管理机关进行处理，也可以直接向人民法院起诉。

2. 专利权人的主要义务

（1）缴纳专利年费。专利年费是指为了维持专利权的效力，专利权人所缴纳的一笔费用。世界上绝大多数国家对专利年费的缴纳都做出了明确规定，故年费在有的国家又称为维持费或续展费。缴纳专利年费既是专利权得以存续的条件，也是专利权人应履行的一项最基本的义务。

（2）依法对职务发明人或设计人给予奖励。职务发明创造专利的单位，在被授予专利权后，应当按照规定对发明人或设计人进行奖励；专利实施后，应根据其推广应用所取得的经济

效益,按照规定给发明人或设计人以合理的报酬。

(3)实施专利的义务。专利法规定,发明和实用新型专利权自取得专利之日起3年内,必须实施其专利。无正当理由不实施其专利的,专利局依法给予实施专利的强制许可。

三、专利权的取得

(一)专利权的申请原则

(1)单一性原则。单一性原则是指一件专利申请只能限于一项发明创造,一项发明创造只能授予一个专利权。但是,属于一个总的发明构思的两项以上的发明或实用新型,以及用于同一类别并且成套出售或使用的产品的两项以上的外观设计,可以作为一件专利申请提出。

(2)申请在先原则。两个或两个以上的申请人分别就同样的发明创造申请专利时,专利权授予最先申请人。两个或以上的申请人在同一日分别就同样的发明创造申请专利时,在收到国务院专利行政部门的通知后自行协商确定申请人;如果协商不成,或有一方不愿协商,专利局将驳回所有申请人的申请。

(3)优先权原则。优先权原则是《保护工业产权巴黎公约》(简称《巴黎公约》)的基本原则之一,它为国际专利申请提供了便利。依照《巴黎公约》,申请人在任一公约成员国首次提出正式专利申请后的一定期限内,又在其他公约成员国就同一内容的发明创造提出专利申请的,可将其首次申请日作为其后续申请的申请日。这种将后续申请的申请日提前至首次申请的申请日的权利便是优先权。在要求优先权时,首次申请日被称作优先权日;享有优先权的一定期限被称作优先权期。

申请人自发明或者实用新型在外国第一次提出专利申请之日起12个月内,或者自外观设计在外国第一次提出专利申请之日起6个月内,又在中国就相同主题提出专利申请的,依照该外国同中国签订的协议或者共同参加的国际条约,或者依照相互承认优先权的原则,可以享有优先权。

我国专利法规定,申请人要求发明专利、实用新型专利优先权的,应当在申请的时候提出书面声明,并且在第一次提出申请之日起16个月内提交第一次提出的专利申请文件的副本;申请人要求外观设计专利优先权的,应当在申请的时候提出书面声明,并且在3个月内提交第一次提出的专利申请文件的副本。申请人未提出书面声明或者逾期未提交专利申请文件副本的,视为未要求优先权。

思考8-5

美国人史密斯发明了一项新技术,于2020年1月1日向美国申请发明专利。他在2020年10月1日向中国就相同主题申请专利,其申请日应如何计算?如果同日有中国人小马就相同主题也提出申请,则我国专利局应把该专利授予美国人史密斯还是中国人小马?

(二)取得专利权的条件

1. 取得发明和实用新型专利权的条件

(1)新颖性,是指该发明或者实用新型不属于现有技术,也没有任何单位或者个人就同样的发明或者实用新型在申请日以前向国务院专利行政部门提出过申请,并记载在申请日以后公布的专利申请文件或者公告的专利文件中。现有技术是指申请日以前在国内外为公众所知的技术。

申请专利的发明创造在申请日以前6个月内,有下列情形之一的,不丧失新颖性:

①在国家出现紧急状态或者非常情况时,为公共利益目的首次公开的;

②在中国政府主办或者承认的国际展览会上首次展出的;

③在规定的学术会议或者技术会议上首次发表的;

④他人未经申请人同意而泄露其内容的。

(2)创造性,是指与现有技术相比,该发明具有突出的实质性特点和显著的进步,该实用新型具有实质性特点和显著的进步。

(3)实用性,是指该发明或者实用新型能够制造或者使用,并且能够产生积极效果。

2. 取得外观设计专利权的条件

结合有关外观设计的内涵规定,取得外观设计专利权的条件一般应为新颖性、富有美感和实用性。我国专利法对授予外观设计专利权有以下具体条件:

(1)授予专利权的外观设计,应当不属于现有设计(申请日以前在国内外为公众所知的设计),也没有任何单位或者个人就同样的外观设计在申请日以前向国务院专利行政部门提出过申请,并记载在申请日以后公告的专利文件中。

(2)授予专利权的外观设计与现有设计或者现有设计特征的组合相比,应当具有明显区别。

(3)授予专利权的外观设计不得与他人在申请日以前已经取得的合法权利相冲突,即授予专利权的外观设计,不得与他人在申请日以前已经取得的商标权和美术作品著作权相冲突。

(三)专利权的取得程序

1. 专利的申请

在申请发明或实用新型专利时,应当向专利局提交以下文件:

(1)请求书。这是当事人向专利局提出专利权申请的主要文件,它应当载明发明或实用新型的名称,发明人或设计人的名称,申请人的姓名或名称、地址,以及其他事项。

(2)说明书。说明书是一个技术性文件,要求对发明或实用新型做出清楚、完整的说明。

(3)权利要求书。这是申请人请求确定其专利权保护范围的重要法律文件。专利权被授予后,权利要求书就是确定专利权范围的依据,可据此判定他人是否构成侵权。

(4)说明书摘要。这是对说明书的简要说明,主要介绍该发明或实用新型所属的技术领域需要解决的技术问题、主要技术特征和用途,其意义在于便于查询专利文献。

申请外观设计专利,除应向专利局提交申请书外,还要提交外观设计的图片或照片等文件,并且写明使用该外观设计的产品及其所属类别。

2. 专利申请的审批

(1)发明专利的审批。发明专利的审批包括以下步骤:①初步审查。审查的内容包括申请发明专利的申请案是否满足专利法有关形式方面的要求,是否明显违反法律、社会公德,是否属于专利法的保护范围等要件。②对外公布。符合要求的申请案将在申请日起第18个月后即行公布。③实质审查。发明专利自申请日起3年内的任何时间,申请人都可以向专利局提出实质审查请求。专利局在接到实质审查请求之后将对申请案进行实质审查,其最主要的内容为新颖性、创造性和实用性的审查。如果申请人在申请日起3年内不提出实质审查请求,3年届满后该申请案将被视为撤回。④授权登记公告。发明专利申请经实质审查没有发现驳回理由的,专利局应做出授予专利权的决定,发给专利证书,并予以登记和公告。发明专利权自公告之日起生效。

(2)实用新型和外观设计专利的审批。专利法对实用新型和外观设计专利的申请实行初步审查,经初步审查没有发现驳回理由的,专利局应做出授予专利权的决定,发给专利证书,并予以登记和公告。实用新型和外观设计专利权自公告之日起生效。

3.专利权的复审

当事人对专利行政部驳回申请的决定不服,可以自收到通知之日起3个月内,向专利复审委员会请求复审。专利复审委员会复审后做出决定并通知专利申请人。专利申请人对专利复审委员会的复审决定不服的,可以自收到之日起3个月内向人民法院起诉。

四、专利权的期限、终止和无效

(一)专利权的期限

专利法规定,发明专利权的期限为20年,实用新型专利权的期限为10年,外观设计专利权的期限为15年,均自申请日起计算。

自发明专利申请日起满4年,且自实质审查请求之日起满3年后授予发明专利权的,国务院专利行政部门应专利权人的请求,就发明专利在授权过程中的不合理延迟给予专利权期限补偿,但由申请人引起的不合理延迟除外。

为补偿新药上市审评审批占用的时间,对在中国获得上市许可的新药相关发明专利,国务院专利行政部门应专利权人的请求给予专利权期限补偿。补偿期限不超过5年,新药批准上市后总有效专利权期限不超过14年。

(二)专利权的终止

专利权终止后专利权失效。专利权的终止有3种情形:①保护期届满;②权利人没能按期缴纳专利年费;③专利权人以书面形式声明放弃专利权。

(三)专利权的无效

自国务院专利行政部门公告授予专利权之日起,任何单位或者个人认为该专利权的授予不符合专利法有关规定的,可以请求国务院专利行政部门宣告该专利权无效。国务院专利行政部门对宣告专利权无效的请求应当及时审查和做出决定,并通知请求人和专利权人。宣告专利权无效的决定,由国务院专利行政部门登记和公告。对国务院专利行政部门宣告专利权无效或者维持专利权的决定不服的,可以自收到通知之日起3个月内向人民法院起诉。人民法院应当通知无效宣告请求程序的对方当事人作为第三人参加诉讼。国务院专利行政部门对宣告实用新型和外观设计专利权无效的请求所做出的决定为终局决定。

需要注意的是,被撤销或宣告无效的专利视为自始不存在。

五、专利权的保护

(一)保护范围

我国专利法规定,发明专利和实用新型专利被授权后,受法律保护的权利范围以专利申请人向国家专利局提交的权利要求书中的权利要求为准,说明书和附图可以用于解释权利要求。权利要求是确定发明创造或实用新型专利权保护范围的直接依据,处于主导地位,权利要求书中没有记载的,不能受到法律保护;说明书本身不能确定保护范围。

外观设计专利权的保护范围以表示在图片或照片中的该外观设计专利产品为准,即专利保护的范围是根据申请人在递交的外观设计图片或照片上记载的内容、模型、样品确定的,并仅仅限制在一定的产品类别上。

(二)专利侵权行为

专利侵权行为是指在专利权的有效期限内,行为人未经专利权人许可又没有法律依据,以营利为目的实施他人专利的行为。

(1)专利侵权行为的特征表现在以下几点:①未经专利权人许可;②以生产经营为目的;③有侵害行为,即在客观上实施了侵害他人专利的行为;④违反了法律关于专利权的规定。

(2)专利权侵权行为可分为以下两类:

①未经专利权人的许可,以生产经营为目的制造、使用、许诺销售、销售和进口专利产品或者使用专利方法,以及使用、许诺销售、销售和进口依照该专利方法直接获得的产品。

②假冒他人专利与冒充他人专利,即违背专利权人的意志,以欺骗他人获得高额利润为目的,通过广告宣传或者其他方法,将自己的非专利产品谎称是利用专利技术制造的产品。

有下列情形之一的,不视为侵犯专利权:①专利产品或者依照专利方法直接获得的产品,由专利权人或者经其许可的单位、个人售出后,使用、许诺销售、销售、进口该产品的;②在专利申请日前已经制造相同产品、使用相同方法或者已经做好制造、使用的必要准备,并且仅在原有范围内继续制造、使用的;③临时通过中国领陆、领水、领空的外国运输工具,依照其所属国同中国签订的协议或者共同参加的国际条约,或者依照互惠原则,为运输工具自身需要而在其装置和设备中使用有关专利的;④专为科学研究和实验而使用有关专利的;⑤为提供行政审批所需要的信息,制造、使用、进口专利药品或者专利医疗器械的,以及专门为其制造、进口专利药品或者专利医疗器械的。

除上述5种情形以外,以专利局批准取得专利实施的强制许可以及经政府有关主管部门按照国家计划授权实施专利的,都不视为侵犯专利权。

案例分析8-3

2015年,威海嘉易烤生活家电有限公司(以下简称嘉易烤公司)系某红外线加热烹调装置的发明专利权人。永康市金仕德工贸有限公司(以下简称金仕德公司)在天猫商城销售了一款3D烧烤炉。嘉易烤公司针对该产品向天猫商城归属的知识产权保护平台上传了包含专利侵权分析报告和技术特征比对表在内的投诉材料,但未被审核通过。

嘉易烤公司认为金仕德公司销售的产品落入其专利权保护范围,浙江天猫网络有限公司(以下简称天猫公司)在其投诉后未采取有效措施,应与金仕德公司共同承担侵权责任,遂诉至法院,请求判令金仕德公司、天猫公司停止侵权,连带赔偿损失50万元。

试分析:金仕德公司是否构成了专利侵权?天猫公司应该承担何种责任?

(三)专利权侵权人的责任

专利权侵权人应承担相应的民事责任、行政责任和刑事责任。

(1)民事责任。民事责任的主要方式有诉前禁令、财产保全、停止侵害、赔偿损失、消除影响等。赔偿数额可以权利人的实际损失为准,也可以侵权人的非法所得为准,也可是专利许可使用费1~5倍的数额。没有以上标准可参照的,赔偿额在3万元以上500万元以下,由人民法院确定。

(2)行政责任。行政责任主要有责令改正并公告、没收违法所得、并处违法所得5倍以下罚款;没有违法所得或违法所得在5万元以下的,处25万元以下罚款。

(3)刑事责任。刑事责任针对的是假冒专利行为。假冒他人专利,情节严重的,可处3年以下有期徒刑或者拘役,并处或者单处罚金。

知识扩展 侵犯专利权的赔偿数额

侵犯专利权的赔偿数额按照权利人因被侵权所受到的实际损失或者侵权人因侵权所获得的利益确定。权利人的损失或者侵权人获得的利益难以确定的,参照该专利许可使用费的倍数合理确定。对故意侵犯专利权,情节严重的,可以在按照上述方法确定数额的一倍以上五倍以下确定赔偿数额。

权利人的损失、侵权人获得的利益和专利许可使用费均难以确定的,人民法院可以根据专利权的类型、侵权行为的性质和情节等因素,确定给予3万元以上500万元以下的赔偿。赔偿数额还应当包括权利人为制止侵权行为所支付的合理开支。

人民法院为确定赔偿数额,在权利人已经尽力举证,而与侵权行为相关的账簿、资料主要由侵权人掌握的情况下,可以责令侵权人提供与侵权行为相关的账簿、资料;侵权人不提供或者提供虚假的账簿、资料的,人民法院可以参考权利人的主张和提供的证据判定赔偿数额。

六、专利实施的强制许可

(一)专利实施的强制许可的概念

专利实施的强制许可是指国家专利行政部门依照法律规定情形,不经专利权人同意而允许他人实施其发明专利或实用新型专利的行政强制措施。其目的在于防止滥用专利权,维护国家和社会利益,促进科学技术的发展。

(二)强制许可的条件

(1)被强制许可的专利只涉及发明和实用新型,而不包括外观设计。

(2)允许强制许可的法定情形:

①一般强制许可。具备实施条件的单位以合理的条件请求专利权人许可实施其专利,而未能在合理长的时间内获得这种许可,专利局可以根据该单位的申请给予强制许可。

②为公共利益的强制许可。在国家出现紧急状态或者非常情况时,或者为了公共利益在非商业使用的情况下,国务院专利行政部门可以给予实施专利的强制许可。

③从属专利的强制许可。一项取得专利权的专利比之前已经取得专利权的专利具有显著

经济意义或重大技术进步,其实施又有赖于前一专利实施的,国家专利局根据后一专利权人的申请,可以给予实施前一专利的强制许可;在依照规定给予实施强制许可的情形下,国家专利局根据前一专利权人的申请,也可以给予实施后一专利的强制许可。

(三)强制许可的内容

(1)实施范围。对产品专利,实施方式可以是制造、使用、销售、许诺销售和进口专利产品中的一项或多项;对方法专利,实施方式可以是使用专利方法,也可以是使用、销售、许诺销售或进口该方法直接得到的产品。地域范围仅限于本国,且实施许可的目的主要是满足国内市场供应需要。

(2)实施时间。实施时间既可是专利权的整个有效期间,也可短于专利权的有效期。

(3)使用费。强制许可是有偿的,取得实施专利强制许可的单位或个人应当支付给专利权人合理的使用费,数额参照一般实施许可的标准,也可由专利权人和强制许可的受益人协商确定。如不能达成协议,由专利行政部门裁决。

(四)强制许可的效力

国务院专利行政部门将有关强制许可的决定登记和公告后,对专利权人及强制许可受益人即产生法律效力,体现在以下3方面:①受益人取得实施专利的许可,有权在规定的时间和地域内,以规定的方式实施专利,但不享有独占实施权;②专利权人不因其专利被强制许可而丧失专利权,仍有权行使专利权;③专利权人对实施强制许可的决定或关于使用费的裁决不服的,可以向法院提起诉讼。

项目小结

本项目旨在使学生熟悉和掌握如何申报及保护工业产权(即商标权和专利权),要求学生能够熟悉申请专利和商标注册的基本原则和申请程序,能够辨别哪些行为属于侵权行为,在经济活动中能够识别侵权行为,且熟悉商标权和专利权的保护等。

项目知识检测

一、单项选择题

1.下列商品中必须使用注册商标的是(　　)。

A.护肤用品　　　　　　　　B.针灸用品

C.雪茄烟　　　　　　　　　D.儿童补钙糖果

2.商品使用未经核准注册商标的,根据我国商标法的规定(　　)。

A.一律不得在市场上销售,违者应受行政处罚

B.原则上不许在市场上销售,但商标法另有规定的除外

C.一律可以在市场上销售,但其商标不受法律保护

D.原则上可以在市场上销售,但商标法另有规定的除外

3.2009年2月19日,甲企业就其生产的家用电器注册了"康威"商标。后来乙企业使用该商标生产冰箱,并在2019年4月开始销售"康威"牌冰箱。下列说法正确的是(　　)。

A.甲对其商标的续展申请应当在商标有效期届满后的12个月内提出

B.乙企业对"康威"的使用为合法使用

C.乙企业可以在2019年8月19日后在家用电器上申请注册"康威"商标

D.若甲企业在2019年5月按规定办理续展手续仍享有商标专用权

4.某国有企业技术人员甲利用本单位的物质技术条件完成了一项发明,假设该发明被授予专利权,在无约定时,依照我国专利法的规定,该项专利权属于(　　)。

A.甲　　　　　　　　　　　　B.该国有企业

C.国家,但由该国有企业持有　　D.甲和该国有企业共有

5.甲公司为攻克某项技术难关,成立了以张某为核心的技术工程小组。在该小组中,刘某负责购买原材料,陈某负责后勤服务工作,张某攻克了该技术难题,并发明了该产品的制造办法。那么,该产品制造办法的发明人是(　　)。

A.甲公司　　　　　　　　　　B.张某

C.刘某和张某　　　　　　　　D.张某、刘某和陈某

二、多项选择题

1.根据商标法的规定,商标局应依法驳回的商标注册申请有(　　)。

A."红十字"牌矿泉水　　　　　B."益寿延年"牌香烟

C."北京"牌台灯　　　　　　　D."幸福"牌果冻

2.下列行为中,构成侵犯注册商标专用权的有(　　)。

A.擅自制造他人已注册的商标标识

B.在同类商品上,将与他人注册商标相似的文字作为商品名称

C.以模仿方式将他人已为公众熟知的商标进行注册

D.明知他人托运的货物是使用假冒注册商标的商品仍予以运送

3.依据专利法的有关规定,下列情形不授予专利权的有(　　)。

A.甲发明了仿真伪钞机

B.乙发明了对糖尿病的治疗方法

C.丙发现了某植物新品种

D.丁发明了某植物新品种的生产方法

4.工程师赵某发明了一种制造饼干的方法并获得专利。下列行为中,侵害了工程师赵某的专利权的有(　　)。

A.某企业未经允许为了经营,以该方法制造饼干

B.某企业未经允许为了经营,销售以该方法制造的饼干

C.某企业未经允许为了经营,出口以该方法制造的饼干

D.某研究所为了试验,使用该方法制造少量饼干

5.根据专利法的规定,专利权人对其发明创造享有(　　)。

A.制造权　　　B.使用权　　　C.销售权　　　D.许可权

6.下列行为,应视为侵犯专利权的有(　　)。

A.不知是假冒专利产品而批发购进,事后得知实情,为避免损失而予售出

B.购进专利权人生产的专利产品,在未经专利权人许可的情况下再行售出

C. 在专利权人的专利申请日以前已经从事相同产品的生产,现扩大该产品的生产规模
D. 为科学实验而使用了专利权人的专利方法,并将由此获得的成果独自申请专利

项目技能训练

一、案例分析

1. 南洋工业贸易进出口公司从 2015 年开始出口"牡丹"牌电风扇,并于 2019 年 1 月注册取得了"牡丹"商标的专用权。之后,其在几家较有影响力的报纸上刊登广告,产品随之销往欧洲、非洲等地。2020 年香港某贸易公司与某机械公司签订了生产 5 万台吊扇的合同,合同价值约 1500 万元人民币,合同约定由机械公司负责生产,由贸易公司提供"白牡丹"牌商标。2020 年起,贸易公司出口"白牡丹"牌吊扇,因其价格较低,产品十分畅销,严重影响了南洋公司产品销路。为此,南洋公司要求机械公司停止侵权行为,但机械公司不予理睬,南洋公司遂向法院起诉,要求责令机械公司停止侵权行为,赔偿经济损失。

试分析:

(1)南洋公司是否有理由诉机械公司侵权?

(2)贸易公司应承担何种责任?

(3)本案应如何处理?

2. 钱某与孙某为一项专利产品的共有人。2019 年 7 月 9 日,孙某未经钱某同意,与李某就该项发明专利签订了专利实施许可合同。此后不久,李某将该项专利许可转让给周某实施,于是周某开始批量生产该专利产品并在市场上销售。2020 年 7 月 5 日吴某从周某处购进该专利产品,并转手销售。钱某在市场上发现了吴某出售的专利产品,将吴某告至法院。

试分析:

(1)孙某的行为是否构成侵权?

(2)李某能否将该项专利许可再转让给周某实施?

(3)周某的行为是否构成侵权?

(4)吴某的行为是否构成侵权?要承担什么法律责任?

二、技能训练

模拟案件审理。教师提供案例资料,由学生分组扮演不同的角色,模拟商标权案件审理。案例资料中应包括:①商标注册要求;②商标使用许可;③商标保护期限;④驰名商标的保护。

项目九 保护消费者权益

▪ 知识目标 ▪

理解消费者和消费者权益的概念；
了解消费者权益保护法的立法宗旨和原则；
掌握消费者权利的具体内容；
掌握经营者的义务的相关知识；
掌握争议的解决途径与损害赔偿责任主体的确定方法。

▪ 能力目标 ▪

作为消费者，自己的权利受到侵害时，能利用所学的法律知识维护自己的权利；
作为经营者，与消费者发生纠纷时，能合法、合理地处理矛盾及纠纷。

 / 引 导 案 例 /

张女士在某百货商店购买了一件纯羊毛大衣，售价为1280元，商店标明"换季商品，概不退换"。张女士穿了这件大衣三天后衣服起满毛球，于是她到质量监督部门进行检验，检验结果证明羊毛大衣所用原料为100％腈纶，于是张女士到购买衣服的百货商店要求百货商店退货并赔偿因此而造成的损失，百货商店工作人员回答，当时标明"换季商品，概不退换"，且店内售卖大衣的柜台是出租给个体户的，现在个体户已破产，租借柜台的费用尚未付清，人也找不到，让张女士自认倒霉。

请问：
(1)商店(经营者)违反了我国消费者权益保护法的哪些内容？
(2)商店对张女士应负哪些责任？

评析：
(1)商店表明"换季商品，概不退换"，违反了《中华人民共和国消费者权益保护法》(简称消费者权益保护法)之规定，经营者提供商品或服务，按照国家规定或与消费者的约定，应当承担包修、包换、包退("三包")或其他责任的，应当履行，不得故意拖延或无理拒绝。

"三包"是对商品经营者的强制性规定，商品经营者无权单方面声明免责，本案例中商店规定"概不退换"显然违法。

(2)消费者权益保护法明确规定："消费者在展销会、租赁柜台购买商品或接受服务，其合法权益受到损害的,可以向销售者或者服务者要求赔偿。展销会结束或者柜台租赁期满后,也可以向展销会的举办者、柜台的出租者要求赔偿。展销会的举办者、柜台的出租者赔偿后,有权向销售者或服务者追偿。"可见,柜台出租者应当对其出租的柜台商品质量承担责任,这是法律的强制规定,是对处于弱势地位的消费者的特殊保护。本案例中,商店抗辩,认为店内该柜台是出租给个体户的,个体户已破产,人也找不到,让张女士自认倒霉显然不能成立,其应当赔偿消费者张女士购买假羊毛大衣的损失。

任务一 熟悉消费者权益保护法

> 活动内容:熟悉消费者权益保护法,识别消费者权益保护法的适用范围,说明维护消费者权益的必要性。
>
> 活动一:查资料、交流。学生分为几个小组,查阅资料,了解我国消费者权益保护法立法背景、目的和意义,然后每组选派一名代表简要介绍。
>
> 活动二:讨论、交流。学生猜测并分析消费者权益保护法的适用范围。

  知识基础

一、消费者的概念及特征

1. 消费者的概念

消费者是指为满足生活消费需要而购买、使用商品或接受服务的,其权益受到有关法律法规保护的个人。

我国消费者权益保护法第二条规定:"消费者为生活消费需要购买、使用商品或者接受服务,其权益受本法保护;本法未作规定的,受其他有关法律、法规保护。"这一定义与国际标准化组织(ISO)的说法是一致的。国际标准化组织认为,消费者是以个人消费为目的而购买、使用商品和服务的个体社会成员。我国消费者权益保护法没有明确规定消费者为个人,也包括单位或集体,只要是为生活消费,不是生产经营消费,都算是消费者。另外,集体生活消费也普遍存在,例如,单位购买商品分给职工使用,最终还是社会个体成员消费使用,因此只需要将个人纳入消费者的范畴即可。

2. 消费者的特征

(1)消费的性质专指生活消费,不包括生产消费和经营消费。

(2)消费的客体是商品和服务。商品是指经营者合法有偿提供的与生活消费有关的合法商品,包括经过加工、制作的商品和未经过加工、制作的商品。服务是指经营者有偿提供的各种合法服务,包括金融、保险、交通运输、加工、食宿、娱乐等。

(3)消费的方式包括购买、使用商品和接受服务。

(4)消费者的主体包括公民个人和单位、集体。

二、消费者权益保护法的概念、适用范围、立法宗旨和基本原则

1. 消费者权益保护法的概念

广义的消费者权益保护法是指调整在确认消费者的权利、规定经营者的义务时,以及国家在保护消费者权益的过程中发生的社会关系的法律规范的总称,既包括保护消费者权益的基本法律,也包括其他法律、行政法规中的相关规定,以及现行的保护消费者权益的行政法规。狭义的消费者权益保护法仅指1993年10月31日第八届全国人民代表大会常务委员会第四次会议通过,并于1994年1月1日起施行的《中华人民共和国消费者权益保护法》。2013年10月25日,第十二届全国人民代表大会常务委员会第五次会议对消费者权益保护法进行了第二次修正,并于2014年3月15日正式实施新版消费者权益保护法。

2. 消费者权益保护法的适用范围

消费者权益保护法的适用范围是指该法效力所及的时间、空间和主体的范围。其效力所及的范围是:

(1)消费者为生活消费需要购买、使用商品或者接受服务的权益。

(2)经营者为消费者提供其生产、销售的商品或者提供服务,应当遵守该法;对于具体情况消费者权益保护法未做规定的,应当适用其他有关法律法规的规定。

(3)农民购买、使用直接用于农业生产的生产资料所享有的权益。这种消费本不属于消费者权益保护法的调整范围,但在消费者权益保护法立法时考虑到我国目前农业生产规模不大,不具有规模效益,并且农民在购买使用农业用生产资料时经常受到假劣农药、种子等的侵害,而合法权益又很难得到救济,因此作为例外情况将其纳入消费者权益保护法保护的范围。

消费者权益保护法第六十二条规定:"农民购买、使用直接用于农业生产的生产资料,参照本法执行。"但不能据此否定消费者是作为自然人的公民个体消费者的含义。

3. 消费者权益保护法的立法宗旨

(1)保护消费者的合法权益。

消费者权利作为一项基本人权,是生存权的重要组成部分,法律必须给予严格保障。经营者以利润最大化为基本目标和消费者以效用最大化为目标是存在冲突的。随着社会经济和科技的发展,资本、商品的垄断、不正当竞争、假冒伪劣产品等问题突出,经营者为最大限度地盈利而不顾诚实信用,使得消费领域中消费品的危险性和复杂性呈增加趋势。由于生产经营的社会化和专业化程度越来越高,消费者与经营者的地位也相差越来越大,消费者在受到侵害时个体难以维权,因此,国家必须通过立法保护消费者这个弱势群体的权益。虽然之前也有民商法对消费者进行一定的保护,但还是不能完全解决消费者被频频侵权的问题。

(2)维护社会经济秩序。

社会秩序主要表现为一定的社会结构处于相对稳定的状态,各种社会规范得到正常的遵守和维护,把无序和冲突控制在一定的范围之内。社会经济秩序是经济发展赖以存在的环境,是指通过法律、经济伦理和行政手段建立起来的经济发展的基本规则,包括经济运行规则、市场规则和国家在不同经济发展时期所制定的宏观经济政策。

(3)促进社会主义市场经济健康发展。

市场经济(又称为自由市场经济或自由企业经济)是一种经济体系,在这种体系下产品和服务的生产及销售由自由市场的自由价格机制所引导,但是市场经济需要政府适当地干预,以避免市场失灵而走向自灭。政府通过制定法律法规和各项经济政策调整各种经济关系,使各方利益处于一种相对公平、公正的平衡状态,维护整个社会利益。社会主义市场经济是指通过市场的供求、价格、竞争等机制对社会资源配置起决定作用的体制,是同社会主义基本社会制度结合在一起的市场经济,体现社会主义的根本性质。

保护消费者权益不是消费者个人之事,当代社会的生产和消费密不可分,结构合理、健康发展的消费无疑会促进生产的均衡发展。没有消费,也就没有市场。保护消费者权益成为贯彻消费政策的重要内容,因此有利于社会主义市场经济的健康发展。

4. 消费者权益保护法的基本原则

我国消费者权益保护法规定了下列四项原则:

(1)经营者应当依法提供商品或服务的原则。

该原则要求经营者在向消费者提供商品或者服务时,一是必须遵守消费者权益保护法;二是应当遵守《中华人民共和国产品质量法》《中华人民共和国药品管理法》《中华人民共和国食品卫生法》《中华人民共和国反不正当竞争法》等保护消费者利益的法律法规;三是经营者提供的商品或者服务一定要确保安全、可靠,绝不能危及消费者的人身和财产安全,不得设定不公平、不合理的交易条件,不得强制交易等。

(2)自愿、平等、公平、诚实信用的原则。

这一原则的规定,要求经营者与消费者进行交易活动时,彼此尊重,平等相待,善待对方,双方意思表示应当真实、符合等价交换和商业惯例的要求;要诚实、重承诺、守信用,以善意的方式履行义务,不得规避法律规定和合同约定。

(3)国家保护消费者的合法利益不受侵犯的原则。

保护消费者的合法利益不受侵犯是我国根本大法《中华人民共和国宪法》(简称宪法)保护公民合法权益的规定在消费者权益保护法中的具体反映,也是保护人权的体现。保护消费者的合法权益不受侵害是国家保护公民人权利益的一个方面,国家应当采取各种措施,如通过加强立法、行政执法、司法工作等手段切实维护消费者的合法权益。在消费者权益保护法中贯彻保护消费者合法权益不受侵害的原则,正是国家通过立法履行这一重要职责的具体体现。

(4)全社会共同保护消费者合法权益的原则。

保护消费者的合法权益是全社会的共同职责。这一原则要求国家鼓励、支持一切组织和个人对损害消费者合法权益的行为进行社会监督,充分发挥消费者协会和大众传播媒介的监督作用,尤其是大众传播媒介,应当做好维护消费者合法权益的宣传工作,对损害消费者合法权益的行为进行舆论监督,逐步形成全社会共同保护消费者权益的社会机制。

消费者权益保护法的立法意义是什么?

知识扩展　消费者权益保护的提出与意义

一般认为,在世界上最早明确提出消费者权利的是美国总统约翰·肯尼迪。他针对美国消费者问题日益严重的情况,于 1962 年 3 月 15 日向国会提出了关于保护消费者利益的特别国情咨文,即《总统关于消费者利益的白皮书》,指出消费者应享有四项权利:一是获得商品的安全保障的权利;二是获得正确的商品信息资料的权利;三是对商品有自由选择的权利;四是有提出消费者意见的权利。肯尼迪的理论提出以后,逐渐为各国所广泛认同并在实践中加以发展,相继增加了获得合理赔偿、获得有益于健康的环境和享受教育的权利。

保护消费者权益的意义,具体可以概括为以下几点:

(1)保护消费者权益有利于鼓励公平竞争,限制不正当竞争。

损害消费者权益的行为实际上就是不正当竞争行为,必须限制和打击。如果放任经营者损害消费者权益,就会使广大合法、诚实的经营者的利益受到损害,影响竞争环境。

(2)保护消费者权益有利于提高人民生活水平和生活质量。

在过去计划经济体制下,由于供应短缺,消费者很难顾及商品质量,对服务状态也无法提出较高的要求。这实际上是生活水平低下的反映。在市场经济条件下,保护消费者权益,让消费者能够购买到称心如意的商品和服务,就是提高了人民生活水平。试想,一个消费者在购买商品和服务时如果不能自由选择,又因不能自由选择而买到了假冒伪劣产品,或者买到不合格产品而商店拒绝退换,甚至受到商店的欺骗,他(她)会是一种什么感受?这种情况下,尽管商品数量充足,却同样存在生活水平低下、生活质量不高的问题。

(3)保护消费者权益有利于提高企业和全社会的经济效益。

在我国目前,假冒伪劣产品仍未杜绝,服务质量不高等的原因虽然是多方面的,但是缺乏对消费者权益的强有力的保护,缺乏对损害消费者权益的行为的严厉打击和惩罚也是重要因素。如果政府能够切实保护消费者权益,那么,那些靠制造假冒伪劣产品、靠欺骗消费者赚钱的企业和个人就无法生存下去,大多数企业的合法权益也可以得到充分保护,从而在全社会形成一种靠正当经营、正当竞争来提高经济效益的良好商业道德。这样就有利于促使企业努力加强管理,不断提高产品质量和服务质量,提高经济效益,推动社会进步,促进社会发展。

任务二　熟知消费者的权利与经营者的义务

活动内容:了解消费者权益的主要内容,以及经营者应尽的义务。

活动一:调查、收集。学生课后对附近商店、集市中流动的顾客进行采访,收集他们购买活动中权益受到侵害或受到不公的待遇的事例。

活动二:讨论、交流。针对收集的案例和现象,讨论如何进行自我权益的维护。

一、消费者的权利

消费者的权利是指法律所规定的,消费者在消费领域中所享有的权利,是消费者权益保护法保护的核心。我国消费者权益保护法规定了消费者应当享有的九项权利。

(一)安全保障权

安全保障权是指消费者在购买、使用商品和接受服务时,依法享有人身、财产安全不受损害的权利,这是消费者最重要、最基本的权利,也是宪法赋予公民的人身权、财产权在消费领域的体现。安全保障权包括人身安全权和财产安全权两项内容。

(1)人身安全权,主要包括生命权和健康权。人身安全权是指消费者在购买、使用商品和接受服务时,享有保持身体各器官及其机能的完整以及生命不受危害的权利。这一权利要求产品质量安全,或有安全性保障措施,符合国家规定的安全、卫生标准;消费者在接受服务时,服务设施、服务用具用品、服务环境、服务活动以及服务中所提供商品符合安全、卫生的要求。例如,因食品有毒而致消费者死亡,即侵犯了消费者的生命权;因电器爆炸致消费者残疾就属于侵犯消费者健康权。在现实生活中,这种侵害消费者生命健康的现象很多,例如白酒加敌敌畏冒充"茅台"酒,用福尔马林泡毛肚、海鲜等,制造、销售假药、劣药,出售过期、变质的食品、药品,化妆品有毒,营业场所不安全等。

(2)财产安全是指消费者购买、使用的商品或接受的服务本身安全,以及除购买、使用的商品或接受的服务之外的其他财产安全。财产安全权即消费者的财产不受损失的权利,财产损失有时表现为财产在外观上发生损毁,有时则表现为价值的减少。例如,电饭煲因质量问题爆炸,导致厨房起火,染头发时将顾客衣服染上颜色等,都属于侵犯了消费者的财产安全权。

思考9-2

对于消费者的人身安全权和财产安全权,法律应该从哪些方面着手才能较全面地进行保障?

知识扩展 广义的消费者权益保护

安全保障权直接涉及消费者的生存与健康利益,因此是消费者所享有的最基本、最重要的权利。如果这一权利都得不到保障,则消费者的其他权利便无从谈起。因此,保护消费者人身、财产的安全是消费者权益保护法的重要任务。除《中华人民共和国消费者权益保护法》对消费者的安全保障权做了一般的规定以外,还有广义的消费者权益保护法做出了规定,主要包括:

(1)关于产品质量方面的立法,例如《中华人民共和国产品质量法》《中华人民共和国进出口商品检验法》《国家标准管理办法》《行业标准管理办法》《企业标准化管理办法》《中华人民共和国认证认可条例》等。

(2)关于安全保障方面的立法,例如《中华人民共和国食品安全法》《中华人民共和国药品管理法》《化妆品标识管理规定》等。

(3)有关公平交易的法律,例如《中华人民共和国计量法》《中华人民共和国价格法》等。

以上这些分别从具体某一方面对消费者安全问题做了规定。只有严格遵守这些规定,才能使消费者的安全保障权得到切实的保障。

(二)知悉真情权

知悉真情权是指消费者享有知悉其购买、使用商品或接受服务的真实情况的权利。它是消费者正确选择商品或服务以及正确加以使用的前提。消费者权益保护法规定,消费者有权根据商品或者服务的不同情况,要求经营者提供商品的价格、产地、生产者、用途、性能、规格、等级、主要成分、生产日期、有效期限、检验合格证明、使用方法说明书、售后服务,或者服务的内容、规格、费用等有关情况。

妨碍消费者知悉真情的表现有以下几种:

(1)经营者对消费者的询问置之不理或不明确答复;

(2)经营者对商品和服务的有关内容不做表示和说明,或做引人误解的虚假、夸大的表示和说明;

(3)故意隐瞒商品或服务的副作用和危险性;

(4)应当披露的信息不披露;

(5)不提供相关单据。

思考9-3

你遇到过侵犯你的知悉真情权的情况吗?应该如何处理?

案例分析9-1

2014年2月22日,原告安婷婷与被告广州路豹汽车有限公司(以下简称"路豹公司")签订汽车销售合同,安婷婷花费105.8万元向路豹公司购买某款越野车一辆。3月15日,安婷婷从路豹公司处提车。

2017年1月,安婷婷在4S店维修后挡风玻璃时,从该款越野车全国车辆信息系统中查询到涉案车辆曾在2014年2月28日更换后挡风玻璃,在2014年3月10日右前门喷过漆,故安婷婷以欺诈销售为由将路豹公司诉至广东省广州市荔湾区人民法院,要求撤销汽车销售合同,退车退款,赔偿车辆购置税、后挡风玻璃维修费,并按车辆成交价3倍赔偿。

试分析:广州路豹汽车有限公司侵害了安婷婷的哪种权利?如何处理?

(三)自主选择权

自主选择权是指消费者享有的自主选择商品或者服务的权利。这是消费者自主权的直接和具体的体现,是消费者的核心权利。

1. 自主选择权的内容

(1)消费者有自主选择提供商品或者服务的经营者的权利,任何经营者不得强迫消费者接受其提供的商品或服务。

(2)消费者有根据自己的意愿和需要选择商品品种或服务方式的权利,其他任何人不得干涉、不得强迫消费者接受不需要的商品或服务。

(3)消费者有自主决定购买或不购买任何一种商品、接受或不接受任何一项服务的权利。

(4)消费者有对经营者提供的商品或服务进行比较、鉴别、挑选,购买自己满意的商品或服务的权利。

2. 自主选择权的特征

(1)消费者选择商品和服务的自愿性。由于消费者缺乏对具体商品和服务的了解,在选择时经常表现出试探和犹豫,经营者在主动并如实地向消费者介绍和推荐时,对消费者的意愿不能代替甚至违背,要充分尊重。

(2)消费者自主选择商品和服务的合法性。自主选择权是相对的,是受法律约束的。如在批发商店,消费者就不能任意主张自主选择权,硬性要求经营者零售其商品。

(3)自主选择权只能限定在购买商品或者接受服务的范围内,不能扩大到使用商品上。

(四)公平交易权

消费者享有公平交易的权利,即为公平交易权,是指消费者在购买商品或者接受服务时,享有获得质量保障、价格合理、计量正确等公平交易条件,拒绝经营者强制交易行为的权利。公平交易的核心是消费者以一定数量的货币换得同等价值的商品或服务。在消费法律关系中,消费者与经营者的法律地位平等,他们之间所产生的行为属市场交易行为,因而应当遵循市场交易的基本原则,即自愿、平等、公平、诚信的原则,从而保证公平交易的实现。客观地讲,消费者和经营者进行交易,都享有公平交易的权利,但从消费活动的全过程看,消费者购买商品或者接受服务,往往由于受多种因素的影响而处于弱者地位,因此更需要突出强调其公平交易权,以便从法律上给予特别保护。在市场交易中,经营者如果违背自愿、平等、公平、诚实信用的原则进行交易,则侵犯了消费者的公平交易权。

公平交易权的表现形式有以下两种。

1. 有权获得质量保障、价格合理、计量正确等公平交易条件

质量是指商品或者服务满足约定要求的程度,它反映商品或者服务的实际使用价值。质量保障则要求商品或者服务必须符合国家规定的标准,没有标准的应符合社会普遍公认的要求。价格是商品或者服务的货币表现,它反映等价交换、质价相符、货值其价的尺度。价格合理则要求商品或者服务的价格与其价值相符,对有国家定价的必须按照定价执行,对国家没有定价的由交易双方按价值规律合理确定。另外,计量是否正确,直接关系到消费者的经济利益,因为商品或者服务的质量大多是借助计量器具确定的,交易双方则根据计量器具的示值进行结算,这就要求商品或者服务的计量必须准确无误。

2. 有权拒绝经营者的强制交易行为

强制交易行为的特征是违背消费者的意愿,其表现形式是多种多样的,如饭馆强拉客人进餐,书摊在出售一本紧俏书时强迫读者必须另购一本滞销书,特别是一些公用企业利用自身的经济优势限定消费者购买其指定的商品。对消费者而言,强制交易行为不仅侵犯了其自主选择权,而且还侵犯了其公平交易权,因而消费者有权予以拒绝。

案例分析9-2

2019年8月17日,被告王某在某汽车客运站地铁站出口驾驶电动车拉客,与在昆明旅游的冷某因拉客不成引发矛盾。王某为发泄情绪,使用驾车冲撞等方式对冷某进行人身伤害,随后逃离现场。经鉴定,被害人冷某伤情系轻微伤。8月19日,王某在新螺蛳湾物流城仓储区被抓获到案。

试分析:被害人冷某不愿意被王某拉客而发生矛盾,被告王某的行为属于什么性质?

知识扩展　网络消费中的公平交易权

1.网络消费中公平交易权的特殊性

随着信息时代的到来,互联网带来的快速、便捷的服务使得越来越多的消费者开始进行网络消费,并逐渐形成一个庞大的网络消费群体,网络消费的问题也开始显现:相较于传统的交易模式,消费者无法通过自己的经验和对商品的鉴赏,做出对所购商品或接受的服务的具体判断。虽然网络消费中的公平交易权与传统消费中的并没有本质区别,但鉴于网络的虚拟性、消费信息的过度扩散、消费者与销售者信息的极度不对称等因素,网络消费中的公平交易权更需受到关注。

2.网络消费中侵害公平交易权的具体表现

第一,网络消费中的格式合同。格式合同往往是由销售者一方制定,没有体现消费者的真实意思表示,消费者只有整体接受或拒绝的权利,无法对其中任一条款进行协商,而销售者又凭借其经济优势,在格式合同中加入许多霸王条款,如减轻或免除自己的责任、加重消费者的责任、缩短法定瑕疵担保期间或约定有利于己的管辖法院与约定仲裁条款等。这些格式合同表面上符合契约自由原则,实际上却违背了契约正义的要求,侵害了消费者的合法权益。

第二,网络消费中虚假信息的发布。网络消费中,销售者散布的商品信息内容极具诱惑性,促使消费者心动并支付一定财物,销售者收到款项后却拒付商品,这实质上是一种欺诈行为,以期牟取暴利。此外,消费者凭借销售者提供的电子产品报告、图片介绍等对所购商品做出鉴别,但这些信息多具夸张成分,消费者往往在收到货物之后,发现实物与网络宣传的相差甚远,消费者并没有拿到所期望的商品,这显然也是一种不公平交易。另外,销售者又利用网络环境的虚拟性,有意隐瞒真实信息,消费者无法与之联系获得退换货等售后服务,更不用谈赔偿纠纷的解决了。

(五)依法求偿权

依法求偿权是指消费者因购买使用商品或者接受服务受到人身、财产损害的,享有依法获得赔偿的权利,它是弥补消费者所受损害的必不可少的经济性权利。

消费者依法求偿权的特征包括以下几个方面:

(1)消费者的依法求偿权中有惩罚性赔偿的规定。这是因消费者的相对弱势地位导致求偿艰难而采取的特殊保护,旨在加强对消费者的保护力度,同时加重不法侵害者的法律责任。

(2)依法求偿权的主体为商品的购买者或使用者、服务的接受者,或者除此之外的因为偶然原因而在事故现场受到损害的第三人。

依法求偿权的内容包括人身权损害赔偿和财产权损失赔偿。人身权损害包括对消费者的生命权、健康权、姓名权、名誉权等的损害;财产权损失包括直接的财产损失和间接的财产损失。赔偿损失的方式有三种:一是恢复原状(包括修理、更换和退货);二是金钱赔偿;三是代物赔偿(即以其他财产替代赔偿)。

另外,还可以采用其他多种民事责任承担方式,如重作、消除影响、恢复名誉、赔礼道歉等。

案例分析9-3

2019年4月10日上午,李小姐在一大型商场购买钻石耳环,回家后发现耳环上有一条细裂纹。李小姐立即赶回商场要求换货,但商场表示,钻石耳环属贵重商品,按行业惯例不予退换(另外,店堂规定,特殊商品一经售出概不退换,金银饰品、玉器商品不退换、不维修)。李小姐多次要求商场负责人到消费者协会调解都被其拒绝。

试分析:商场的规定是否合理?违反了什么法律原则?

(六)依法结社权

依法结社权是指消费者享有的依法成立或参加维护自身合法权益的社会组织的权利。由于消费者相对弱势,行使依法结社权可壮大消费者的力量,与经营者相抗衡。我国的消费者社会组织主要是中国消费者协会和地方各级消费者协会。

(七)知识获取权

知识获取权是指消费者享有获得有关消费和消费者权益保护方面的知识的权利。消费者获取有关相应知识,接受相关教育,既是一种权利,又是一种义务。消费者权益保护法第十三条规定,消费者享有获得有关消费和消费者权益保护方面的知识的权利。这一权利包括两方面的内容:

(1)获得有关消费方面的知识。主要是:①有关消费观的知识;②有关商品和服务的基本知识;③有关市场的基本知识。

(2)获得有关消费者权益保护方面的知识。主要是指有关消费者权益保护的法律法规和政策,以及保护机构和争议解决途径等方面的知识。如果缺少这方面的知识,消费者的合法权益就不能得到充分、有效的保障。

(八)维护尊严权

维护尊严权是指消费者在购买、使用商品和接受服务时,享有其人格尊严、民族风俗习惯得到尊重的权利,享有个人信息依法得到保护的权利。

人格尊严权是消费者人身权的重要组成部分,包括姓名权、名誉权、荣誉权、肖像权等。人格尊严权是消费者的权利底线。民族风俗习惯大量表现在饮食、服饰、禁忌等各个方面,维护人格尊严权就是维护最基本的人权。

侵犯人格尊严权主要表现为:

(1)贬低消费者人格,轻视消费者消费能力;

(2)无端猜疑,强行检查或者搜身;

(3)侵犯消费者隐私；

(4)不尊重少数民族风俗习惯。

(九)监督批评权

监督批评权是指消费者享有的对商品和服务的价格、质量、品种、供应量、供应方式、服务态度、侵权行为等问题，以及保护消费者权益的工作进行监督、提出意见、建议或进行控告的权利。

根据消费者权益保护法的规定，消费者监督批评权的内容包括：

(1)消费者有权检举、控告侵害消费者权益的行为和国家机关及其工作人员在保护消费者权益工作中的违法失职行为；

(2)有权对保护消费者权益的工作提出批评、建议。

消费者监督批评权的行使，既可以与购买、使用商品或接受服务的行为有关，也可以毫无关系。

你作为消费者有哪些权利？

二、经营者的义务

消费者的权利是通过经营者履行义务来实现的。消费者权益保护法对经营者的义务规定如下。

(一)履行法定的或约定的义务

经营者向消费者提供商品或者服务，应当依照消费者权益保护法和其他有关法律法规的规定履行义务。经营者和消费者有约定的，应当按照约定履行义务，但双方的约定不得违背法律法规的规定。

(二)听取意见和接受监督的义务

经营者听取意见和接受监督的义务与消费者享有的监督批评权是一个问题的两个方面。法律赋予消费者监督批评权，为消费者检举、控告经营者的不法经营行为提供了法律依据；经营者应当听取消费者的意见，并接受监督，否则消费者的监督批评权无法实现，消费者权益得不到保障。

(三)保障人身和财产安全的义务

经营者应当保证其提供的商品或者服务符合保障人身、财产安全的要求。经营者对可能危及人身、财产安全的商品和服务，应当向消费者做出真实的说明和明确的警示，并说明和标明正确使用商品或者接受服务的方法以及防止危害发生的方法。

经营者发现其提供的商品或者服务存在缺陷，有危及人身、财产安全危险的，应当立即向有关行政部门报告和告知消费者，并采取停止销售、警示、召回、无害化处理、销毁、停止生产或者服务等措施。采取召回措施的，经营者应当承担消费者因商品被召回支出的必要费用。

宾馆、商场、餐馆、银行、机场、车站、港口、影剧院等经营场所的经营者,应当对消费者尽到安全保障义务。

(四)提供真实信息的义务

经营者向消费者提供的有关商品或者服务的质量、性能、用途、有效期限等信息,应当真实、全面,不得做虚假或者引人误解的宣传。经营者对消费者就其提供的商品或者服务的质量和使用方法等问题提出的询问,应当做出真实、明确的答复。经营者提供商品或者服务应当明码标价,这是尊重消费者的知情权和选择权。

(五)标明真实名称和标记的义务

经营者应当标明其真实名称和标记;租赁他人柜台或者场地的经营者,也应当标明其真实名称和标记。这一方面有利于消费者了解经营的真实情况,做出合乎真实意愿的消费决定;另一方面有利于国家对经营者进行监督管理,便于消费者在其权益受到侵害时,实现依法求偿权。

(六)出具购货凭证或服务单据的义务

经营者提供商品或者服务应当按照国家有关规定或者商业惯例向消费者出具发票等购货凭证或者服务单据。消费者索要发票等购货凭证或服务单据的,经营者必须出具。设定此项义务,除了防止经营者偷税、逃税外,更是为解决消费纠纷提供证据。

(七)质量担保义务

经营者应当保证在正常使用商品或者接受服务的情况下其提供的商品或者服务应当具有的质量、性能、用途和有效期限;但消费者在购买该商品或者接受该服务前已经知道其存在瑕疵,且存在该瑕疵不违反法律强制性规定的除外。

经营者以广告、产品说明、实物样品或者其他方式表明商品或者服务的质量状况的,应当保证其提供的商品或者服务的实际质量与表明的质量状况相符。

经营者提供的机动车、计算机、电视机、电冰箱、空调器、洗衣机等耐用商品或者装饰装修等服务,消费者自接受商品或者服务之日起6个月内发现瑕疵,发生争议的,由经营者承担有关瑕疵的举证责任。

(八)提供售后服务的义务

经营者提供的商品或者服务不符合质量要求的,消费者可以依照国家规定、当事人约定退货,或者要求经营者履行更换、修理等义务。没有国家规定和当事人约定的,消费者可以自收到商品之日起7日内退货;7日后符合法定解除合同条件的,消费者可以及时退货,不符合法定解除合同条件的,可以要求经营者履行更换、修理等义务。因退货、更换、修理而产生的必要费用(如运输费等)由经营者承担。

经营者采用网络、电视、电话、邮购等方式销售商品的,经营者有义务接受消费者自收到商品之日起7日内的无理由退货,但下列产品除外:

(1)消费者定做的;
(2)鲜活易腐的;
(3)在线下载或者消费者拆封的音像制品、计算机软件等数字化商品;
(4)交付的报纸、期刊。

根据商品性质并经消费者在购买时确认不宜退货的商品，不适用无理由退货。

退回商品的运费由消费者承担；经营者和消费者另有约定的，按照约定。

（九）不得利用格式条款等方式损害消费者权益的义务

经营者在经营活动中使用格式条款的，应当以显著方式提请消费者注意商品或者服务的数量和质量、价款或者费用、履行期限和方式、安全注意事项和风险警示、售后服务、民事责任等与消费者有重大利害关系的内容，并按照消费者的要求予以说明。

经营者不得以格式条款、通知、声明、店堂告示等方式，做出排除或者限制消费者权利、减轻或者免除经营者责任、加重消费者责任等对消费者不公平、不合理的规定，不得利用格式条款并借助技术手段强制交易。格式条款、通知、声明、店堂告示等含有上述内容的，其内容无效。

（十）不得侵犯消费者人身权的义务

消费者享有人格尊严、人身自由不受侵犯的权利，这是消费者最基本的人权。为了保障消费者的人身权在消费关系中不受侵犯，经营者不得对消费者进行侮辱、诽谤，不得搜查消费者的身体及其携带的物品，不得侵犯消费者的人身自由。

（十一）远程购物和金融服务经营者提供信息的义务

采用网络、电视、电话、邮购等方式提供商品或者服务的经营者，以及提供证券、保险、银行金融服务等的经营者，应当向消费者提供经营地址、联系方式、商品或者服务的数量和质量、价款或者费用、履行期限和方式、安全注意事项和风险警示、售后服务、民事责任等信息。

（十二）对消费者个人信息保护的义务

经营者收集、使用消费者个人信息应当遵循合法、正当、必要的原则，明示收集、使用信息的目的、方式和范围，并经消费者同意。经营者收集、使用消费者个人信息，应当公开其收集、使用规则，不得违反法律法规的规定和双方的约定收集、使用信息。经营者及其工作人员对收集的消费者个人信息必须严格保密，不得泄露、出售或者非法向他人提供。经营者应当采取技术措施和其他必要措施，确保信息安全，防止消费者个人信息泄露、丢失。在发生或者可能发生信息泄露、丢失的情况下应当立即采取补救措施。

案例分析9-4

2021年1月15日晚，某市法院一法官（原告）在和他人饮酒后共同前往该市某休闲中心洗浴。休闲中心服务台工作人员发现原告饮酒较多，劝其不要就浴，遭原告拒绝。此后，休闲中心又为原告安排了位于四楼的一间休闲包间更换拖鞋，并发给更衣橱钥匙。原告在同伴先行下池就浴后，亦自行更衣准备下池就浴，在四楼通向三楼的过道中，休闲中心工作人员再次劝阻原告不要洗澡，又遭到原告拒绝。原告行至通往三楼浴池的楼梯处摔倒并顺着楼梯滚下，当即昏迷，后被同伴和休闲中心工作人员送往医院救治。经医院诊断，原告系迁延性昏迷（俗称"植物人"），至今未苏醒。

试分析：休闲中心要对原告的损害承担责任吗？法律依据是什么？

任务三 解决消费争议

> 活动内容：正确理解解决消费争议的途径，掌握解决消费争议的途径以及每种解决消费争议途径的范围和程序。
> 活动一：查资料、交流。学生分为几个小组，查阅资料，收集消费争议案例，归纳消费争议解决途径的类型。
> 活动二：讨论、交流。学生通过对每种解决途径的范围和程序进行了解，探讨每个解决途径的优缺点。

一、消费争议的解决途径

（一）消费者与经营者协商和解

协商和解，是指双方当事人在平等自愿基础上，协商解决争议。这是解决争议的最基本、最简便、最快捷的方式之一。消费者购买商品后发现商品的质量不合格，或在接受服务时对服务质量或态度不满意，可以先当场或事后找经营者进行交涉，说明情况，提供证据，表明态度，并在商店承认事实的前提下，提出具体合理要求，促使纠纷能及时解决。因这种方式缺乏国家强制力，和解方案未必公平合理，经营者可能会利用消费者的弱势地位故意推诿拖延。消费者在采取此种方式不能解决争议时，应当及时寻求其他解决途径。

（二）请求消费者委员会调解解决

消费者委员会（简称消委会）是依法成立的保护消费者合法权益的专门的社会团体。消费者的权益受到侵害时，可以向消费者协会投诉，请消委会在了解的基础上进行调解，市、区（县）消委会均可，最好向争议发生地的区（县）消委会投诉。

（三）向有关行政部门申诉

消费者合法权益受到侵害后，也可以向工商、物价、技监、标准、计量、卫生等有关行政管理部门申诉，这些行政管理部门可以在自己的业务职责范围内，依据有关规定，做出相应的处理，保护消费者的合法权益。

（四）根据与经营者达成的仲裁协议提请仲裁机构仲裁解决

这种解决争议的方法，往往在商品购销的书面合同里约定，买卖商品的量也往往比较大；而在消费者与商店即时付清的口头合同中绝少存在。另外，采取这种方式解决争议，程序相对复杂。如果消费者购买商品量少，且以即时付清的口头合同形式完成，不宜采用这种方式解决争议。

(五)向人民法院提起诉讼

消费者的权益受到严重侵害,甚至消费者的人身和重大财产受到侵害,以及已尝试各种解决途径不能如愿时,消费者便可以向法院提起诉讼,以请求法律保护。如经营者的行为构成犯罪,司法部门还要依法追究责任者的刑事责任。

对于单一消费事件,消费者只能自行提起民事诉讼;对于群体性消费事件,法律支持提起公益诉讼。消费者权益保护法明确了消费者协会的诉讼主体地位,对于群体性消费事件,消费者可以请求消费者协会提起公益诉讼。

二、赔偿主体的确定

(1)消费者在购买、使用商品时,其合法权益受到损害的,可以向销售者要求赔偿。销售者赔偿后,属于生产者责任或者属于向销售者提供商品的其他销售者责任的,销售者有权向生产者或者其他销售者追偿。

(2)消费者或者其他受害人因商品缺陷造成人身、财产损害的,可以向销售者要求赔偿,也可以向生产者要求赔偿。属于生产者责任的,销售者赔偿后,有权向生产者追偿;属于销售者责任的,生产者赔偿后,有权向销售者追偿。

(3)消费者在接受服务时,其合法权益受到损害的,可以向服务者要求赔偿。

(4)消费者在购买、使用商品或者接受服务,其合法权益受到损害时,如果原企业分立、合并,可以向变更后承受其权利义务的企业要求赔偿。

(5)使用他人营业执照的违法经营者提供商品或者服务,损害消费者合法权益的,消费者可以向其要求赔偿,也可以向营业执照的持有人要求赔偿。

(6)消费者在展销会、租赁柜台购买商品或者接受服务,其合法权益受到损害的,可以向销售者或者服务者要求赔偿;展销会结束或者租赁柜台租赁期满后,也可以向展销会的举办者、柜台的出租者要求赔偿。展销会的举办者、柜台的出租者赔偿后,有权向销售者或者服务者追偿。

(7)消费者通过网络交易平台购买商品或者接受服务,其合法权益受到损害的,可以向销售者或者服务者要求赔偿。网络交易平台提供者不能提供销售者或者服务者的真实名称、地址和有效联系方式的,消费者也可以向网络交易平台提供者要求赔偿。网络交易平台提供者赔偿后,有权向销售者或者服务者追偿。网络交易平台提供者明知或者应知销售者与服务者利用其平台侵害消费者合法权益未采取必要措施的,依法与该销售者或者服务者承担连带责任。

(8)消费者因经营者利用虚假广告或者其他虚假宣传方式提供商品或者服务,其合法权益受到损害的,可以向经营者要求赔偿。广告经营者、发布者发布虚假广告的,消费者可以请求行政主管部门予以惩处。广告经营者、发布者不能提供经营者的真实名称、地址和有效联系方式的,应当承担赔偿责任。

广告经营者和发布者设计、制作、发布关系消费者生命健康的商品或者服务的虚假广告,造成消费者损害的,应当与提供该商品或者服务的经营者承担连带责任。

社会团体或者其他组织、个人在关系消费者生命健康的商品或者服务的虚假广告或者其他虚假宣传中向消费者推荐商品或者服务,造成消费者损害的,应当与提供该商品或者服务的经营者承担连带责任。

三、违反消费者权益保护法的法律责任

(一)民事责任

1. 承担民事责任的概括性规定

经营者提供商品或者服务有下列情形之一的,除消费者权益保护法另有规定外,应当依照其他有关法律法规的规定,承担民事责任:

(1)商品或者服务存在缺陷(包括不具备商品应当具备的使用性能)而出售时未做说明的;

(2)不符合在商品或者其包装上注明采用的商品标准和商品质量或样品表明的质量的;

(3)生产国家明令淘汰的商品或者销售失效、变质的商品的;

(4)销售的商品数量不足,或服务的内容和费用违反约定的;

(5)对消费者提出的修理、重作、更换、退货、补足商品数量、退还货款和服务费用或者赔偿损失的要求,故意拖延或者无理拒绝的,以及法律法规规定的其他损害消费者权益的情形。

2. 关于侵犯人身权的民事责任

(1)经营者提供商品或者服务,造成消费者或者其他受害人人身伤害的,应当赔偿医疗费、护理费、交通费等为治疗和康复支出的合理费用,以及因误工减少的收入。造成残疾的,还应当赔偿残疾生活辅助具费和残疾赔偿金。造成死亡的,应当赔偿丧葬费和死亡赔偿金。

(2)经营者侵害消费者的人格尊严、侵犯消费者人身自由或者侵害消费者个人信息依法得到保护的权利的,应当停止侵害、恢复名誉、消除影响、赔礼道歉,并赔偿损失。

(3)经营者有侮辱诽谤、搜查身体、侵犯人身自由等侵害消费者或者其他受害人人身权益的行为,造成严重精神损害的,受害人可以要求精神损害赔偿。

(4)经营者提供商品或者服务,造成消费者财产损害的,应当依照法律规定或者当事人约定承担修理、重作、更换、退货、补足商品数量、退还货款和服务费用或者赔偿损失等民事责任。消费者与经营者另有约定的,按照约定履行。

(5)经营者以预收款方式提供商品或者服务的,应当按照约定提供。未按照约定提供的,应当按照消费者的要求履行约定或者退回预付款,并应当承担预付款的利息和消费者必须支付的合理费用。

(6)依法经有关行政部门认定为不合格的商品,消费者要求退货的,经营者应当负责退货。

(7)经营者提供商品或者服务有欺诈行为的,应当按照消费者的要求增加赔偿其受到的损失,增加赔偿的金额为消费者购买商品的价款或者接受服务的费用的3倍。增加赔偿的金额不足500元的,按500元赔偿。法律另有规定的,依照其规定。

经营者明知商品或者服务存在缺陷,仍然向消费者提供,造成消费者或者其他受害人死亡或者健康严重损害的,受害人有权要求经营者依照法律规定赔偿损失,并有权要求所受损失2倍以下的惩罚性赔偿。

(二)行政责任

经营者有下列情形之一的,《中华人民共和国产品质量法》和其他有关法律法规对处罚机

关和处罚方式有规定的,依照法律法规的规定执行;法律法规未做规定的,由工商行政管理部门责令改正,可以根据情节单处或者并处警告、没收违法所得、处以违法所得1倍以上5倍以下的罚款,没有违法所得的,处以50万元以下的罚款;情节严重的,责令停业整顿、吊销营业执照:

(1)生产、销售的商品不符合保障人身、财产安全要求的;

(2)在商品中掺杂、掺假、以假充真、以次充好,或者以不合格的商品冒充合格商品的;

(3)生产国家明令淘汰的商品或者销售失效、变质的商品的;

(4)伪造商品的产地,伪造或者冒用他人的厂名、厂址,篡改生产日期,伪造或者冒用认证标志等质量标志的;

(5)销售的商品应当检验、检疫而未检验、检疫或者伪造检验、检疫结果的;

(6)对商品或者服务做虚假或者引人误解的宣传的;

(7)拒绝或者拖延有关行政部门责令对缺陷商品或者服务采取停止销售、警示、召回、无害化处理、销毁、停止生产或者服务等措施的;

(8)对消费者提出的修理、重作、更换、退货、补足商品数量、退还货款和服务费用或者赔偿损失的要求,故意拖延或者无理拒绝的;

(9)侵害消费者人格尊严、侵犯消费者人身自由或者侵害消费者个人信息依法得到保护的权利的;

(10)法律法规规定的对损害消费者权益应当予以处罚的其他情形。

经营者有上述规定情形的,除依照法律法规规定予以处罚外,处罚机关应当记入信用档案,向社会公布。

(三)刑事责任

(1)经营者违反法律规定提供商品或者服务,侵害消费者合法权益,构成犯罪的,依法追究刑事责任。

(2)以暴力、威胁等方法阻碍有关行政部门工作人员依法执行职务的,依法追究刑事责任;拒绝、阻碍有关行政部门工作人员依法执行职务,未使用暴力、威胁方法的,由公安机关依照《中华人民共和国治安管理处罚条例》的规定处罚。

(3)国家机关工作人员有玩忽职守或者包庇经营者侵害消费者合法权益的行为的,由其所在单位或者上级机关给予行政处分;情节严重构成犯罪的,依法追究刑事责任。

经营者违反法律规定,应当承担民事赔偿责任和缴纳罚款、罚金,其财产不足以同时支付的,先承担民事赔偿责任。

案例分析9-5

2016年3月17日—10月9日,原告董秀林在被告利群集团青岛利群商厦有限公司莱西分公司购买了"鱼专家黄金鱿",花费3785元。被告所销售的"鱼专家黄金鱿"含有此类食品禁止添加的琥珀酸二钠、甘氨酸食品添加剂,此类食品也未按企业标准添加玉米油。为此,董秀林以被告销售不安全产品为由将其诉至法院,要求被告退款及支付10倍价款。

试分析:利群集团青岛利群商厦有限公司莱西分公司违背了经营者哪项义务?

项目小结

本项目主要对消费者的概念及特征,消费者权益保护法的概念、适用范围、立法原因、宗旨和基本原则,以及消费者的权利、经营者的义务、消费争议的解决和违反消费者权益保护法的法律责任等消费者权益保护法的有关理论知识进行了系统性介绍。

项目知识检测

一、单项选择题

1. 我国新修订的消费者权益保护法中,消费者享有的权利有( )。
   A. 8项　　　　　　B. 9项　　　　　　C. 10项　　　　　　D. 7项
2. 下面有关消费者合法权益的认识中,正确的是( )。
   A. 消费者依法享有权利,但不能滥用
   B. 消费者有权选择商品或服务并确定价格
   C. 消费者有权监督企业经营管理者的决策过程
   D. 消费者有权要求生产经营者提供产品的生产技术秘密
3. 消费者协会有权受理消费者投诉并对投诉事项进行( )。
   A. 调查、调解　　　　　　　　　　B. 调查、仲裁
   C. 调查、判决　　　　　　　　　　D. 调解、判决
4. 消费者王女士在某商场促销活动中购买了一台三开门冰箱,可使用两个月后,冰箱内壁便出现了裂痕。在与商场协商不下的情况下,王女士向县消费者协会投诉。关于冰箱有无出现质量问题的举证该由( )承担。
   A. 消费者协会　　　　　　　　　　B. 商场
   C. 王女士　　　　　　　　　　　　D. 冰箱生产者
5. 经营者违反消费者权益保护法规定,应当承担( )责任和缴纳罚款、罚金。
   A. 刑事　　　　　B. 赔偿　　　　　C. 民事　　　　　D. 民事赔偿
6. 下列哪种商品不符合消费者权益保护法"七天无理由退货"的要求?( )。
   A. 羽绒服　　　　B. 手机　　　　　C. 报纸　　　　　D. 床品四件套

二、多项选择题

1. 经营者采用网络、电视、电话、邮购等方式销售商品,消费者有权自收到商品之日起七日内退货,且无须说明理由,但下列商品中( )除外。
   A. 消费者定做的
   B. 鲜活易腐的
   C. 在线下载或者消费者拆封的音像制品、计算机软件等数字化商品
   D. 交付的报纸、期刊
2. 经营者应当保证其提供的商品或者服务符合保障人身、财产安全的要求,对( )的商品,应当向消费者做出真实的说明和明确的警示,并说明和标明正确使用商品的方法以及防止危害发生的方法。
   A. 不合格　　　　　　　　　　　　B. 可能危及人身安全
   C. 数量不足　　　　　　　　　　　D. 可能危及财产安全

3.消费者在购买、使用商品的时候,享有(　　)的权利。
A.自主选择　　　　　　　　　　　B.索要购货凭证
C.公平交易　　　　　　　　　　　D.没收经营者的不合格商品
4.消费者在购买、使用商品和接受服务时,享有其(　　)得到尊重的权利。
A.人格尊严　　　　　　　　　　　B.个人性格
C.民族风俗习惯　　　　　　　　　D.作为名人的特殊身份
5.国家对消费者权益的保护,主要体现在(　　)。
A.国家在制定有关消费者权益的法律法规时,应当听取消费者和消费者协会的意见
B.各级人民政府应当制止危害消费者人身、财产安全行为的发生
C.对符合法定起诉条件的消费者权益争议,人民法院必须受理
D.工商行政管理部门依法保护消费者的合法权益
E.国家机关工作人员不得包庇经营者侵犯消费者的合法权益的行为
6.对于在商品中掺杂、掺假、以假充真、以次充好或以不合格产品冒充合格产品的,应由有关部门责令其改正,并根据其情节处以违法所得(　　)的罚款。
A.1万元以下　　　　　　　　　　B.2万元以上
C.1倍以下　　　　　　　　　　　D.1倍以上
E.10倍以下

项目技能训练

一、案例分析

1.2015年8月29日,方伟签订北京市房屋租赁合同,从北京太月房地产经纪有限公司处承租了位于海淀区的某套房屋。方伟住进涉案房屋后,发现有异味,先后购买空气质量检测仪、委托北京市劳动保护科学研究所对涉案房屋室内空气质量进行检测。检测发现室内甲醛超标,方伟将太月公司诉至法院,要求退还房租、佣金及押金,赔偿空气质量检测费损失、空气质量检测仪购置费损失。

试分析:方伟的诉求能否得到法院的支持?为什么?

2.2016年8月7日,原告唐海涛在被告江苏华润万家超市有限公司苏州浒关分店购买奶粉,金额为280元,在喝之前发现已过期。唐海涛将被告江苏华润万家超市有限公司诉至法院,要求其退款并给予10倍赔偿,共计3080元。

试分析:唐海涛的诉求能否得到法院的支持?法律依据是什么?

3.2016年9月25日,原告回某杰购买了一部三星Note7手机。次日,刚买的手机在正常充电时突然冒烟燃烧,并且损坏了原告一台苹果笔记本电脑。在多次与三星(中国)投资有限公司(以下简称三星中国公司)、惠州三星电子有限公司(以下简称惠州三星公司)及广州晶东贸易有限公司沟通未果后,回某杰对三星中国公司、惠州三星公司及广州晶东贸易有限公司向法院提起产品责任纠纷诉讼,请求更换或赔偿其因手机电池自燃毁损的笔记本电脑一台,确认三星中国公司构成欺诈,赔偿三倍购机款,赔偿被损毁的笔记本电脑并赔礼道歉。Note7手机在2016年7月21日取得中国强制性产品认证(CCC认证),办理了相关手续,被允许在国内公开发售。被告三星中国公司在正式发售Note7手机之前,按照相关规定对手机进行了检测和备案,被告三星中国公司在原告购买涉案手机时,并不明知Note7手机存在产品缺陷。

试分析：

(1)回某杰同时起诉三星中国公司、惠州三星公司及广州晶东贸易有限公司是否合理？为什么？

(2)法院会支持回某杰的赔偿请求吗？为什么？

二、技能训练

调查消费者权益被侵害的现实案例，并分组进行角色扮演、组织模拟法庭。

项目十 解决经济纠纷

▪知识目标▪

了解纠纷的解决途径；
了解仲裁的特点、条件和程序；
熟悉诉讼的条件和程序。

▪能力目标▪

能正确选择管辖法院；
能处理起诉、应诉、上诉；
能进行仲裁和诉讼中简单法律文书的写作；
能按照我国的仲裁和诉讼法律制度正确地处理商事主体在经营过程中发生的各种纠纷。

引导案例

北京天地水果培育生产基地与北京水果批发市场签订了一份水果购销合同，双方约定由水果批发市场到生产基地自行采摘运输。同时，双方签订了一份仲裁协议，其中约定："纠纷发生后，由仲裁委员会仲裁。"由于连续下雨，水果批发市场无法按合同所规定的期限提货。双方经过协商，变更了原有合同所规定的期限。由于气候状况的继续恶化，水果批发市场仍无法履行合同，导致生产基地的水果大量腐烂。水果生产基地要求水果批发市场赔偿其损失，水果批发市场以损失为无法抗拒的自然灾害造成为由拒绝。水果生产基地根据仲裁协议向北京市仲裁委员会申请仲裁。仲裁委员会受理后，向水果批发市场发出应诉通知书。水果批发市场以合同变更为由拒绝应诉，并向北京市中级人民法院起诉。

请问：
(1) 双方当事人订立的仲裁协议是否有效？说明理由。
(2) 水果批发市场以合同变更为由拒绝应诉并向法院起诉，是否合理？说明理由。
(3) 法院是否有权受理该案？说明理由。

在现实生活中，民事主体间发生矛盾和纠纷有四种解决途径。

1. 协商解决

双方当事人在平等自愿的基础上，通过友好协商、互谅互让达成和解协议，进而解决纠纷。

2. 调解解决

在有关组织(如人民调解委员会)或中间人的主持下,在平等、自愿、合法的基础上分清是非、明确责任,并通过摆事实、讲道理,促使双方当事人自主达成协议,从而解决纠纷。

3. 仲裁解决

纠纷当事人根据纠纷前或者纠纷后达成的仲裁协议或合同中的仲裁条款向仲裁机构提出申请,由仲裁机构依法审理,做出裁决,并通过当事人对裁决的自觉履行或由一方向人民法院申请强制执行而使纠纷得以解决。

4. 诉讼解决

诉讼解决即打官司解决,它是指纠纷当事人一方依法向人民法院起诉,由法院依法审理,做出判决或裁定,通过当事人对生效裁判的自觉履行或人民法院的强制执行而解决纠纷。

上述四种解决纠纷的途径中,仲裁和诉讼具有法律上的强制执行力,协商和调解则不具有,因而当事人对协商和调解达成的协议可以反悔。当然,究竟采用何种途径去解决一个具体的民事纠纷完全取决于当事人的意愿。

任务一 提出仲裁

活动一:案例分析。学生3~5人为一组,搜集日常生活或经济活动中经常发生的纠纷案例,进行讲解说明,可以任意选定其他组成员来判定纠纷中的义务人应该承担何种责任。

活动二:模拟仲裁答辩。学生在网络上检索仲裁申请书和仲裁答辩状范本。按照范本,每组根据"引导案例"写一份仲裁申请书和仲裁答辩状并提交教师评价。

 知识基础

一、仲裁概述

(一)仲裁的概念、特征及适用条件

1. 仲裁的概念

仲裁也称为公断,是指双方当事人发生争议时,根据其在事前或事后达成的协议,自愿将该争议提交中立的第三者,由第三者做出对当事人具有约束力的裁决。仲裁作为解决民事、经济纠纷的一种有效方式,在我国法治建设中起着日益重要的作用。

2. 仲裁的特征

(1)以双方当事人自愿协商为基础。
(2)由双方当事人自愿选择的中立第三者(仲裁机构)进行裁决。

(3)裁决对双方当事人都具有约束力。

3. 仲裁的适用条件

根据《中华人民共和国仲裁法》(以下简称仲裁法)的规定,平等主体的公民、法人和其他组织之间发生的合同纠纷和其他财产权益纠纷,可以仲裁。下列纠纷不能提请仲裁:

(1)婚姻、收养、监护、扶养、继承纠纷。

(2)依法应当由行政机关处理的行政争议。

下列仲裁不适用仲裁法,不属于仲裁法所规定的仲裁范围,由别的法律予以调整:①劳动争议的仲裁;②农业集体经济组织内部的农业承包合同纠纷的仲裁。

思考10-1

(单选)下列各项中,符合我国仲裁法规定,可以申请仲裁解决的是(　　)。

A. 某企业的职工和企业的劳动争议

B. 甲企业和乙企业间的货物买卖合同纠纷

C. 李某兄弟两人的继承遗产纠纷

D. 张某和陈某的离婚纠纷

(二)仲裁的基本原则

1. 自愿原则

自愿原则指是否把争议提交仲裁、提交争议事项的范围、争议提交哪个仲裁机构仲裁、仲裁适用何种程序等都由当事人自己决定。我国仲裁法第四条规定:"当事人采用仲裁方式解决纠纷,应当双方自愿,达成仲裁协议。没有仲裁协议,一方申请仲裁的,仲裁委员会不予受理。"自愿是仲裁最基本的原则。

2. 不公开审理原则

除仲裁员、当事人、代理人及证人等相关人员以外,仲裁审理不允许其他人旁听,不对外公开,仲裁员也有义务保守仲裁秘密。这是仲裁与诉讼的重大区别之一。法院诉讼公开审理是为了让公众对公权力的行使进行监督;而仲裁权来自当事人的授予,是私人裁判,不必向外界公开。

3. 独立仲裁原则

它是指从仲裁机构的设置到仲裁纠纷的整个过程都依法独立进行,不受行政机关、社会团体和个人的干涉。独立仲裁原则体现在:第一,仲裁组织体系的相互独立。仲裁协会、仲裁委员会和仲裁庭三者之间相互独立,不存在行政上的上下级关系。仲裁委员会是按地域分别设立的,相互之间没有高低上下之分,相互独立,不存在隶属关系。独立仲裁是现代仲裁制度的核心。第二,仲裁与行政之间的相互独立。仲裁机构不属于行政机关。仲裁法规定,仲裁依法独立进行,不受行政机关的干涉。第三,仲裁与审判之间的独立关系。人民法院可以审查仲裁的裁决,但法院对裁决的审查要基于当事人的申请;撤销裁决要基于充分的证据。仲裁不附属于审判。

4. 公平合理原则

这一原则是对"以事实为根据,以法律为准绳"原则的肯定和发展,即仲裁要坚持"以事实为根据,以法律为准绳"的原则。同时,在法律没有规定或者规定不完备的情况下,仲裁庭可以按照公平合理的一般原则来解决纠纷。

(三)仲裁的基本制度

1. 协议仲裁制度

仲裁协议是仲裁机构受理案件的唯一依据。所谓仲裁协议,是指双方当事人在自愿、协商、平等互利的基础之上将他们之间已经发生或可能发生的争议提交仲裁解决的书面文件,是申请仲裁的必备材料。从书面仲裁协议的存在形式来看,仲裁协议包括合同中订立的仲裁条款、仲裁协议书和以其他书面方式在经济纠纷发生前或者经济纠纷发生后达成的请求仲裁的协议。"其他书面方式"包括合同书、信件和数据电文等形式。

2. 一裁终局制度

仲裁实行一裁终局制度,仲裁裁决做出后,即发生法律效力,即使当事人对裁决不服,也不能就同一案件向法院提出起诉。当事人就同一纠纷再申请仲裁或者向人民法院起诉的,仲裁机构或者人民法院不予受理。任何一方当事人不履行裁决所规定的义务,对方当事人可根据我国民事诉讼法的有关规定,向人民法院申请强制执行。

3. 或裁或审制度

或裁或审制度指当事人选择解决争议途径时,在仲裁与审判中只能二者取其一的制度。当事人选择了以仲裁途径解决争议,就不可以再选择诉讼;当事人若选择了诉讼就不可以同时选择仲裁。

由于仲裁实行或裁或审制度,当事人双方达成仲裁协议后,一方当事人不信守协议向法院起诉,另一方当事人在实质性答辩之前,可以向法院提出管辖权异议,只要仲裁协议合法有效,法院就会裁定驳回起诉,该争议仍应由仲裁解决。当然,如果当事人首次开庭前未提出管辖权异议,就表示当事人已放弃仲裁协议,人民法院就可以继续审理。

4. 先行调解原则

调解制度是我国处理案件的一条重要经验。通过调解解决纠纷,有利于当事人将来的合作,便于调解协议的执行。仲裁法规定:"仲裁庭在作出裁决前,可以先行调解。当事人自愿调解的,仲裁庭应当调解。调解不成的,应当及时作出裁决。"

案例分析10-1

2019年6月,某制鞋厂与某皮革厂签订了一份买卖合同。合同约定制鞋厂向皮革厂购进皮革一批,价款共计12万元。在签订合同时,双方约定如果发生争议到当地仲裁委员会解决。合同签订后,皮革厂在规定时间内按照要求提供了货物,制鞋厂在给付3万元后,因资金紧张,余款要求延迟给付。此后,制鞋厂一直以各种理由推脱,拒不给付货款。2020年5月,皮革厂向法院提起诉讼,要求制鞋厂给付货款并承担违约责任。

试分析:皮革厂的做法是否合理?

二、仲裁组织

(一)仲裁委员会

仲裁委员会是依仲裁法的规定,在各地设立的进行仲裁活动的专门机构。仲裁委员会是民间机构,它可以在直辖市和省、自治区人民政府所在地的市设立,也可以根据需要在其他设区的市设立,但不按行政区划层层设立。各地仲裁委员独立于行政机关,与行政机关没有隶属关系,仲裁委员会之间也没有隶属关系。设立仲裁委员会,应向当地司法行政机关登记,未经登记的,其仲裁裁决不具有法律效力。一个市只能设立一个仲裁委员会。

仲裁委员会应当具备下列条件:①有自己的名称、住所和章程;②有必要的财产;③有该委员会的组成人员;④有聘任的仲裁员。仲裁委员会由主任1人、副主任2~4人和委员7~11人组成。仲裁委员会的主任、副主任和委员由法律、经济贸易专家和有实际工作经验的人员担任。仲裁委员会的组成人员中,法律、经济贸易专家不得少于2/3。

仲裁员由仲裁委员会聘任。仲裁员应当符合下列条件之一:①通过国家统一法律职业资格考试取得法律职业资格,从事仲裁工作满8年;②从事律师工作满8年;③曾任法官满8年;④从事法律研究、教学工作并具有高级职称;⑤具有法律知识、从事经济贸易等专业工作并具有高级职称或者具有同等专业水平。

(二)仲裁协会

中国仲裁协会是社会团体法人,是仲裁委员会的自律性组织,根据章程对仲裁委员会及其组成人员、仲裁员的违纪行为进行监督,并依照仲裁法和民事诉讼法的有关规定制定仲裁规则。仲裁委员会是中国仲裁协会的会员。中国仲裁协会的章程由全国会员大会制定。

早在1994年,国务院办公厅就下发了《关于做好重新组建仲裁机构和筹建中国仲裁协会筹备工作的通知》,要求筹建中国仲裁协会,但中国仲裁协会至今仍未成立。

三、申请仲裁的条件

当事人申请仲裁,应当具备以下条件:

(1)有仲裁协议。该协议包括事先在合同中约定的仲裁条款,也包括事后达成的书面仲裁协议。仲裁协议一经成立,即具有法律效力。

(2)有具体的仲裁请求和所依据的事实、理由。

(3)属于仲裁委员会受理的范围。

(4)受理仲裁的仲裁机构有管辖权。

仲裁委员会受理仲裁申请后,应当按照法定要求组成仲裁庭。仲裁庭做出裁决前,可以先行调解。当事人自愿调解的,仲裁庭应当调解。调解不成的,应当及时做出裁决。调解达成协议的,仲裁庭应当制作调解书或根据协议结果制作裁决书。调解书与裁决书具有同等法律效力。仲裁庭根据多数仲裁员的意见做出裁决,并制作裁决书,裁决书自做出之日起发生法律效力。

如果当事人一方不履行裁决,另一方当事人可以依照民事诉讼法的有关规定向人民法院申请执行。

四、仲裁协议

(一)仲裁协议的概念

仲裁协议是指双方当事人自愿把已经发生或将来可能发生的纠纷争议提交仲裁并服从仲裁约束力的书面协议。

仲裁协议是仲裁委员会受理经济争议案件的依据。仲裁协议应采取书面形式,或在合同中订立仲裁条款,或以其他书面形式达成仲裁协议。仲裁协议可以是当事人在纠纷发生前达成的,也可以是纠纷发生后达成的。

(二)仲裁协议的内容

仲裁协议应当具备下列内容:

(1)请求仲裁的意思表示;

(2)仲裁事项;

(3)选定的仲裁委员会。

仲裁协议对仲裁事项或者仲裁委员会没有约定或者约定不明确的,当事人可以补充协议;达不成补充协议的,仲裁协议无效。

(三)仲裁协议的效力

(1)仲裁协议中为当事人设定的一定义务,不能任意更改、终止或撤销。

(2)合法有效的仲裁协议对双方当事人诉权的行使产生一定的限制,在当事人双方发生协议约定的争议时,任何一方应将争议提交仲裁;如果其向人民法院起诉,人民法院不予受理。

(3)仲裁协议具有独立性,合同的变更、解除、终止或者无效,不影响仲裁协议的效力。

有下列情形之一的,仲裁协议无效:

①约定的仲裁事项超出法律规定的仲裁范围的;

②无民事行为能力人或者限制民事行为能力人订立仲裁协议的;

③一方采取胁迫手段,迫使对方订立仲裁协议的。

一份有效的仲裁协议,对法院的效力表现为排斥了法院对该案件的管辖权。仲裁协议独立存在。

案例分析10-2

2016年5月,山东德州某健身俱乐部与青岛市健身器械公司签订了一份购销合同。合同中的仲裁条款规定:"因履行合同发生的争议,由双方协商解决;无法协商解决的,由仲裁机构仲裁。"2016年8月,双方发生争议。该健身俱乐部向其所在地的市仲裁委员会递交了仲裁申请书,但健身器械公司拒绝答辩。同年10月,双方经过协商,重新签订了一份仲裁协议,并商定将此合同争议提交该健身器械公司所在地的青岛市仲裁委员会仲裁。

试分析:本案中的仲裁条款和仲裁协议是否有效?

五、仲裁程序

仲裁程序是指仲裁机构从收案到结案进行仲裁活动的全过程,包括以下几个阶段。

(一)申请和受理

1. 仲裁的申请

当事人申请仲裁应当符合三个条件:

(1)有仲裁协议;

(2)有具体的仲裁请求和事实、理由;

(3)属于仲裁委员会的受理范围。

当事人申请仲裁应当向仲裁委员会递交书面仲裁协议、仲裁申请书及副本。

2. 仲裁的受理

仲裁委员会收到仲裁申请书之日起5日内,认为符合受理条件的,应当受理,并通知当事人;认为不符合受理条件的,应当书面通知当事人不予受理,并说明理由。

3. 申请财产保全

一方当事人因另一方当事人的行为或其他原因可能使裁决不能执行或难以执行,为了使自己的财产不受或少受损失,可以向仲裁委员会提出财产保全的申请。申请财产保全不是仲裁必经程序。

(二)仲裁庭的组成

仲裁庭的组成分为两种:一是由三名仲裁员组成仲裁庭;二是由当事人约定一名仲裁员组成仲裁庭,即为独任仲裁。当事人约定由三名仲裁员组成仲裁庭的,应当各自选定或者各自委托仲裁委员会主任指定一名仲裁员,第三名仲裁员由双方当事人共同选定或者共同委托仲裁委员会主任指定。第三名仲裁员是首席仲裁员。当事人约定由一名仲裁员组成仲裁庭的,应当由当事人共同选定或者共同委托仲裁委员会主任指定仲裁员。

仲裁庭组成后,仲裁委员会应当将仲裁庭的组成情况书面通知当事人。当事人有权对仲裁员提出回避申请。

(三)开庭和裁决

1. 和解与调解

当事人申请仲裁后,可以自行和解。达成和解协议的,可撤回仲裁申请。撤回仲裁申请后又后悔的,仍有权申请仲裁。

仲裁庭开庭后,做出裁决前,对当事人之间的争议可先行调解。调解达成协议的,仲裁庭应当制作调解书。调解书与裁决书具有同等的法律效力。

2. 开庭

仲裁应当开庭进行,但当事人协议不开庭时,仲裁庭可以根据仲裁申请书、答辩书以及其他材料做出裁决。仲裁一般不公开进行,当事人协议公开的,可以公开进行,但涉及国家秘密的除外。

3. 裁决

裁决应当按照多数仲裁员的意见做出。仲裁庭不能形成多数意见时,裁决应当按照首席仲裁员的意见做出。独任仲裁庭仲裁的案件,裁决按照独任仲裁员的意见做出。裁决书由仲裁员签名,加盖仲裁委员会印章。裁决书自做出之日起发生法律效力。

六、仲裁裁决的撤销

当事人提出证据证明裁决有下列情形之一的,可以向仲裁委员会所在地的中级人民法院申请撤销裁决:①没有仲裁协议的;②裁决的事项不属于仲裁协议的范围或者仲裁委员会无权仲裁的;③仲裁庭的组成或者仲裁的程序违反法律规定的;④裁决所根据的证据是伪造的;⑤当事人隐瞒了足以影响公正裁决的证据的;⑥仲裁员在仲裁该案时有索贿受贿、徇私舞弊、枉法裁决行为的。人民法院经组成合议庭审查核实裁决有上述情形之一的,应当裁定撤销;人民法院认定裁决违背社会公共利益的,应当裁定撤销。

七、仲裁裁决的执行

仲裁裁决对双方均具有约束力,双方当事人均应履行。一方当事人不履行仲裁裁决的,另一方当事人可依照民事诉讼法的有关规定向有管辖权的人民法院申请强制执行。受申请的人民法院应当执行。有管辖权的人民法院是指被执行人住所地或被执行财产所在地的基层人民法院;对于我国涉外仲裁机构做出的裁决,则向上述所在地的中级人民法院申请执行。

一方当事人申请执行裁决,另一方当事人申请撤销裁决的,人民法院应当裁定中止执行。人民法院裁定撤销裁决的,应当裁定终结执行。撤销裁决的申请被裁定驳回的,人民法院应当裁定恢复执行。

知识扩展　涉外仲裁的特别规定

涉外经济贸易、运输和海事中发生的纠纷的仲裁,适用关于涉外仲裁的特别规定。涉外仲裁没有特殊规定的,适用仲裁法其他有关规定。

涉外仲裁委员会可以由中国国际商会组织设立,可以从具有法律、经济贸易、科学技术等专门知识的外籍人士中聘任仲裁员。

我国受理涉外仲裁案件的仲裁机构有两个,即中国国际经济贸易仲裁委员会和中国海事仲裁委员会。此外,根据仲裁法设立或者重新组建的仲裁机构也有权受理涉外仲裁案件。

涉外仲裁的当事人申请证据保全的,涉外仲裁委员会应当将当事人的申请提交证据所在地的中级人民法院。涉外仲裁的仲裁庭可以将开庭情况记入笔录,或者做出笔录要点,笔录要点可以由当事人和其他仲裁参与人签章。

涉外仲裁委员会做出的发生法律效力的仲裁裁决,当事人请求执行的,如果被执行人或者其财产不在中华人民共和国领域内,应当由当事人直接向有管辖权的外国法院申请承认和执行。

任务二　提出民事诉讼

活动:模拟法庭。以"引导案例"为庭审案件,由学生自己组织分组,分为法庭组、陪审团、原告组、被告组和观众组,按照开庭审理的步骤,模拟庭审过程。活动后,各组形成如下成果:①法庭组,提交开庭通知书(一式三份)、法庭纪律及庭审程序、民事判决书(一式三份)、审结报告和法庭记录(书记员逐项记录);②原告组、被告组,提交起诉状或答辩状、授权委托书、代理人代理词、上诉状;③陪审团,判决建议及理由。

一、民事诉讼概述

（一）民事诉讼的概念与特点

诉讼是指国家审判机关即人民法院依照法律规定,在当事人和其他诉讼参与人的参加下,依法解决讼争的活动。经济纠纷所涉及的诉讼包括行政诉讼和民事诉讼。行政诉讼是指人民法院根据当事人的请求,依法审查并裁决行使行政管理职权的行政机关所做出的具体行政行为的合法性,以解决经济纠纷的活动。民事诉讼是指人民法院在当事人及其他诉讼参与人的参加下,依法审理并裁决经济纠纷案件所进行的活动。由于经济纠纷所涉及的诉讼多数属于民事诉讼,因此以下主要介绍民事诉讼。

民事诉讼是在国家审判机关主持下进行的活动,具有公权性;民事诉讼具有强制性和终局性;民事诉讼具有明显的阶段性。

（二）民事诉讼的适用范围

公民之间、法人之间、其他组织之间以及他们相互之间因财产关系和人身关系发生纠纷,可以提起民事诉讼。

适用民事诉讼法的案件具体有以下五类:

（1）因民法、婚姻法、收养法、继承法等调整的平等主体之间的财产关系和人身关系发生的民事案件,如合同纠纷案件、房产纠纷案件、侵害名誉权纠纷案件等;

（2）因经济法、劳动法调整的社会关系发生的争议,法律规定适用民事诉讼程序审理的案件,如企业破产案件、劳动合同纠纷案件等;

（3）适用特别程序审理的选民资格案件和宣告公民失踪、死亡等非讼案件;

（4）按照督促程序解决的债务案件;

（5）按照公示催告程序解决的宣告票据和有关事项无效的案件。

二、民事诉讼的基本制度

民事诉讼的基本制度,是在民事诉讼活动过程中的某个阶段或几个阶段对人民法院的民事审判起重要作用的行为准则。我国民事诉讼的基本制度如下。

(一)合议制度

合议制度是指由若干名审判人员组成合议庭对民事案件进行审理的制度。按合议制组成的审判组织,称为合议庭。一般来说,合议庭由3个以上的单数的审判人员组成。在普通程序中,合议庭的组成有两种形式:一种是由审判员和人民陪审员共同组成;另一种是由审判员组成合议庭。

(二)回避制度

回避制度是指为了保证案件的公平审判,而要求与案件有一定利害关系的审判人员或其他有关人员,不得参与本案的审理活动或诉讼活动的审判制度。

(三)公开审判制度

公开审判制度是指人民法院审理民事案件,除法律规定的情况外,审判过程及结果应当向群众、社会公开,即允许群众旁听案件审判过程,允许新闻记者对庭审过程进行采访,允许其对案件审理过程进行报道,将案件向社会披露。

下列案件不公开审理:一是涉及国家秘密的案件;二是涉及个人隐私的案件;三是当事人申请不公开审理的离婚案件、涉及商业秘密的案件。无论是否公开审理,宣判时一律公开。

(四)两审终审制度

两审终审制度是指一个民事案件经过两级人民法院审判后即告终结的制度。依两审终审制度,一般的民事诉讼案件,当事人不服一审人民法院的判决、允许上诉的裁定,可上诉至二审人民法院,二审人民法院对案件所做的判决、裁定为生效判决、裁定,当事人不得再上诉。

下列案件实行一审终审制度:①最高人民法院所做的一审判决、裁定;②适用特别程序、督促程序、公示催告程序和企业法人破产还债程序审理的案件。

三、民事诉讼的管辖

管辖是指各级人民法院之间以及同级人民法院之间受理第一审民事、经济纠纷案件的分工和权限。根据民事诉讼法规定,管辖主要可以归纳为级别管辖、地域管辖、移送管辖和指定管辖等情况。

(一)级别管辖

根据案件的性质、影响范围来划分上、下级人民法院受理第一审经济纠纷案件的分工和权限。我国人民法院分为四级,即基层人民法院、中级人民法院、高级人民法院和最高人民法院。此外,我国还有军事法院、海事法院和铁路运输法院等专门人民法院。

基层人民法院原则上管辖第一审案件;中级人民法院管辖在本辖区有重大影响的案件、重大涉外案件及由最高人民法院确定由中级人民法院管辖的案件;高级人民法院管辖在辖区有重大影响的第一审案件;最高人民法院管辖在全国有重大影响的案件以及认为应当由它审理的案件。

(二)地域管辖

地域管辖,是指同级人民法院之间受理第一审民事案件的分工和权限。地域管辖主要根据当事人住所地、诉讼标的物所在地或者法律事实所在地来确定。地域管辖分为一般地域管辖、特殊地域管辖、专属管辖、协议管辖和共同管辖。

一般地域管辖是根据当事人的户籍所在地来划分人民法院对案件的管辖范围的。适用"原告就被告"原则,即由被告所在地人民法院管辖。

特殊地域管辖是以诉讼标的物所在地,或引起法律关系发生、变更、消灭的法律事实所在地为依据确定管辖。

专属管辖是指某一类案件根据法律规定必须由一定的法院审理。下列案件实行专属管辖:①因不动产纠纷提起的诉讼,由不动产所在地人民法院管辖;②因港口作业发生纠纷提起的诉讼,由港口所在地人民法院管辖;③因遗产纠纷提起的诉讼,由被继承人死亡时住所地或者主要遗产所在地人民法院管辖。

协议管辖是指合同双方当事人可以在书面合同中协议选择被告住所地、合同履行地、合同签订地、原告住所地、标的物所在地人民法院管辖,但不得违反民事诉讼法对级别管辖和专属管辖的规定。

共同管辖是指某些案件依照法律规定由两个或以上法院管辖。两个或以上人民法院都有管辖权的诉讼,原告可以向其中一个人民法院起诉;原告向两个或以上有管辖权的人民法院起诉的,由最先立案的人民法院管辖。

(三)移送管辖和指定管辖

受诉法院发现受理的案件不属于本院管辖的应当移送有管辖权的人民法院,接受移送的人民法院应当受理。受移送的人民法院认为受移送的案件依照规定不属于本院管辖的,应当报请上级人民法院指定管辖,不得再自行移送。

思考10-2

甲、乙在 X 地签订合同,将甲在 Y 地的一栋房屋出租给乙。后因乙未按期支付租金,双方发生争议。甲到乙住所地人民法院起诉后,又到 Y 地人民法院起诉。Y 地人民法院于3月5日予以立案,乙住所地人民法院于3月8日予以立案,根据民事诉讼法规定,该案件应当由哪个人民法院管辖?

知识扩展　当事人起诉的条件

起诉是指当事人认为自己的经济权益受到侵害或与他人发生争议时,以自己的名义向人民法院提起诉讼,请求人民法院通过审判予以司法保护的行为。

当事人起诉必须具备以下四个条件：①原告必须是与本案有直接利害关系的公民、法人或者其他组织；②有明确的被告；③有具体的诉讼请求和事实、理由；④属于人民法院受理范围和受诉法院管辖。

当事人起诉除了应具备上述条件外，还须具备以下条件：①当事人没有事先或事后约定由仲裁机构裁决的协议；②当事人没有就同一事实、同一诉讼标的再次向法院提起诉讼。

四、诉讼参加人

(1)当事人，指公民、法人和其他组织因经济权益发生争议或受到损害，以自己的名义进行诉讼，并受人民法院调解和裁判约束的利害关系人。通常，当事人指原告与被告，广义的当事人还包括共同诉讼人和诉讼中的第三人。

(2)共同诉讼人，指二人以上作为一方起诉或被诉的当事人。原告方为二人以上的，称为共同原告；被告为二人以上的，称为共同被告。通过这个制度，人民法院可以一并彻底解决与本案有关的人所发生的纠纷，从而简化诉讼程序，节省时间和费用，避免人民法院在同一事件上做出相互矛盾的裁判。

(3)诉讼代表人，指众多当事人的一方推选出的代表，为维护本方利益而进行诉讼活动的人。诉讼代表人应是该案的利害关系人，与所代表的全体成员有相同的利益，乐于为所代表的全体成员服务，并得到多数人的信赖，在诉讼活动中应善意地维护被代表人的利益。

(4)第三人，指对诉讼标的认为有独立请求权，或者虽然没有独立请求权，但案件的处理结果与其有法律上的利害关系的，经申请或者人民法院通知参加到诉讼中来的人。

(5)诉讼代理人，指根据法律规定，由法院指定或受当事人的委托，代理当事人参加诉讼的人。诉讼代理人因代理权来源不同分为法定代理人、指定代理人和委托代理人三种。

五、民事诉讼审判程序

审判程序是人民法院审理民事与经济纠纷案件所适用的程序，它包括第一审程序、第二审程序和审判监督程序。

(一)第一审程序

第一审程序是民事诉讼法规定的人民法院审理第一审民事纠纷案件时的程序。它包括第一审普通程序和简易程序。

1. 第一审普通程序

第一审普通程序指人民法院审理第一审民事纠纷案件时适用的最基本的程序，也是审判程序中规定最完整的程序，包括以下几个阶段：

(1)起诉和受理。人民法院应当保障当事人依照法律规定享有的起诉权利。对符合民事诉讼法规定的起诉，法院必须受理。符合起诉条件的，应当在7日内立案，并通知当事人；不符合起诉条件的，应当在7日内做出裁定书，不予受理；原告对裁定不服的，可以提起上诉。

(2)审理前的准备。人民法院应当在立案之日起5日内将起诉状副本发送被告，被告应当在收到之日起15日内提出答辩状。人民法院应当在收到答辩状之日起5日内将答辩状副本发送原告。被告不提出答辩状的,不影响人民法院审理。人民法院对决定受理的案件,应当在受理案件通知书和应诉通知书中向当事人告知有关的诉讼权利义务,或者口头告知;合议庭组成人员确定后,应当在3日内告知当事人。审判人员必须认真审核诉讼材料,调查收集必要的证据。

(3)开庭审理。人民法院审理民事案件,除涉及国家秘密、个人隐私或者法律另有规定的以外,应当公开进行。离婚案件、涉及商业秘密的案件,当事人申请不公开审理的,可以不公开审理。人民法院审理民事案件,根据需要进行巡回审理,就地办案。人民法院审理民事案件,应当在开庭3日前通知当事人和其他诉讼参与人。公开审理的,应当公告当事人姓名、案由和开庭的时间、地点。

开庭审理前,书记员应当查明当事人和其他诉讼参与人是否到庭,宣布法庭纪律。

开庭审理时,由审判长核对当事人,宣布案由,宣布审判人员、书记员名单,告知当事人有关的诉讼权利义务,询问当事人是否提出回避申请。

法庭调查按照下列顺序进行:①当事人陈述;②告知证人的权利义务,证人作证,宣读未到庭的证人证言;③出示书证、物证、视听资料和电子数据;④宣读鉴定意见;⑤宣读勘验笔录。当事人在法庭上可以提出新的证据。

法庭辩论按照下列顺序进行:原告及其诉讼代理人发言,被告及其诉讼代理人答辩,第三人及其诉讼代理人发言或者答辩,互相辩论。法庭辩论终结,由审判长按照原告、被告、第三人的先后顺序征询各方最后意见。

法庭辩论终结,应当依法做出判决。判决前能够调解的,还可以进行调解;调解不成的,应当及时判决案件,可以当庭宣判也可定期宣判。人民法院对公开审理或者不公开审理的案件,一律公开宣告判决。当庭宣判的,应当在10日内发送判决书;定期宣判的,宣判后,立即发给判决书。宣告判决时,必须告知当事人上诉权利、上诉期限和上诉的法院。

第一审普通程序应当在立案之日起6个月内审结。有特殊情况需要延长的,由本院院长批准,可以延长6个月;还需要延长的,报请上级人民法院批准。

2. 简易程序

简易程序是指基层人民法院及其派出法庭审理简单的民事案件和经济纠纷案件所适用的程序。基层人民法院及其派出的法庭审理事实清楚、权利义务关系明确、争议不大的简单的民事案件,适用简易程序。基层人民法院和它派出的法庭审理上述规定以外的民事案件,当事人双方也可以约定适用简易程序。对简单的民事案件,原告可以口头起诉。人民法院适用简易程序审理案件,应当在立案之日起3个月内审结。人民法院在审理过程中,发现案件不宜适用简易程序的,裁定转为普通程序。

(二)第二审程序

第二审程序是指上一级人民法院根据当事人的上诉,就下级人民法院的一审判决和裁定,在其发生法律效力前,对案件进行重新审理的程序。上级人民法院通过对上诉案件的审理,审查一审判决、裁定是否有错误,能有效地保证人民法院裁判的正确性和合法性,使人民法院正确地行使国家审判权。

1. 上诉状的提交

当事人不服地方人民法院第一审判决的,有权在判决书送达之日起 15 日内向上一级人民法院提起上诉。当事人不服地方人民法院第一审裁定的,有权在裁定书送达之日起 10 日内向上一级人民法院提起上诉。第二审人民法院受理后,应当组成合议庭,开庭审理。上诉应当递交上诉状。上诉状应当通过原审人民法院提出,当事人直接向第二审人民法院上诉的,第二审人民法院应当在 5 日内将上诉状移交原审人民法院。原审人民法院收到上诉状,应当在 5 日内将上诉状副本送达对方当事人,对方当事人在收到之日起 15 日内提出答辩状。人民法院应当在收到答辩状之日起 5 日内将副本送达上诉人。对方当事人不提出答辩状的,不影响人民法院审理。原审人民法院收到上诉状、答辩状,应当在 5 日内连同全部案卷和证据,报送第二审人民法院。

2. 审理

第二审人民法院经过阅卷、调查和询问当事人,对没有提出新的事实、证据或者理由,合议庭认为不需要开庭审理的,可以不开庭审理。第二审人民法院审理上诉案件,可以在本院进行,也可以到案件发生地或者原审人民法院所在地进行。

3. 裁判

第二审人民法院对上诉案件,经过审理,按照下列情形,分别处理:

(1)原判决、裁定认定事实清楚,适用法律正确的,以判决、裁定方式驳回上诉,维持原判决、裁定;

(2)原判决、裁定认定事实错误或者适用法律错误的,以判决、裁定方式依法改判、撤销或者变更;

(3)原判决认定基本事实不清的,裁定撤销原判决,发回原审人民法院重审,或者查清事实后改判;

(4)原判决遗漏当事人或者违法缺席判决等严重违反法定程序的,裁定撤销原判决,发回原审人民法院重审。

人民法院审理对判决的上诉案件,应当在第二审立案之日起 3 个月内审结。有特殊情况需要延长的,由本院院长批准。对裁定的上诉案件,应当在第二审立案之日起 30 日内做出终审裁定。

思考10—3

2010 年 4 月 3 日,公民郑某与王某因合同纠纷诉至人民法院。同年 6 月 3 日,人民法院做出一审判决。判决书于 6 月 5 日送达被告郑某。郑某不服,6 月 19 日向上一级人民法院提出上诉。你认为郑某在 6 月 19 日提出上诉来得及吗?

(三)审判监督程序

审判监督程序,是指人民法院对已经发生法律效力的判决、裁定,认为在认定事实上或者适用法律上确有错误,对案件依法进行重审的一种审判程序。法院、人民检察院、当事人认为判决或裁定确有错误均可提起再审。

在经济争议诉讼中,当事人对已经发生法律效力的判决、裁定、调解协议认为确有错误,向原审人民法院或者上级人民法院提出重新审理以变更原判决、裁定和调解协议的请求,称为申诉。当事人应当在审判、裁定发生法律效力后 2 年内提出申诉。最高人民法院对地方各级人民法院已经发生法律效力的判决、裁定,上级人民法院对下级人民法院已经发生法律效力的判决、裁定,发现确有错误的,有权提审或者指令下级人民法院再审。

人民检察院依照审判监督程序提出抗诉,应当再审。

凡依照审判监督程序进行再审的案件,均应另外组成合议庭进行审理,再审时要对原审全面进行审查,并做出新的判决。人民检察院提出抗诉的案件,人民法院再审时应通知人民检察院派员出席庭审。

六、民事诉讼执行程序

执行程序是人民法院依法对已经发生法律效力的判决、裁定及其他法律文书的规定,强制义务人履行义务的程序。对发生法律效力的判决、裁定、调解书和其他应由人民法院执行的法律文书,当事人必须履行。一方拒绝履行的,对方当事人可以向人民法院申请执行。申请执行的期限从法律文书规定履行期间的最后一日起计算,双方或者一方当事人是公民的为 1 年,双方是法人或者其他组织的为 6 个月。

强制执行的措施有:①冻结、划拨被执行人的银行存款;②扣留被执行人应履行义务部分的收入;③查封、扣押、冻结、拍卖、变卖被执行人的财产;④强制迁出房屋或退出土地;⑤搜查被执行人隐匿的财产;⑥强制执行法律文书指定的行为等。

案例分析10-3

陈某因买卖合同纠纷向法院起诉,要求被告肖某履行合同并承担违约责任。法院按照普通程序审理该案件,由于被告要求由人民陪审员参加审理,法院决定由法官郭某和人民陪审员张某、尹某组成合议庭,郭某任审判长。陈某得知陪审员张某是被告的表弟,便要求其回避,但回避申请被郭某当场拒绝。在审理中,被告提出自己未能按照合同规定交货,是由于天降大雨,冲垮了公路。法庭审理后认为,原告未及时告知交货地点是造成被告迟延履行的主要原因,因而驳回了原告要求被告承担违约责任的请求。原告不服判决,提起上诉,二审法院发回重审,一审法院组成合议庭对该案件再次进行审理。

试分析:
(1)本案合议庭的组成是否合法?
(2)陈某申请回避的理由是否成立?
(3)郭某的做法是否合法?
(4)陈某对法院的判决不服,提出上诉是否合理?

七、诉讼时效

(一)诉讼时效的概念

诉讼时效是指权利人不在法定期间内行使权利而失去诉讼保护的制度。诉讼时效期间是指权利人请求人民法院或仲裁机关保护其民事权利的法定期间。诉讼时效期间届满,权利人丧失的是胜诉权,但权利人的实体权利并不会消灭,债务人自愿履行的不受诉讼时效的限制。

(二)诉讼时效期间的规定

诉讼时效期间从当事人知道或应当知道权利被侵害时起计算。但是,从权利被侵害之日起超过20年的,人民法院不予保护。诉讼时效期间可分为两种:

(1)普通诉讼时效期间,指由民事普通法规定的具有普遍意义的诉讼时效期间。普通诉讼时效期间为3年。

(2)特殊诉讼时效,指仅适用于特定民事法律关系的诉讼时效期间。例如,身体受伤害要求赔偿的、出售质量不合格商品未声明的、延付或拒付租金的、寄存财物被丢失或损毁的、有关食品卫生的损害赔偿纠纷诉讼时效期间为1年。再如,人寿保险的被保险人或受益人对保险人请求给付保险金提起诉讼的时效期间为5年。

(三)诉讼时效的中止与中断

诉讼时效的中止是指在诉讼时效期间的最后6个月内,因不可抗力或者其他障碍致使权利人不能行使请求权的,诉讼时效期间暂时停止计算。从中止时效的原因消除之日起,诉讼时效期间继续计算。诉讼时效中止的事由为不可抗力和其他障碍。所谓其他障碍,指权利被侵害的无民事行为能力人、限制民事行为能力人没有法定代理人,或者法定代理人死亡、丧失代理权,或者法定代理人本人丧失行为能力。根据民法典的规定,只有在诉讼时效期间的最后6个月内发生前述事由的,才能中止诉讼时效。如果在最后6个月前发生上述法定事由,到最后6个月开始时法定事由已经消除,则不能适用诉讼时效中止;但如果该法定事由到最后6个月开始时仍然继续存在,则应自最后6个月开始时中止诉讼时效,直到该障碍消除。

诉讼时效的中断是指在诉讼时效进行中,因发生一定的法定事由,致使已经经过的时效期间统归无效,待时效中断的法定事由消灭后,诉讼时效期间重新计算。根据民法典的规定,有下列情形之一的,诉讼时效中断,从中断、有关程序终结时起,诉讼时效期间重新计算:①权利人向义务人提出履行请求;②义务人同意履行义务;③权利人提起诉讼或者申请仲裁;④与提起诉讼或者申请仲裁具有同等效力的其他情形。

项目小结

本项目主要要求学生熟悉解决纠纷的方式,尤其是仲裁和诉讼,通过本项目的学习和训练,学生能够熟知仲裁方式和诉讼程序,能够按照我国的仲裁和诉讼法律制度正确地处理商事主体在经营过程中发生的各种纠纷。

项目知识检测

一、单项选择题

1.仲裁委员会主任、副主任和委员由法律、经济贸易专家和有实际工作经验的人担任。仲裁委员会的组成人员中,法律、经济贸易专家不得少于( )。

A.1/2 B.1/3 C.2/3 D.3/4

2.根据民法典的规定,在诉讼时效实行中的一定期间内,发生不可抗力或其他障碍致使权利人不能行使请求权的,诉讼时效中止。该一定期间为( )。

A. 最后 6 个月 B. 最后 9 个月
C. 最后 1 年 D. 最后 2 年

3.根据诉讼时效法律制度的规定,在诉讼时效期间最后 6 个月内发生的下列情形中,能够引起诉讼时效中止的是( )。

A. 权利人提起诉讼

B. 发生不可抗力致使权利人无法行使请求权

C. 义务人同意履行义务

D. 权利人向义务人提出履行义务的要求

4.甲于 5 月 10 日同乙签订保管合同。5 月 12 日甲将货物交给乙保管。5 月 14 日,该货物被盗。5 月 25 日,甲提货时得知货物被盗。甲请求乙赔偿损失的诉讼时效应于三年后的( )届满。

A. 5 月 10 日 B. 5 月 12 日
C. 5 月 14 日 D. 5 月 25 日

5.下列关于地域管辖的表述中,符合民事诉讼法律制度规定的是( )。

A. 对被监禁的人提起的诉讼,可由监狱所在地人民法院管辖

B. 因公路事故请求损害赔偿提起的诉讼,可由事故发生地人民法院管辖

C. 因保险合同纠纷提起的诉讼,当事人对管辖法院未约定的,可由合同履行地人民法院管辖

D. 因票据纠纷提起的诉讼,当事人对管辖法院未约定的,可由出票地人民法院管辖

二、多项选择题

1.根据仲裁法的规定,下列情形中,属于仲裁员审理案件时必须回避的有( )。

A. 是本案的当事人 B. 与本案有利害关系
C. 是本案当事人的近亲属 D. 接受当事人的礼物

2.诉讼时效的中断可以多次进行,但最长不得超过法律规定的 20 年的最长诉讼时效。诉讼时效中断的法定事由有( )。

A. 提起诉讼 B. 当事人一方提出履行义务请求
C. 当事人一方死亡 D. 义务人同意履行义务

3.当事人申请仲裁,应当具备的条件包括( )。

A. 有仲裁协议

B. 有具体的仲裁请求和所依据的事实、理由

C. 属于仲裁委员会受理的范围

D. 受理仲裁的仲裁机构有管辖权

4.根据民事诉讼法的规定,提起民事诉讼必须符合的法定条件有( )。

A. 有书面诉状 B. 有明确的被告
C. 有具体的诉讼请求和事实、理由 D. 原告与本案有直接利害关系

5.下列关于仲裁协议效力的表述中,符合仲裁法律制度规定的有(　　)。

A.仲裁协议具有独立性,合同的变更、解除等不影响仲裁协议的效力

B.仲裁协议具有排除诉讼管辖权的效力

C.当事人对仲裁协议的效力有异议的,只能请求人民法院裁定

D.仲裁协议对仲裁事项没有约定且达不成补充协议的,仲裁协议无效

项目技能训练

一、案例分析

1.北京畅达机械制造有限公司与上海挺申制衣有限公司订立了一份机器买卖合同,合同约定:如果发生纠纷,由南京市仲裁委员会进行仲裁。此后,制衣公司以机械质量问题为由拒绝给付剩余货款,机械公司提请南京市仲裁委员会进行仲裁,鉴于该案的教育意义比较大,该仲裁委员会决定公开审理,但机械公司表示反对。该仲裁委员会做出裁决后,制衣公司不服,准备向法院起诉,机械公司则要求其履行裁决书。由于制衣公司很长时间不履行仲裁裁决书,机械公司便申请该仲裁委员会执行,但被该仲裁委员会拒绝。

试分析:

(1)两公司可否约定由南京市仲裁委员会仲裁?为什么?

(2)机械公司能否反对仲裁委员会公开审理?为什么?

(3)制衣公司能否向法院起诉?为什么?

(4)该仲裁委员会拒绝机械公司的执行申请是否正确?为什么?

2.2020年8月10日,上海某服装公司A公司向北京某棉纺公司B公司购入棉纱一批,双方在上海签订了买卖合同。合同规定的履行地为A公司所在地,即上海。在合同中未对管辖法院做出规定。合同签订后,棉纱涨价,B公司拒不履行合同义务,A公司决定去法院处理此事。

试分析:A公司应到哪里的人民法院起诉?

3.2019年9月,永昌水泥厂因经营不善,将该厂承包给李向阳个人,双方签订了承包合同。该合同约定:永昌水泥厂由李向阳个人承包经营,承包期自2019年9月10日起至2020年9月10日止;李向阳每年交付永昌水泥厂15万元,剩余归李向阳个人所有;如果李向阳违约不交付15万元,承包合同将自动终止。2020年初,李向阳因缺少流动资金,便以永昌水泥厂名义,并用永昌水泥厂的固定资产作为抵押,向县工商银行贷款15万元,期限为1年。但是到还本付息时,李向阳因为经营不善造成亏损,无力偿还县工商银行15万元贷款。

为此,县工商银行以永昌水泥厂不归还其贷款为由,向县人民法院提起了诉讼。该水泥厂辩称:李向阳在承包永昌水泥厂期间的一切债权债务,均由他个人承担,应将李向阳作为本案第三人追加参与诉讼。于是,县人民法院通知李向阳按时参加本案的开庭审理。一审法院判决李向阳个人偿还县工商银行15万元贷款及利息。李向阳不服,上诉到第二审法院。

第二审人民法院依法组成合议庭审理本案,经审理后认为,一审判决认定事实清楚,但是判决李向阳偿还银行贷款不妥。因为李向阳个人虽然承包了永昌水泥厂,但是李向阳本人与县工商银行之间没有法律关系,应当由永昌水泥厂负责偿还。据此,第二审法院依照法律规

定,撤销一审判决,判决由永昌水泥厂归还县工商银行贷款 15 万元及利息。

试分析:第二审法院的判决是否正确?

二、技能训练

模拟仲裁。教师提供合同纠纷的案例,部分学生扮演双方当事人及仲裁员,其他学生检验过程的对错,然后总结并论证结果。大致步骤如下:

第一步,将部分学生分为 3 组,分别扮演双方当事人及仲裁员的角色。

第二步,各组围绕案例材料进行讨论,编写相应的文书。

第三步,按流程要求,进行仲裁模拟。

第四步,其他学生总结。